Michael Schwalbe

Der geheime Nachbar

Vom Tal der Ahnungslosen
in den Prenzlauer Berg

Herzlichen Dank
für ergänzende Hinweise an
Gerd Damrow,
Jürgen Schweinebraden und
Rudolf Sittner

1. Auflage

www.hochlandverlag.de
Lektorat: Gerd Damrow
Gestaltung: LANGER.WD, Atelier für Design, Berlin
www.langer-wd.de
Titelfoto und Fotos im Anhang: Michael Schwalbe
ISBN 978-3-934047-76-1

Michael Schwalbe

Der geheime Nachbar

Vom Tal der Ahnungslosen in den Prenzlauer Berg

HochlandVerlag Pappritz

Inhalt

ANGEKOMMEN

Der Zug aus Dresden rollte mit ohrenbetäubendem, schmerzhaftem Quietschen der Bremsen in den Berliner Ostbahnhof ein. Wir standen ohne Eile von den grünen Kunstledersitzen auf, zogen unsere Koffer aus den Ablagen und ließen sie auf die Sitze fallen. P. öffnete die Schiebetür des Abteils zum Gang und wartete geduldig, bis sich eine Lücke in die in einer Reihe stehenden Reisenden auftat und wir uns einfädelten um den Zug zu verlassen.

Wir waren angekommen. Angekommen in Berlin, um in den nächsten drei Jahren unser sehnlichst erwartetes Studium zu absolvieren und als gute Gebrauchsgrafiker wieder nach Dresden zurückzukehren.

Fast drei Stunden Fahrt hatten wir hinter uns, und jetzt stand ich etwas verloren aber voller Spannung mit meinem alten Schulfreund P. aus der Loschwitzer Mittelschule auf dem Bahnsteig der Metropole Berlin, der Hauptstadt der DDR, der Frontstadt des Kalten Krieges, der Stadt zwischen den Systemen! Ein Traum hatte sich erfüllt!

Das hatte ich mir schon als 14-Jähriger so gewünscht: In Berlin zu wohnen, zu studieren, ab und zu mal nach Hause zu fahren und mit meinem neu erworbenen Weltstadtwissen die daheimgebliebenen Dresdner in ihrem beschaulichen grünen Tal der Ahnungslosen zu beeindrucken!

Es war fast Mittag an diesem Freitag, dem 1. September 1967. Ein schöner klarer Tag, mit Sonne und Wolken und einem kühlen, zarten Wind.

«Also los, wir gehen hier im Bahnhof erst mal was essen. Hier wird es bestimmt eine Mitropa-Gaststätte geben oder etwas ähnliches», schlug ich energisch vor und P. war sofort einverstanden.

Wir schleppten unsere prallen Koffer – die in dieser Zeit noch ohne Rollen waren – die Treppen vom Bahnsteig runter und den endlosen Gang entlang zur Vorhalle des Bahnhofs. Koffertragen hat mich schon immer angewidert, denn beim Laufen schlugen meine Beine mal auf der einen, mal auf der anderen Seite gegen den Koffer. Der war zwar weich an den Seiten, denn mein Koffer war ein Luftkoffer, aber es störte meinen aufrechten Gang.

Luftkoffer waren große Mode und die hießen in der DDR so, weil sie nicht die übliche starre Form hatten, leichter und handlicher waren als die üblichen harten Kunststoff- oder lackierten Pappkoffer und meist mit einem umlaufenden Reißverschluss versehen waren. Und es passte in einen schon vollen Luftkoffer immer noch etwas hinein, man musste nur kräftig drücken und beim Zuziehen des Reißverschlusses auf dem Koffer knien.

Die Mitropa-Gaststätte war geöffnet, wir suchten uns einen Platz an einem Vierertisch und bestellten jeder einen Kasslerbraten mit Kartoffelsalat und eine Vita-Cola.

«So, also, was machen wir als erstes?», fragte ich P. «Wir haben am Montag unsere vormilitärische Ausbildung in Petzow und heute, morgen und Sonntag frei.»

«Ich muss noch eine bekannte Familie meiner Eltern besuchen und mich um ein Zimmer bemühen, also schlage ich vor, jeder macht seinen Kram und dann sehen wir uns am Montag in Petzow wieder», antwortete P.

Ich war über diesen Vorschlag froh, denn ich wollte meine eigenen Wege gehen und nicht ständig jeden Schritt vorher absprechen müssen. Ein Zimmer hatte ich schon in Pankow, bei einer Vermieterin, die ich von früheren Berlinbesuchen kannte. Die alte Dame brachte öfter mal so einiges durcheinander, aber es war ein sicheres Dach über meinem Kopf!

Abgesprochen hatte ich mit ihr per Brief vor einigen Wochen, dass ich am Freitag nachmittag anreise, am Montag früh zum Studium fahre und bei Bedarf mich wieder melde. Ich hoffte, dass sie sich an diese Abmachung noch erinnern konnte und mein Zimmer nicht schon an einen anderen Studenten vermietet hatte.

Ich verabschiedete mich nach dem Essen von P., fuhr mit der vollen S-Bahn zum Alexanderplatz und von da mit der vollen U-Bahn nach Pankow Vinetastraße in mein gewohntes Quartier. Die Wirtin erkannte mich zwar nicht wieder, obwohl ich erst vor zwei Monaten für einige Tage bei ihr übernachtete, aber das Zimmer war frei!

«Ich lass nur schnell meinen Koffer hier, ich muss noch so allerhand erledigen, bin aber so gegen 21 Uhr wieder da», klärte ich die Vermieterin freundlich auf und wollte die Wohnung verlassen.

«Na, na, so jeht det aba nich, mein Herr», fuhr sie mich an, «det kenne ick: einen leeren Koffer da lassen und sich dann nich mehr melden. Und ick kann meinem Jeld hinterherlaufen. Nee, nee, so jeht det nich, so nich! Erst wird jezahlt, dann könn'se von mir aus jehen, wohin se wollen», fuhr sie fort und redete dabei in typischem Berliner Dialekt.

Diese Logik mit dem leeren Koffer verstand ich zwar nicht, aber diskutieren hatte da keinen Sinn und bezahlen musste ich ja doch. Ich bestand auf einer Quittung, denn das Gefühl kam in mir hoch, dass die alte Dame bis zum Sonntag vergessen haben könnte, dass ich schon heute bezahlt hatte. Mit diesem Verdacht lag ich richtig, denn bei meiner Abreise am Montag früh wollte sie wieder Geld von mir. Die Quittung hatte in ihren Augen zwar nur wenig Belegkraft, aber nach kurzer Zeit hatte ich sie überzeugt, dass ich die nicht selbst geschrieben hatte, sondern es ihre Handschrift war, mit Datum und Summe.

«Ick kann noch mal in meine Dose sehen, da muss det Jeld noch drin sein, wenn Se jezahlt haben", sagte sie, immer noch skeptisch und ging mit mir in die Küche.

Das Geld lag noch in der alten rostigen Teedose aus dem `Dritten Reich', sogar noch mehr als ich bezahlt hatte.

«Da ham'se mir ja zuviel jejeben, wie kommt det?», fragte sie mich listig.

«Sie waren doch so nett, da hab ich Ihnen vorgestern ein Trinkgeld dazu gelegt», log ich, ohne genau zu wissen, ob in ihrer Schachtel wirklich mehr drin war, aber um das leidige Thema zu beenden, sie gut zu stimmen und endlich losfahren zu können.

Ihre Augen zeigten mir, dass sie sich über meine scheinbar großzügige Wohltat freute und ich konnte mit einem Handschlag und guten Wünschen für die Zukunft die dunkle, etwas geheimnisvolle Wohnung verlassen. Ich wusste genau: in diesem Zimmer werde ich nur noch ein paar Nächte schlafen müssen, denn irgendwo wartete hier in Berlin eine kleine Wohnung – Stube, Küche – auf mich. Ich würde sie finden – oder sie mich – egal wo, egal wie, im ersten oder vierten Hinterhof, parterre oder im vierten Stock! Das war mein erstes Ziel hier in Berlin, in meinem neuen Lebensraum.

DIE AUSBILDUNG VOR DER AUSBILDUNG

«Stellt euch erst mal in einer Dreierreihe hin, wir üben dann rechts um und links um.» Das waren die ersten "militärischen" Worte, die ich in Petzow bei Werder, unserem Lager für vormilitärische Ausbildung hörte.

Das Lager lag im kiefernbewachsenen Grünen mit einigen Baracken, einem schönen aber kleinen Strand an einem steilen Hang, einem Platz für Lagerfeuer, schmalen Wegen und einem Kiosk, der aber nur einen halben Tag in der Woche geöffnet hatte.

Unsere Ausbilder waren selber Neulinge im militärischen Sinne - ich glaube einer war von den Kampfgruppen - und hatten nicht so richtige Lust, die angehenden Studenten bei schönem Wetter durch die Landschaft zu jagen, um sie zu guten Kämpfern gegen den Klassenfeind auszubilden.

Also, erst einmal rechts um und links um üben! Das gehört anscheinend zum Basiswissen für angehende Vaterlandsverteidiger.

Die Ausführung des ersten Befehls: «reeechts um», war eine Katastrophe. Anscheinend wussten viele der angehenden Studenten der Grafik-Kunst und der Werbeökonomie nicht so genau, wo eigentlich Rechts und wo Links ist. Einige drehten sich in die verkehrte Richtung, also nach links, und staunten, wie das wohl kommen konnte.

Das war der erste große Lacher und gleich darauf folgte der erste härtere Befehl an uns, wieder mit: «reeeeeechts um!»

Jetzt war es nur noch einer, der die Drehrichtung verwechselt hatte, aber dafür lachten wir umso lauter und ausgelassener, und unsere leicht ungeordnete Dreierreihe schien sich in einen losen Haufen aufzulösen, denn jeder wollte auch sehen, wer sich da vertan hatte.

«Stillgestanden!», tönte es barsch von vorn. Der Ausbilder zwang sich streng auszusehen, um das Gelächter nicht ausufern zu lassen.

«Das ist doch wohl nicht zu fassen, es gibt immer einen, der ein ganzes Gefüge durcheinander bringen kann. Ich bin Statikingenieur von Beruf und ich bin ein rechtwinkliger Mensch, da tut das schon weh, wenn vor meinen Augen ein System gestört wird», sagte er, wieder ruhig, und sah uns etwas bittend an.

Aha, dachte ich, der macht das hier auch nicht freiwillig, der ist abkommandiert, um seine gesellschaftliche Pflicht zu erfüllen und würde jetzt lieber an seinem Reißbrett stehen und eine Brückenspannweite berechnen.

Irgendwann, nach einigen weiteren Übungen, konnte er schon stolz auf uns sein, denn bald hatten alle es begriffen, wo die rechte und wo die linke Seite ist.

Etwas Wissenswertes – das vielleicht Einzige in dieser Ausbildung – aber nicht unbedingt Notwendiges fürs Leben, habe ich aber kurz darauf gelernt: Ich wusste vorher nie, wie die Soldaten bei den Befehlen Augen rechts oder links, im Moment der Befehlsansage auch schon den Kopf in die richtige Richtung lenkten. Jetzt erfuhr ich es.

Begann der Befehl mit: «Die Augen...» dann folgte immer die Richtung links, und bei «Augen...» folgte rechts. Also: «Die Augeeen – links!» oder «Augeeen – rechts!» Wer sich das merkte, hatte es einfacher.

So richtig weitergebracht hat mich dieses Wissen, wie schon gesagt, allerdings in meinem weiteren Leben nicht!

Alles, was mit militärischem Gehabe oder mit Befehlen verbunden war, war Welten von mir entfernt!

Die tägliche Ausbildung war locker und ich genoss dabei auch die schöne waldreiche Umgebung von Petzow. Und ich bemerkte auch, dass die großen Männer es beim Militär immer etwas schwerer hatten als die in meiner 170-cm-Größe, denn schon bald mussten wir uns in die weiche Walderde eingraben. Dabei hatten wir eine Zeitvorgabe, denn der Feind wartete nicht! Ich war mit meiner Körpergröße immer etwas eher fertig mit dem privaten Schützengraben, denn ich hatte mindestens 15 cm weniger zu schaufeln, um mich ganz hineinlegen zu können.

Einen körperlichen Nachteil hatte ich aber doch: beim ungeordneten Marschieren musste ich drei Schritte machen, während die Großen mit nur zwei Schritten für die gleiche Weglänge auskamen, und beim Marschieren im Gleichschritt musste ich mit größeren, also auch anstrengenden Schritten, versuchen mitzuhalten.

Egal, Soldat wollte ich nie werden, also nahm ich alles sehr gelassen und freute mich jeden Tag mit den anderen auf den Abend: in der Clubbaracke wurde getanzt und gelacht und getrunken, und wir Neuen lernten uns kennen und ließen uns von den älteren Semestern erzählen, wie das Studium so abläuft und was es zu beachten gab.

Das Wetter blieb schön in diesen zwei Wochen und der nahe aber kleine Strand am Glindower See war ideal zum baden, sonnen und zum träumen von einem guten Leben mit einem guten Beruf, einem Wunschberuf!

DIE ALTE DAME

So einfach, wie ich mir das unvorbelastet und etwas naiv vorstellte, war es auch, das mit der Wohnungssuche in der Hauptstadt der Deutschen Demokratischen Republik am Ende der 60er Jahre.

Das heißt, einfach war es in der sozialistischen Realität des Arbeiter-und-Bauern-Staates bestimmt nicht, eine Wohnung zu finden, und schon gar nicht für einen eben zugezogenen Sachsen, auf den alle Berliner schon lange gewartet hatten. Aber darüber dachte ich nicht nach!

Ich war ein innerlich immer sehr ausgeglichener junger Mann und glaubte auch hier in Berlin sicher daran, mit Glück und vielen guten Gedanken – wie immer in meinem bis dahin kurzen Leben – ließen sich alle Wünsche erfüllen, wenn sie nur ernsthaft und notwendig waren. Negative Dinge hatten in meinem Kopf keinen Platz, und das ist so geblieben – bis heute.

Eine Wohnung war notwendig, denn in die Wohnung in Grünau, die mir die Fachschule gleich in der ersten Woche vermittelte, wollte ich nicht einziehen. Grünau lag für mich am Ende Berlins, das Leben aber war auch damals schon im Prenzlauer Berg zuhause! Dort wollte ich früh aufwachen und am späten Abend selig einschlafen. Heute ist es für mich ein emotionsloser Stadtbezirk geworden. Hier sind jetzt die fremden neuen Zuzügler zuhause, wo ich nicht mehr wohnen möchte!

«Ich geh heute auf Wohnungssuche, mal sehen, ob's klappt», sagte ich zu einem Kommilitonen und fuhr gegen 16 Uhr mit der S-Bahn vom Bahnhof Schöneweide zum

Bahnhof Schönhauser Allee im Stadtbezirk Prenzlauer Berg. Diese Gegend hatte es mir besonders angetan und es wohnten hier schon ein paar Bekannte aus Dresden.

Ich erinnerte mich auch an den Spielfilm "Berlin-Ecke Schönhauser" aus dem Jahre 1959 mit Ekkehard Schall, den ich in Dresden in den Parklichtspielen am Weißen Hirsch sah und bei dem mich die 'Halbstarken' und das Berliner Milieu abwechselnd irritierten oder anregten. Genau kann ich mich nicht mehr erinnern, worum es ging, aber in der Nähe der Schönhauser Allee zu wohnen, das musste sein!

Also auf zur Wohnungssuche! Ich hatte vor, mit der Schönhauser zu beginnen, dort in jeden Hinterhof mal reinzuschauen und nach unbewohnten Fenstern, die zu leerstehenden Wohnungen gehörten, zu sehen. Wenn eine Querstraße kam, musste ich diese auch durchsuchen. Irgendwo war meine Wohnung, ich musste sie nur finden!

Heute wollte ich mit der linken Straßenseite beginnen, bis zur Bornholmer Straße laufen und morgen dann auf der anderen Seite von der Wisbyer Straße wieder zurück zum Bahnhof Schönhauser Allee.

Aber Pläne sind dazu da, dass sie verändert oder umgestürzt oder ganz fallen gelassen werden, nur planlose Versuche bleiben planlos, können aber das gleiche Ergebnis haben.

Ich überquerte die Straße am U-Bahn-Viadukt und bemerkte gleich als ersten Laden einen Kosmetiksalon. Im Vorbeigehen sah ich mir die schönen Gesichter der schönen Frauen auf den schönen Fotos in den beiden Schaufenstern an, sah die goldeloxierte Aluminiumtür mit Glaseinsatz und dem schrägen Türgriff, aber meine Augen sprangen schnell zum nächsten Hauseingang, denn dort wollte ich in geheimer Mission die ersten Fenster nach möglichem Leerstand prüfen!

Doch da öffnete sich neben mir die goldeloxierte Tür und eine ältere Frau in einem dunklen Kleid, einem dünnen schwarzen Mantel und einem weißen Schal versuchte mit ihrer Tasche und ihrem Stock durch die sich immer wieder bockig schließende Türe ins Freie zu gelangen.

Als ein von meinen Eltern guterzogener Junge hatte ich jetzt einzuspringen und der alten Dame mit kräftigem Arm die Türe aufzuhalten! Das hätte ich auch in Dresden gemacht, doch hier in Berlin sollte es meine erste gute Tat sein, freiwillig und ohne jeden Hintergedanken.

«Warten Sie mal, ich halte Ihnen die Tür auf, da gehts gleich besser», sagte ich und ließ die bepackte Frau auf den Fußweg treten. Von innen hörte ich auch schon die etwas schrille Stimme einer Kosmetikerin: «Moment Frau... ich helfe Ihnen gleich.»

Zu spät, ich war schneller.

Die alte Dame musste sich noch etwas sortieren, die Tasche wollte sie von der rechten Hand lieber in die linke nehmen und den Stock in die rechte. Ich nahm ihr die Tasche ab und wartete, bis sie mit Stock und sich selbst wieder fest und sicher auf dem Fußweg stand.

«Na, wollen Sie die schwere Tasche wirklich allein tragen?», fragte ich nach und bekam auch gleich eine Antwort: «Ja, die ist schwer, ich habe für meinen Balkon ein paar Pflanzen gekauft, aber es geht schon, ich wohne nur etwas weiter in der Bornholmer Staße. Es geht schon, es geht schon, muss ja schließlich, ich komme gerade von der Fußpflege.»

Die Bornholmer war auch mein Ziel, allerdings hatte ich auf diesem Wege noch so einige Besichtigungen, wollte aber der netten und dem ersten Eindruck nach auch sehr gebildeten Frau die Tasche nicht ohne ein ungutes Gefühl in die Hand drücken.

«Ich mach Ihnen einen Vorschlag: ich muss auch in diese Richtung und trage Ihnen die Pflanzen nach Hause», bot ich an und dachte schon an meinen eigentlich perfekten Plan und wie schnell doch so ein Plan durch ungeahnte Zwischenfälle aus den Fugen laufen kann.

«Das wäre sehr nett von Ihnen, junger Mann, aber es muss wirklich nicht sein, ich habe Zeit. Sehr nett von Ihnen», wiederholte sie und ich hatte verstanden.

Auf der Straße erzählte die alte Dame bei langsamem Gang, dass sie ein Mal in 14 Tagen zur Fußpflege geht, ihre Kinder schon vor Jahren in den Westen gegangen sind, ihr Mann vor 30 Jahren verstorben ist, dass sie mit den Füßen nicht mehr so gut kann, und dass das Miethaus gleich schräg gegenüber am Anfang der Bornholmer, das sie im dritten Stock bewohnt, ihr gehört.

Bei ihren letzten Worten unterbrach ich sie freundlich, weil ich dachte, mich verhört zu haben.

«Ihnen gehört das ganze große Haus da drüben?», fragte ich nach und mein Herz begann einen spürbaren Sprung zu machen. Sollte das Universum so schnell von meinen Wünschen erfahren haben und auch schon eine Lösung vor meinen Augen liegen?

Das Thema Wohnung musste ich jetzt sehr diplomatisch angehen, denn ich wollte nicht, dass sie meine wirklich uneigennützige Hilfe als ausgekochte Raffinesse deutet.

«Na, ich bring Sie noch über die Straße. Wie ist es eigentlich bei Ihnen mit dem Treppensteigen? Im dritten Stock zu wohnen, ist bestimmt nicht einfach, aber wenn Ihnen das Haus gehört, können Sie doch auch in eine Wohnung im Hochparterre ziehen, wenn was frei wird», sagte ich und meinte das auch so.

«Wissen Sie, das Haus gehört mir zwar, aber die Wohnungswirtschaft bestimmt, wer hier einzieht und wer welche Wohnung bekommt. Ich kann zwar meine Meinung dazu sagen, viel nützt es aber nicht», klärte sie mich auf und fragte gleich darauf: «Wo wohnen Sie denn, aus Berlin sind Sie nicht, so wie ich das heraushöre. Ich habe Bekannte in Chemnitz, die sprechen ähnlich.»

Chemnitz hieß zwar seit 1953 Karl-Marx-Stadt, aber daran hat sie sich wohl nicht gewöhnen wollen. Ich habe es trotzdem verstanden.

Da war unser Gespräch doch an dem Punkt angekommen, den ich vorsichtig berühren wollte, ohne dass ich das Thema Wohnung selbst begonnen hätte.

«Ich bin ganz neu in Berlin und Sie haben Recht, ich bin auch aus der sächsischen Ecke, aus Dresden. Ich bin zum Studium hier – Gebrauchsgrafik – und heute bin ich das erste Mal auf Wohnungssuche. Einfach wird das nicht, na, mal sehen», antwortete ich zögerlich diplomatisch.

«Wissen Sie, wir gehen nach oben, wenn Sie noch Zeit haben, Sie haben mir doch auch so freundlich geholfen und Sie machen einen netten Eindruck. Ich hab da einen Vorschlag», sagte die alte Dame bestimmt, und schien sich zu freuen, mir etwas Gutes antun zu können.

Wie mit Flügeln stieg ich die drei Treppen hoch und die alte Dame bestand darauf, ohne meine Hilfe zu laufen.

Sie zog sich am Geländer von Absatz zu Absatz nach oben, und dann stand ich in der großen Wohnung eines soliden Gründerzeithauses, in der ich den vergangenen Glanz noch erahnen konnte. Umlaufende Stuckfriese an der Decke und eine reich verzierte Stuckrosette in der Mitte machten das helle Wohnzimmer wieder zur großbürgerlichen Wohnung. Es schien auch vor nicht allzu langer Zeit renoviert worden zu sein, nur die Möbel waren fast so alt wie das Haus, aber stilvoll. Zwei dominante Bilder hingen an den Wänden und fünf kleinere über einem repräsentativen Herrenschreibtisch mit ausziehbarer Schreibplatte.

«Nehmen Sie doch Platz, ich leg erst die Pflanzen in die Badewanne und dann reden wir mal», sagte sie, sichtlich zufrieden, alles gut und mühelos in ihre Wohnung gebracht zu haben.

Ich setzte mich erwartungsvoll auf die mit dunkelrotem Samt bezogene Couch mit dem hohen Spiegelaufsatz und schon kam die alte Dame aus dem Badezimmer, setzte sich auf einen Sessel und fing ohne Umschweife an zu reden: «Sie wissen ja, mir gehört das Haus. Viel habe ich nicht davon, das Finanzielle ist gleich Null, die Mieten gehen für die notwendigen Reparaturen drauf. Aber ich komm schon klar mit meiner Rente. Was ich aber sagen wollte: im Quergebäude ist im Parterre schon seit fast einem halben Jahr eine Wohnung frei. Die ist nicht groß und nicht hell, Stube, Küche, Flur, aber mit Innentoilette. Ich habe keine Lust mehr, auf einen Mieter zu warten, den man mir schickt. Wollen Sie die Wohnung haben?»

Mir blieb fast die Luft weg! Eben noch war ich ein wohnungsloser Asylant mit sächsischem Akzent, und ohne dass ich auch nur einen Blick auf eventuelle leerstehende

Wohnungen geworfen hatte, kam eine Botschaft, die kaum zu begreifen war! Ich nickte bestätigend, nahm ihr Angebot mit herzlichem Dank an und versprach, immer wenn sie wieder etwas zu tragen hatte, behilflich zu sein.

«Hier sind die Schlüssel, der hier ist für den Keller, da steht die Nummer Fünf auf dem Verschlag», sagte sie und drückte mir lächelnd den Eintritt in mein neues Leben in die Hand.

Auch noch die Nummer Fünf an der Kellertür!

Das war meine Lieblingszahl, meine FÜNF! Seit der dritten Klasse hatte ich zu dieser Zahl eine herzliche Beziehung, denn die Fünfer-Reihe des kleinen Einmaleins war die leichteste. Das hatte mit meiner Antipathie zur Mathematik zu tun. Aber immer, wenn der Lehrer sich die Mal-Reihen von den Schülern aufsagen ließ, war ich mit der Fünfer-Reihe dran. Die konnte ich perfekt runterplappern, ohne meinen Kopf anzustrengen. Zufall? Oder war das schon damals ein gutes Zeichen für die Zukunft?

Und die Hausnummer meiner neuen Adresse in Berlin war die 10, zwei mal fünf – doppeltes Glück!

BORNHOLMER 10

Schnell merkte ich, das die Berliner ihre Straßen nicht vollkommen aussprachen. Die 'Straße' wurde – wo immer es möglich war – ignoriert. Meine Bornholmer Straße war nur noch die Bornholmer, die Schönhauser Allee die Schönhauser, die Wisbyer Straße war nur die Wisbyer und die Prenzlauer Allee war die Prenzlauer, so wie der Alexanderplatz der Alex ist.

Die Berliner sprachen also anders als es die Sachsen pflegten. Fragte ich einen Passanten nach einer Straße oder einem Geschäft, kam eine kurze Handbewegung in die entsprechende Richtung, dazu die knappe Information, wie ich zu laufen hatte. Das wars. Und die letzten Worte hörte ich, indem der Gefragte sich schon abwandte und seinen Weg fortsetzte. Die Sätze hier waren kürzer, prägnanter, einleuchtender, doch auf manche Zugezogenen wirkte diese Art des Umgangs miteinander etwas ruppig.

Trotzdem war es nicht weniger freundlich als in Dresden, doch wie ich es empfand, verständlicher. Fragte ich in Dresden einen Einheimischen nach dem Weg, bekam ich eine nicht enden wollende Erklärung, dann die Wiederholung des ganzen in umgedrehter Reihenfolge aber mit gestischer Untermalung und anschließend erklärte man mir, dass es aber noch eine zweite mögliche Variante gibt, zum Ziel zu gelangen. Spätestens dann gab ich zu erkennen, alles verstanden zu haben und verabschiedete mich mit vielen Dankesworten, bevor eine dritte Wegbeschreibung angedacht wurde oder es ganz früher einmal Familienangehörige in eben dieser Straße gab und ich mein eigentliches Ziel vollkommen aus den Augen verlor.

Doch jetzt hatte ich einen Schlüssel zu einer Wohnung in einer noch etwas fremden Stadt, musste niemanden nach dem Weg fragen, denn ich hatte mein Ziel erreicht.

Mit leichtem Herzklopfen lief ich über den zementierten Hof mit der eingefassten kleinen Rabatte am Zaum zum Nachbargrundstück und betrat das Quergebäude der Bornholmer 10.

Am Ende des vielleicht fünf Meter langen dunklen Flurs gab es links und rechts vor dem Treppenbeginn eine Wohnungstür. Welche ist die Richtige? Die Besitzerin des Hauses sagte nur 'Quergebäude, parterre', von links oder rechts war nicht die Rede. Mein Bauch sagte mir links und mein Bauch hatte recht, denn in diese Tür passte auch der Schlüssel.

Ich betrat den kleinen Korridor, tastete nach dem Lichtschalter – und siehe da, es ward Licht! An der Decke hing eine einsame nackte Glühbirne, nicht mehr als 60 Watt, aber ausreichend, um auf einen Blick alle möglichen Richtungen zu erkennen. Geradeaus war das Wohnzimmer, dessen Tür leicht angelehnt war und das mich auch am meisten interessierte. Ich öffnete die Türe ganz und sah als erstes, wie unsere liebe Sonne auf dem Fußboden einen kleinen zarten Streifen Licht zeichnete. Na, das war doch ein guter Anfang, im Hinterhof-Parterre mit der Sonne konfrontiert zu werden! Wenn sicher auch nur tageszeitlich sehr begrenzt und im Winter vielleicht gar nicht.

Im Korridor waren noch zwei weitere Türen: eine normale große, so wie die Wohnzimmertür, und rechts daneben eine kleinere, da war die Toilette. Beide Türen hatten im oberen Teil eine dreigeteilte Scheibe aus strukturiertem Glas – Riffelglas hieß das allgemein – um etwas Licht in den sonst fensterlosen Korridor zu lassen. Die Toilettentür öffnete ich als erste, um mir das Ding mal anzusehen, denn ich hatte das immer stärker werdende Gefühl die Toilette in den nächsten Minuten ausgiebig benutzen zu müssen.

Die Brille und der Deckel waren aus Holz, ihr Alter hätte ich aus den Baumringen ablesen können, denn der Lack war schon seit langem abgesessen. Ich musste schnell handeln, aber draufsetzen war nicht möglich, denn mein Vater hatte mich als Kind schon gelehrt, vorher alles mit Toilettenpapier auszulegen, besonders vorn, damit mein Schniepel aus Gesundheitsgründen das Porzellan nicht berührt. Das machte er mir auf der Toilette im Pillnitzer Schloss vor, da musste ich als Elfjähriger eilig groß und bekam bei dieser Gelegenheit auch diese Erkenntnis fürs Leben mit auf den Weg.

Was einmal anerzogen wird, bleibt im Kopf – jedenfalls bei mir – und so verließ ich schnell meine neue Wohnung und die Toilette, lief auf die Straße, bog an der Volksbank an der Ecke nach links in die Schönhauser und da war auch schon die Drogerie, die ich aus der U-Bahn schon einmal gesehen hatte.

«Drei Rollen Toilettenpapier, bitte», sagte ich zum Verkäufer, obwohl ich eigentlich noch nicht an der Reihe war, aber es ging jetzt um die Verhinderung eines unangenehmen Zwischenfalls.

Ohne das Gespräch mit einer Kundin zu unterbrechen, griff er in einen bereits offen am Regal lehnenden Papiersack, fingerte drei Rollen heraus und legte sie auf den Verkaufstisch.

«60 Pfennig", sagte er knapp und unterhielt sich weiter mit der Kundin.

Ich war gerettet, nur das Belegen der Toilettenbrille war schwierig, denn das graue und sehr holzhaltige Papier rutschte immer wieder ins Becken.

«So weihe ich also meine neue Wohnung ein! Hektisch aber erfolgreich, denn die ersten Einrichtungsgegenstände in Form von drei Rollen Klopapier liegen jetzt auf dem Fensterbrett des schießschartenähnlichen Toilettenfensters!", sagte ich zu mir und wandte mich der Küche zu.

Da gab es weder etwas zu loben noch zu verurteilen – es war eben ein nackter Raum mit einem Gasanschluss über der sogenannten Kochmaschine, einer typischen Berliner Gosse mit abgeplatzter Emaille, einem Wasserhahn aus Messing, einer zweitürigen "Speisekammer" unter dem weiß gestrichenen Fensterbrett und einer alten Gardinenstange, die aber ohne Leiter – und ich hatte noch keine – unerreichbar war.

Ich wollte und musste unbedingt schon diese kommende Nacht in meiner neuen Wohnung schlafen, nur das Bett oder die Liege oder die Matratze fehlten mir für einen guten Schlaf.

«Erst die Hauswirtin fragen, wenn die keine hat dann schnell zu Möbel-Eck Lenz in die Stargarder Straße laufen und eine Matratze herschleppen», sagte ich zu mir, nahm meinen Schlüsselbund, schob den Kellerschlüssel vom Ring, legte ihn auf den Stromzähler in der Wandnische im Flur und klingelte bei meiner Vermieterin.

Die Frau war eine Perle – sie hatte nicht nur eine Matratze, sondern eine Klappliege, und die war fast neu.

«Nur ein paar mal gebraucht. Unten können Sie das Bettzeug reinlegen, wenn Besuch kommt, da siehts nicht so nach Schlafzimmer aus. Ich bin froh, dass Sie die hier aus dem alten Kinderzimmer holen, staubt ja nur ein. Schenke ich Ihnen», sagte sie und ihre Worte waren für mich wie eine bestandene Matheprüfung!

Es waren erst ungefähr zwei Stunden vergangen, dass ich die U-Bahn verlassen hatte, um eine Wohnung zu suchen und schon stand das erste richtige Möbelstück im Wohnzimmer. Ich knallte mich drauf, streckte mich lang aus, verschränkte die Arme unter dem Kopf und bei diesem Blick an die Decke fiel mir ein, dass die Hausbesitzerin noch nicht den Mietpreis für die Wohnung genannt hatte und wann der monatlich zu bezahlen ist.

Ich rannte wieder die Treppen nach oben und klingelte.

«Ach, deswegen brauchen Sie doch nicht die vielen Stufen zu laufen. Ich will 22 Mark haben, am Ersten jeden Monats. Ohne Innentoilette wären es 19 Mark, aber Sie haben ja eine.»

Auch das war geklärt. Jetzt nur schnell noch die sieben Minuten zur Vinetastraße laufen und meinen prallen Luftkoffer von meiner Wirtin holen. Da waren meine Klamotten drin, mein sogenannter Kulturbeutel – der weder ein Beutel noch mit Kultur gefüllt war, sondern ein Kunststofftäschchen mit Reißverschluss – und viele Dinge, die ich für mein Studium und meinen Körper brauchte.

Der nächste Tag erwachte, ich auch, und mein sorgloses Studium konnte beginnen!

DRESDNER WASCHSALON

«Liebe Eltern und Geschwister .... meine neue Anschrift ist: 1071 Berlin, Bornholmer Straße 10.»

So begann ich meinen Brief, um meiner Dresdner Familie die neue Adresse mitzuteilen. Ich hatte kein Telefon, meine Eltern hatten ebenfalls keines, aber bei meinem Vater im Wirtschaftsrat Dresden konnte ich von der Zelle aus anrufen. Das machte ich selten, ich schrieb lieber eine Postkarte oder eine Ansichtskarte vom Alex, wann ich wieder mal in Dresden vorbeischaue.

Dieses Vorbeischauen wurde von so einigen Notwendigkeiten bestimmt. Das erste war die allgemeine Sehnsucht nach Dresden und den zurückgebliebenen Freunden, das zweite die Kinderpflicht, mal wieder nach dem 66 Jahre alten Vater und nach meiner 18 Jahre jüngeren Mutter zu sehen. Meine Eltern hatten meine Besuche auch sehr nötig, denn von einem Tag zum anderen verließen zwei ihrer drei Kinder das Dresdner Nest. Ich nach Berlin zum Studium und mein Bruder nach Niederlehme zur Armee. Nur meine Schwester war noch zu Hause und machte in der Oberschule Melanchthonstraße das Abitur.

Die 90 m^2 große Wohnung meiner Eltern schien leer und still geworden zu sein. Es gab weniger zu kochen und zu erleben. Das musste langsam verstanden und verarbeitet werden und so waren die gelegentlichen Besuche von uns Brüdern die Höhepunkte für meine Eltern.

Das dritte und wichtigste war aber die Schmutzwäsche. Dieser Grund ließ mich sonnabends alle 14 Tage früh um sechs aufstehen und siebenuhrzehn mit der Schmutzwäsche im Luftkoffer in den überfüllten Zug nach Dresden steigen und am Sonntag nachmittag mit der sauberen Wäsche zum überfüllten Zug nach Berlin zu hetzen.

Der einzige war ich nicht, der kofferweise die Wäsche von einer Stadt zur nächsten und zurück transportierte. Fast alle meiner Kommilitonen, die nicht aus Berlin stammten, machten das ähnlich. Die Züge waren voller Studenten und die Fahrten waren auch bezahlbar: eine Reise nach Dresden kostete für die rund 180 Kilometer mit Studentenausweis hin 6 Mark und zurück ebenfalls.

Eine Waschmaschine hatte ich also nicht, dafür aber den Dresdner Waschsalon meiner Mutter. Ich hatte auch keinen Kühlschrank, der kam erst 1971 in meine Küche. Das mit dem Kühlschrank war im Winter kein Problem, aber für den Rest des Jahres musste fast alles, was meine Mutter mir bei der Abreise einpackte, auch spätestens am nächsten Tag gegessen werden. Vorratshaltung war nicht möglich, wenn es keine Konserven waren.

Nach Dresden nahm ich auch ab und zu etwas mit. Hier in der Hauptstadt der DDR gab es schon einiges mehr zu kaufen als in der 'Provinz'. Obwohl meine Eltern keinen Mangel hatten, da mein Vater im Magazin des in Wünsdorf stationierten Oberkommandos der Gruppe der Sowjetischen Streitkräfte in Deutschland einkaufen konnte.

So kamen bei uns Sardinen, Thunfisch, Krebsfleisch und viele andere Leckereien auf den Tisch. Dafür «besorgte» ich hier Schokolade von Rotstern, über die sich mein Vater riesig freute, obwohl ich wusste, dass es die in Dresden auch gab. Er hätte nur ins Geschäft gehen müssen.

Apfelsinen bekam ich auch öfter mal, denn die junge, schöne und verheiratete Verkäuferin in der Schönhauser freute sich immer, wenn ich in den Obst- und Gemüseladen kam. Da hatte sie schon eine fertig gepackte Tüte an einer geheimen Stelle liegen, die sie mir dann wortlos in meinen Beutel legte. An ihrem Blick sah ich dann, dass sie sich freute, mir eine Freude zu machen und dass mein Einkauf etwas teurer wurde. Und auch schwerer, denn sie legte mir immer fünf Apfelsinen in die geheime Tüte.

Einmal, es war wieder eine Tüte mehr in meinem Beutel, obwohl ich nur ein paar Äpfel kaufen wollte und an Apfelsinen nicht gedacht hatte, ließ ich die Tüte ungeöffnet in meiner Küche liegen, um sie am nächsten Tag, wieder einem Sonnabend, für meine Eltern als milde Gabe mitzunehmen.

In Dresden legte ich die Apfelsinentüte gönnerhaft auf den Küchentisch meiner Eltern mit den Worten: «Hier, ich war noch schnell in West-Berlin einkaufen. Ihr esst doch Apfelsinen, oder?»

Meine Mutter riss die schon von der Fahrt ziemlich ramponierte graue Papiertüte auf, legte die Apfelsinen dekorativ in eine Meißener Porzellanschale und stellte sie auf den Wohnzimmertisch. Dann faltete sie die eingerissene Tüte zusammen, um sie der Tütenschublade anzuvertrauen und wischte dabei ein Stück weißes Papier heraus.

«Du, hier liegt ein Zettel drin, brauchst du den noch?», fragte sie mich und las dabei, was da so drauf stand, gab mir das Stück Papier in die Hand und meinte: «Das ist glaube ich, an dich persönlich.»

Ich nahm den Zettel und erkannte auch sofort die stark nach rechts geneigte Schrift meiner Apfelsinenverkäuferin wieder, die ich von ihren mit der Hand ausgeschriebenen und im Kopf zusammengerechneten Einzelsummen auf den Kassenblöcken her kannte. Die waren so üblich, da wurde noch, wenn nötig, auch die rechnerische Gegenprobe gemacht. Ohne Taschenrechner. Ich las:

«Bitte rufen Sie mich an, aber nur dienstags von 19 bis 19.30 Uhr. Ich liebe Sie. Meine Telefonnummer 451550. Frau Fritzsch»

Ich stand etwas wortlos mit dem Zettel in der Hand und mit einem Kribbeln im Bauch in der Küche und war auch froh, dass dieser Zettel nicht einfach so verschwunden war. Irgendwie musste ich schon auf ihren Liebesbrief reagieren, doch Dienstag war ja erst in drei Tagen. Zeit zum Überlegen hatte ich da schon.

Von 19 bis 19 Uhr 30 war also ihr Mann nicht zuhause und das immer dienstags, so, so... Eine Antwort musste ich schon geben, wiederholte ich mich, nur welche? Ihre Telefon-Nummer hatte drei Mal eine FÜNF und vier und eins sind zusammen schon wieder FÜNF – war das bedeutungsvoll? Ich habe in Dresden doch schon eine Freundin, sagte ich mir – jetzt noch eine in Berlin? Ist ja eigentlich nicht schlecht, ich bin ja noch jung und erwartungsvoll! Aber, die beiden Frauen lernen sich garantiert einmal kennen – rein zufällig – und ich sage dann wie im Film: «Aber Liebling, es ist nicht so, wie du denkst.»

Zu welchem Liebling von beiden sage ich das dann?

Meine Mutter versuchte, da sie den Zettel gelesen hatte, etwas aus mir rauszubekommen. Sie hätte gern gewusst, um wen es da ging, und wie so eine erotische Botschaft in meine unschuldige Apfelsinentüte kommen konnte.

Diese Geschichte konnte ich meiner Mutter aber nicht erzählen, sie sollte sich gefälligst über die Apfelsinen freuen und der Rest ging niemanden etwas an. Basta!

DIE ZUWEISUNG

Mein Wohnzimmer füllte sich langsam mit möbelähnlichen Gegenständen. Als Tisch und Hocker hatte ich vier Apfelsinenkisten, sogenannte Jaffamöbel, von meiner netten Apfelsinenverkäuferin bekommen, ihr aber nicht gesagt, welchem Zweck sie wirklich dienen mussten. Meine Notlüge: «...für den ganzen Werkzeugkram im Keller sind die ganz gut...», kam überzeugend und war ja auch nicht abwegig. Ich hätte sonst in ihren Augen bestimmt als armes Studentchen dagestanden und ihre Illusionen, die sie von mir hatte, wären sicher restlos zerstört.

Für die Küche kaufte ich einen flachen, weiß emallierten Gaskocher mit zwei Kochplatten, einen Handtuchhalter für meine Handtücher und einen Handtuchhalter für die Geschirrtücher. Ein kleines Wandregal nahm ich aus Dresden mit – und so war die Kücheneinrichtung erst einmal komplett. Für alles andere, was so noch wichtig wurde, ließ ich mir Zeit.

Was aber eilte, waren Gardinen oder Vorhänge, Rollos oder irgend etwas anderes für das Zimmer. Ich wohnte schließlich parterre, jeder konnte aus den Fenstern vom Vorderhaus, oder auch wenn er nur den Müll runter brachte oder den Teppich klopfte, in meine Wohnung sehen. Das Teppichklopfen hatte ich aber nur einmal erlebt: der ganze Hof schallte an einem Freitagabend mit ...zigfachem Echo, die Luft war voller Staub und zog nur langsam wieder ab. Eigentlich hätte der Mann den völlig abgelaufenen Teppich in die Mülltonne schmeißen sollen, das Klopfen machte ihn auch nicht sauberer. Außerdem, dachte ich mir, klopfte er ihn von der falschen Seite, denn er hängte ihn mit der Oberseite nach außen über die beiden fast 80 Zentimeter voneinander stehenden Eisenrohre. So schlug er immer auf den tief im Gewebe sitzenden Dreck. Ich hätte den Teppich mit der Unterseite zu mir aufgehängt und somit bei jedem Schlag mit dem Teppichklopfer von hinten den Dreck herauskatapultiert. Was sagt der Physiker dazu? So oder so?

Gardinen wurden es nicht vor meinen Fenstern, Vorhänge auch nicht, dafür aber drei – eins für die Küche und zwei für das Zimmer – ganz simple aber sehr beliebte und auch sehr billige Faltjalousien. Die waren aus zick-zackgefaltetem naturfarbenem Karton mit durchgezogenen Schnüren zum Raufziehen oder Runterlassen. Oben und unten endete die Faltjalousie mit einem Holzleistchen. Meine Fenster waren jetzt blickdicht, wenn ich es wollte, ließen aber auch die seltene Morgensonne und das allgemeine Tageslicht durchscheinen.

Jetzt konnte ich auch bis in die Nacht bei hellem Glühbirnenlicht meine Arbeiten fürs Studium erledigen oder Besuch bekommen oder mit einem Buch in der Hand auf meiner Klappliege lümmeln.

Die eben noch nackten Wände des 22 Quadratmeter großen Zimmers wurden künstlerisch: ich hängte einige meiner farbstarken Bilder auf, die ich in der Zeit meines Malereistudiums an der Kunsthochschule in Dresden gemalt hatte und dabei ich nahm mir vor, am ersten Tag der Weihnachtsferien, also bevor ich für zehn oder zwölf Tage wieder nach Dresden fahre, wenigstens das Zimmer und den Flur, mit gutem Willen auch die Toilette, vorzurichten – der Berliner sagt dazu Malern.

Die zeit verging und schon wohnte ich fast zwei Monate in der Bornholmer, fast an der Berliner Mauer und sehr nah an der belebten Schönhauser Allee. Ich fühlte mich wohl und hatte immer öfter Besuch von meinen Kommilitonen, denen ich bei einem Likör auch Ratschläge geben musste, wie man als Zugezogener an so eine Wohnung kommt. Meine Ratschläge waren, so einfach wie ich sie erzählte, nicht umzusetzen, denn von einem Glückstreffer weiß man vorher nichts und erzwingen kann man eine solche Lösung auch nicht. Aber ich erzählte gern jedem, der es hören wollte, diese kurze Geschichte.

An einem Montagabend klingelte es bei mir. Ein Bekannter? Die Hausbesitzerin? Ein Hilfesuchender?

Ich öffnete die Tür und vor mir stand ein Mann, so in der Mitte der Zwanziger Jahre, in einer Eisenbahneruniform: dunkelblaue Hosen, die Jacke auch in Blau, nur etwas heller, und die üblichen Kragenspiegel mit dem geflügelten Rad in Gold. Dazu die Schirmmütze, auch in Blau.

«Guten Abend, entschuldigen Sie die Störung, ich weiß noch nicht, ob ich hier richtig bin. Bornholmer 10, Quergebäude Parterre, links?»

Diesen Text las der etwas unbeholfen wirkende Mann von einem A5 Zettel ab und sah mich fragend an.

«Ja, das ist hier, Sie sind richtig», antwortete ich ruhig und hatte plötzlich ein ungutes Gefühl im Bauch.

«Worum gehts denn?», fragte ich nach und er gab mir den Zettel mit dem Satz in die Hand: «Ich habe hier eine Zuweisung vom Wohnungsamt für diese Wohnung. Für mich, meine Frau und unser Kind. Die sollte eigentlich frei sein, sagte man mir.»

Mir verschlug es die Sprache, aber schnell fasste ich mich, las, um Zeit zu gewinnen, den Zettel langsam durch und antwortete künstlich gelassen: «Das ist alles richtig, aber ich wohne hier schon seit zwei Jahren, vielleicht ist das einfach nur ein Schreibfehler. Ich kann mir auch nicht vorstellen, das Sie mit Frau und Kind in diese nasse Wohnung ziehen wollen. Hier schimmeln doch die Wände», log ich noch, um diese Sache vielleicht aus dem Weg räumen zu können.

«Na gut», sagte er enttäuscht, «da frag ich noch mal nach, ob die sich geirrt haben. Falsche Etage, oder so. Und dann komm ich eventuell noch mal, um mir die Wohnung anzusehen.»

«Das können Sie gerne machen, aber stecken Sie mir bitte einen Tag vorher einen Zettel in den Briefkasten, damit ich auch da bin und Sie nicht umsonst kommen», tröstete ich ihn und hoffte im Stillen, er würde sich nie mehr sehen lassen.

Wenn aber doch alles stimmt, was da auf der Zuweisung stand und er wiederkommt und das edle Anwesen besichtigen will? Darüber nachzudenken lohnte sich jetzt nicht, erst einmal hatte ich die Sache aufgeschoben und ab morgen kann ich ja überlegen, was ich machen könnte, wenn es ernst werden sollte.

Schon am Mittwoch lag ein Zettel in meinem Briefkasten mit dem Hinweis, es ist alles richtig, meine Wohnung ist frei gemeldet und er würde gern am nächsten Tag so gegen 19 Uhr zur kurzen Besichtigung vorbeikommen.

«Na, dann muss ich die Wohnung in den Zustand bringen, den ich dem Eisenbahner schon angedeutet hatte. Ein nasses Loch ist das hier!», sagte ich leise vor mich hin und dachte sofort an die Fixativ-Mundspritze mit der ich schon seit Jahren meine Kohlezeichnungen besprühte um sie wischfest zu machen.

«Feucht muss es aussehen und unangenehm kühl muss es sein, wenn er kommt. Also, nicht heizen an diesem Tag und alle Ecken mit der Fixativspritze einsprühen, aber nicht mit Fixativ sondern mit Wasser», murmelte ich in mich hinein.

Gedacht – getan.

Am Besichtigungstag war ich schon nachmittags zu Hause, füllte eine Tasse mit Wasser, tauchte das untere Ende der Spritze ein, bückte mich an den Ecken und blies kräftig einen fein zerstäubten Film auf das trockene Mauerwerk. Es dauerte länger als ich dachte, bis sich auf der alten, schon mehrfach übermalten Tapete ein Anflug von Feuchtigkeit zeigte. Das Wasser drang einfach nicht so richtig in die Wand. Hätte ich mal schon eher angefangen mit meinem kosmetischen Versuch, einen wohnungssuchenden Eisenbahner mit Frau und Kind zu betrügen!

Als ich alle vier Ecken des Wohnzimmers eingeweicht und auch die Küchenwand neben der 'Speisekammer' unter dem Fenster bearbeitet hatte, war es nur noch eine halbe Stunde, bis der junge Mann kommen musste. Da bekam die Tapete auch schon einen Anflug von dezenter Feuchtigkeit, die nicht mehr obenauf lag, sondern einzudringen begann und echter wirkte.

Zehn nach sieben klingelte es. Das musste er sein. Ich ging zur Tür, lachte freundlich und begrüßte meinen ungewollten uniformierten Reichsbahner mit einer einladenden Geste besonders herzlich, so wie man es eben macht, wenn etwas zu verbergen ist: «Ah, da sind Sie schon, bitte kommen Sie rein in die gute Stube. Sie waren ja angemeldet. Na, da sehen Sie sich doch mal um, ob das was für Sie und ihre Frau und ihr Kind ist. Hell ist es hier zwar nicht und der alte Kachelofen strahlt nicht gerade viel Wärme aus, aber Sie müssen das selbst entscheiden», erklärte ich ihm die Welt im Hinterhof parterre.

Er trat ins Wohnzimmer, stellte sich in die Mitte des Raumes direkt neben meine Jaffamöbel, drehte sich einmal im Kreis und sagte: «Das ist schön hier, groß genug – die nehm ich.»

Mir verschlug es die Sprache! Er hatte weder die Küche, noch die Toilette, noch meine feuchten Ecken gesehen und wollte die Wohnung für sich und seine Familie haben!

Ich setzte noch einmal an, aber schon merklich ohne innere Kraft und Überzeugung und sagte zu ihm: «Dass die Wände feucht sind, sagte ich ihnen ja schon, wenn Sie noch mal sehen wollen...», dabei ging ich auf eine Ecke zu und nahm ein an der Wand lehnendes Bild vom Boden um den Blick freizumachen.

«Das krieg ich schon hin, im Erdgeschoss sind immer die Ecken feucht. Da stell ich einen Heizlüfter hin und in paar Tagen ist das trocken. Das kommt ja meist nicht von unten, das geht schon weg», sagte er ruhig und warf keinen Blick auf meine sorgfältig präparierten Einzugshemmer.

«Jaaa...», antwortete ich gedehnt, enttäuscht und schlecht gelaunt, «...wann wollen Sie denn einziehen, ich muss mir auch noch was Neues suchen, das kann dauern.»

«Äh, ich dachte, ...Weihnachten wollen wir drin sein, ...vorher die Wände trocknen und Malern, ...sagen wir am 1. Dezember.»

Heute war der 25. Oktober 1967.

ES GIBT NICHTS SCHLECHTES...

Eben hatte ich noch die ersten zarten Wurzeln in Berlin geschlagen, da warf mich auch schon ein Eisenbahner aus der Weiche!

Ich dachte aber nicht im Traum daran, aufzugeben oder zu jammern. Erst einmal musste ich meiner Hausbesitzerin Bescheid sagen, dass da ein neuer Mieter in ihrem Haus einziehen wird und ich das Weite suchen werde. Vielleicht hatte sie wieder einen guten Tip, und da sie mich schon etwas ins Herz geschlossen hatte, wusste ich genau, ohne ein Dach über dem Kopf werde ich nicht dastehen!

Außerdem hatte ich für solche Situationen eine Lebensweisheit parat, die mich immer vor allen negativen Gedanken oder Ängsten bewahrt hat: *Es gibt nichts Schlechtes, das nicht der Ausgangspunkt für etwas Gutes ist!*

«Schön, dass Sie da sind...», sagte ich nach dem Klingeln am nächsten Tag zu meiner Vermieterin, «...ich muss Sie mal was fragen..., da kam gestern einer mit einer Zuweisung für meine Wohnung...», setzte ich gedämpft fort und sah an ihrem Gesichtsausdruck, dass das für sie keine besondere Sache war.

«Kommen Sie doch erstmal rein.»

«Das ist doch wirklich kein Problem. Da gibt es viele Möglichkeiten...», sagte sie und bekam einen verschmitzen listigen Blick, den ich noch nie bei ihr gesehen hatte, nachdem ich vom gestrigen Besuch des Eisenbahners ausführlicher erzählt hatte.

«Da mache ich Ihnen zwei Angebote», sagte sie bestimmt: «Erstens, Sie können bei mir zur Untermiete wohnen, so lange Sie wollen. Aber als Student möchten Sie sicher unabhängig sein, kommen und gehen wie es Ihnen passt und in Ihren eigenen Möbeln wohnen. Eine Freundin ist doch bestimmt auch schon da, oder?»

Eine Freundin war da, aber nicht hier, sondern in Dresden, und das sollte erst einmal so bleiben, bis ich richtigen Boden unter den Füßen hatte. Also ging es jetzt nur um mich! Das erklärte ich ihr auch, denn bei dieser netten Vermieterin konnte ich einfach nur die Wahrheit sagen.

Sie hörte mir aufmerksam zu und kam gleich auf das nächste Angebot zu sprechen: «Zweitens, Sie gehen heute noch in die Dunckerstraße 17, da hat eine gute Bekannte von mir ein Mietshaus, so eines wie das hier. Sie bestellen einen lieben Gruß aus der Bornholmer und erzählen, dass Sie eine Wohnung brauchen. Dann sehen wir weiter oder Sie haben eine neue Wohnung.»

Diese meine Vermieterin war einfach unbezahlbar, ein Glückstreffer, eine Glücksfee! Sie konnte anscheinend jedem Menschen Mut machen und auch viele Dinge in die Tat umsetzen, und das mit einer einmaligen Ausgeglichenheit und mit festem guten Willen.

Zwanzig Minuten später stand ich in der 1. Etage - der Beletage - im Vorderhaus der Dunckerstraße 17. Und in vierzig Minuten stand ich wieder auf der Straße, mit einem Schlüsselring in der Hand für meine zweite neue Berliner Wohnung im 2. Hinterhof, parterre, Südseite.

Auf dem Weg zurück zur Bornholmer und zu meiner Vermieterin musste ich schon etwas an meinem Kopf arbeiten, denn das ging eben so schnell mit einer weiteren neuen Wohnung, dass ich wusste, es niemandem erzählen zu können. Denn diese Geschichte glaubt mir kein Mensch: ohne Wohnungsamt, ohne KWV, nur mit Hilfe zweier freundlicher älterer Berliner Damen ein festes Dach über meinem Kopf im Prenzlauer Berg zu bekommen. Und dass ich die nachträgliche, ordnungsgemäße und amtliche Zuweisung diesmal auch bekomme, das versprach mir meine neue Hausbesitzerin!

Es gibt eben nichts Schlechtes, das nicht der Ausgangspunkt für etwas Gutes ist!

DUNCKER 17

«Liebe Eltern und Geschwister .... meine neue Anschrift ist: 1058 Berlin, Dunckerstraße 17.»

Das war innerhalb kurzer Zeit die nächste Adresse, die sich meine Eltern notieren mussten, wenn sie mir ein paar nette Worte schriftlich zukommen lassen wollten.

Mein Umzug von der Bornholmer Straße in die fast zwei Kilometer entfernte Dunckerstraße fand bei Regen statt. Viel Umzugsgut hatte ich nicht und für den Transport selbst lieh mir meine neue Hausbesitzerin einen Leiterwagen, den ich mühevoll aus ihrem Keller die enge Kellertreppe ans Tageslicht zerren musste.

Da passte schon fast alles drauf beziehungsweise rein, in den Umzugswagen. Ein Problem hatte ich allerdings mit meiner Liege: die war einen Meter 90 lang und einen Meter 20 breit, der Leiterwagen ungefähr 90 Zentimeter lang und nur 70 Zentimeter breit. Ich hatte meine Mühe, bei diesem ekligen Dauerregen die ständig vom Runterfallen bedrohte Liege die Bordsteinkanten rauf und runter sicher in mein neues Zuhause zu fahren und dabei die zu kleine Decke, die gegen den Regen schützen sollte, nicht zu verlieren. Um keine Passanten und Fahrzeuge zu touchieren, machte ich meinen ungelenken Transport abends gegen 22 Uhr.

Die erste Nacht verbrachte ich in ständiger Rheumagefahr auf meiner klammen Liege, aber das war unbedeutend gegenüber meiner neuen, renovierten Wohnung!

Eine Innentoilette hatte ich leider nicht mehr, dafür war das Wohnzimmer 24 Quadratmeter groß und die Küche 16, abzüglich der eineinhalb Quadratmeter Außentoilette, die als Wandwürfel neben dem Fenster in die Küche ragte aber vom Treppenhaus zu begehen war. Der Flur war auch etwas kleiner, es reichte aber für eine Garderobe und ein flaches Regal neben dem in einer Wandnische eingelassenen Gaszähler.

Am nächsten Morgen, beim ersten Aufwachen nach einer klammen Nacht, freute ich mich über die frisch geweißten Wände, den braun gestrichenen Fußboden und die weißen Türen. Die einfach verglasten Fenster aber waren beschlagen, jedenfalls in dieser vorwinterlichen Jahreszeit und von der nur langsam trocknenden Liege.

Mein erster Gang zur Außentoilette endete in einem Dilemma. Ich wusste nicht genau, wie ich dieses Klo – eine Toilette konnte ich das Ding nicht nennen – einschätzen sollte und konnte mir schwer vorstellen, dieses Klo auch täglich benutzen zu müssen, jedenfalls nicht fürs große Geschäft!

Über einem gusseisernen Trichter war ein hölzerner, braun gestrichener Bretterkasten gezimmert mit dem runden Ausschnitt über dem Trichter. Der Abstand von der vorderen Kante zur Trichtermitte war für mein Verständnis zu groß und die Beine konnte ich beim Sitzen auch nicht ergonomisch anwinkeln, da war die senkrechte Kastenwand im Weg. So, so, dachte ich, da werde ich meinen Rhythmus entsprechend anpassen müssen, dass ich nur in meiner Fachschule oder in Dresden muss, wenn ich mal muss.

Da ich noch als Einziger im Erdgeschoss wohnte – die drei anderen Wohnungen standen leer – gehörte dieses Kloloch also nur mir persönlich, und da überlegte ich schon, ob sich ein privater Umbau finanziell und überhaupt lohnen würde. Am Geld sollte es nicht liegen.

Ich bekam im 1. Studienjahr monatlich 170 Mark Stipendium, 100 Mark von meinem Vater und für die Miete musste ich an jedem 1. des Monats meiner Vermieterin nur 19 Mark auf den Tisch legen. Da blieb genug übrig, um außer der Monatskarte, meine Eisenbahnfahrten nach Dresden und das tägliche Essen zu bezahlen.

Da blieb auch genug übrig für eine Flasche Wein – obwohl ich Wein nicht besonders gern trank – dafür aber Likör. Das heißt, alles was süß war und klebte war nach meinem Geschmack. Die Namen für die Alleskleber waren: KiWi, das war der viel getrunkene und den Kopf schnell außer Betrieb setzende Kirsch-Whisky, dann Timm's Saurer aus der berühmten Destille von Schilkin in Berlin oder mein immer sehr geliebter Eierlikör.

Selbstgemixtes gehörte auch zum guten Ton und das war meist Cola-Rum, also Clubcola mit Rum oder auch mit Wodka – dann hieß das eben Cola-Wodka. Dieser Mix war weniger umwerfend, aber es kam auch dabei immer auf die Menge an beziehungsweise auf das Verhältnis der beiden Komponenten zueinander.

Hier, in meiner neuen Stube-Küche-Wohnung mit der Sonne von Vormittag bis über die Mittagszeit – die bei günstigem Stand auch die Mitte des Zimmers und der Küche erreichte – nahm ich mir vor, einen Schnauzbart wachsen zu lassen. Als angehender Künstler musste ich schon etwas aus der gleichförmigen Reihe tanzen mit meinem Äußeren und die neue Adresse in Berlin-Prenzlauer Berg war der gute Anlass dafür!

Täglich beobachtete ich bei meinem morgendlichen Spiegelblick das äußerst langsame Wachstum der Haare über meiner Oberlippe. Das zog sich hin! Bei meiner nächsten Fahrt nach Dresden, zum Wäschetausch bei gleichzeitigem Elternbesuch sollte schon das neue Gesichtsmerkmal Bart mein Erscheinungsbild, heute Image genannt, markant prägen und allen Menschen, besonders meinen Eltern, ins Auge fallen.

Da mein neues Markenzeichen sich aber so langsam entwickelte und ich nicht mit einer halben Zwischenlösung in Dresden erscheinen wollte, schickte ich eine Ansichtskarte der Karl-Marx-Allee mit dem mittig eingesetzten Foto eines gemalten Karl-Marx-Portraits nach Hause und erklärte, dass der fällige 14-Tage-Besuch ausnahmsweise ausfällt weil ich wegen studienbedingter Arbeit erst am Ende der nächsten 14 Tage kommen kann. Das mit dem Karl-Marx-Portrait sollte kein politischer sondern ein dezenter Hinweis sein, dass auch ich bald mehr Haare im Gesicht haben werde!

Mein Vater kommentierte das sehr erfreut auf ebenfalls einer Ansichtskarte vom Blauen Wunder in Dresden, indem er mich für meinen Studieneifer lobte und meine Mutter hoffte, das ich mit der Wäsche noch so lange reiche.

Das mit dem Bart von Marx hatten meine Eltern nicht verstanden, wieso auch, wenn man nichts ahnt?

«DAS IST ETWAS GANZ ANDERES»

Ich saß im Zug, den Koffer voller Schmutzwäsche, einen kräftigen Schnauzbart im Gesicht und in freudiger Erwartung auf die überaus positiven Reaktionen meiner lieben Eltern über meine veränderte Gesichtsmitte.

Der Vater meines Vaters trug früher auch einen Schnauzbart. Das auf einer dicken Pappe aufgezogene Foto aus dem Jahre 1908 in Łódz zeigte meinen Opa mit seiner Frau, also meiner Oma, und der zwei Jahre jüngeren Schwester meines Vaters, meiner Tante, die neben meinem Vater stand.

Mein Opa sah sehr gut aus, sein fast schwarzer Schnauzer war üppig und gab ihm einen kraftvollen Gesichtsausdruck. So sollte meiner auch aussehen! Voll und dunkel! Ich aber bin ein eher blonder Typ und da ahnte ich schon, dass die beiden Bärte ziemlich unterschiedlich sein werden. Trotz meiner geradlinigen Abstammung musste ich das akzeptieren, doch der gute Wille, eine Familientradition fortzusetzen, war da.

Der Zug rollte in den Neustädter Bahnhof ein. Wieder mit ohrenbetäubendem Quietschen und dem unverwechselbaren, aber für mich angenehmen Geräusch der schnaufenden Dampflok, bei dem ich immer das Gefühl hatte, die Lok freut sich, endlich am Ziel angekommen zu sein und eine wörtliche Verschnaufpause einlegen zu können.

Gut gelaunt stieg ich in die Straßenbahn der Linie 11, die mich bis fast vor die Haustür brachte. An der Haltestelle Mordgrundbrücke musste ich aussteigen und da begann auch schon die Schillerstraße die mit 12% Gefälle hinab nach Loschwitz führt, direkt zum Blauen Wunder, der berühmten eisernen Brücke.

«Endlich kommt auch mal etwas Unvorhergesehenes für meine Eltern ins Haus», sagte ich vor mich hin und dachte dabei an meinen schönen Schnauzer. Ich lief schnell durch den großen Park, auf dessen leichter Anhöhe das 1888 erbaute Haus steht. Wir wohnten im ersten Stock, im Erdgeschoss wohnte ein Ehepaar – der Mann war auch der Hausmeister und mähte die großen Rasenflächen immer mit einer Sense – und in der zweiten Etage, der Dachetage, hatte ich mein Zimmer. Eine ältere Frau, die Nachfahrin der Familie Knoop, nach der auch die Knoopstraße benannt wurde, bewohnte zwei Zimmer neben mir.

«Da bin ich, der Zug kam pünktlich», sagte ich beim Eintreten in die Wohnung, umarmte erst meine Mutter, dann meinen Vater und lachte dabei herzlich. Doch das Gesicht meines Vaters wurde starr, meine Mutter hielt sich die Hand vor den Mund und sagte nur völlig entsetzt: «No, Micha, was hast du denn da gemacht?»

Und mein Vater meinte nach einigen Schrecksekunden: «So bleibt das nicht, ich möchte keinen Bart sehen, so kommst du mir nicht in die Wohnung!»

Das war eindeutig, versaute mir meine gute Laune und ich fiel in eine Art Kommunikationsstarre, denn mit so einer Ablehnung hatte ich nicht gerechnet. Wieso auch?

«Na gut», sagte ich noch in der Türe stehend, «dann muss ich eben gleich wieder nach Berlin zurück», meinte das aber nicht sehr ernst, ging an meinen entsetzten Eltern vorbei ins Wohnzimmer und stellte den vollen Koffer ab. Wortlos ging ich ins Bad und wusch mir die Hände –

das war immer mein erster Gang, wenn ich irgendwo ankam – bis heute und da kommen schon so zehn bis zwanzig Waschungen zusammen an einem Tag. Kann ja nicht schaden.

«Wie du überhaupt aussiehst, das enge Hemd und die weiten Hosen! Du studierst doch Grafik, da musst du mehr auf dich achten. Du solltest einen Anzug tragen mit Krawatte, so gehört sich das. Da kann ich stolz auf dich sein», sagte mein Vater mit Groll in seiner Stimme als er mir ins Bad folgte, «aber so nicht!» Und setzte hinzu: «und eins sage ich dir: der Bart kommt ab, gleich morgen.»

Inzwischen war ich stinksauer, meine Erwartungen wurden ins Gegenteil verkehrt und da hatte ich auch schon eine Idee, wie ich meinem Vater den Anti-Bart-Wind zurückblasen konnte.

Meine Mutter brachte wortlos das Essen auf den Tisch, wir setzten uns und ich plapperte einfach los. Ich erzählte vom Studium, von meiner neuen Wohnung, vom Leben in Berlin allgemein und tat so, als wäre alles in bester Ordnung. Mein Vater hörte vielleicht zu, sah aber nicht auf von seinem Teller, doch bei meiner Mutter legte sich ein zartes Lächeln über ihre Lippen und das war für mich ein gutes Zeichen, zurück zum heißen Thema zu kommen.

«Ach, weißt du Papa, dein Vater hat doch genauso einen Schnauzbart gehabt, und der sah prächtig aus damit. Du weißt doch, auf dem alten Familienfoto ist das gut zu sehen und ich will nur eine schöne alte Tradition deiner Familie aufrecht erhalten», erklärte ich in überzeugendem, ruhigem Ton.

Da kam die Antwort, die fast alle Kinder von ihren Eltern irgendwann einmal bekommen haben, und die so unlogisch und haltlos ist, wie eine Antwort eben ist, wenn es kein überzeugendes Argument gibt, wenn nur eine gewisse Machtlosigkeit das Zepter führt: *«Das ist doch etwas ganz anderes!»*

Was sollte ich auf so einen Satz sagen? Was war anders zwischen meinem Bart und dem meines Großvaters? Der Farbton schon, die Fülle auch, aber das wächst bei mir schon noch, und ebenso war die Zeit eine andere: zwischen den Schnauzern lagen rund 60 Jahre, trotzdem blieb ein Bart ein Bart.

«Was ist denn da ganz anders? Alle Künstler lassen sich einen Bart wachsen und da habe ich noch den harmlosesten von allen. Denkt doch mal an meine Freunde hier in Dresden, an Klaus Liebscher oder an Ralf Winkler. Große wuchtige Vollbärte!», versuchte ich sachlich meinen Entschluss zu begründen.

«Ohne Krawatte kommst du jedenfalls nicht mehr nach Dresden, das sage ich dir», lenkte mein Vater jetzt vom eigentlichen Thema ab. Ich hatte ihn ungewollt in die Enge getrieben und vermutete schon, dass da aus seiner Kindheit oder Jugend etwas hängengeblieben sein muss. Etwas unverarbeitetes.

Das war ja nicht unnormal, jeder Mensch schleppt sein Leben lang eine kleine Last mit sich herum, die ihm irgendwann von irgendwem auferlegt wurde. Und dann genügt ein kleiner Stolperstein, dass diese Last einem von den Schultern auf die Füße fällt. Drübersteigen oder aufheben und bewusst entsorgen? Beides ist machbar, hat aber unterschiedliche Auswirkungen. Wie *ich* damit umgehen sollte, war mir noch nicht klar. Also, erst einmal aufessen was meine Mutter da Wunderbares gekocht und auf den Tisch gebracht hatte, und dann entspannt zurücklehnen und abwarten, was der Tag noch bringen wird!

Auf den Angriff mit der fehlenden Krawatte musste ich aber noch reagieren. Dass eine Krawatte und ein Anzug nicht in mein Kleiderkonzept passten und ich sie bestimmt nur zu entsprechenden Anlässen – einer Taufe, einer Hochzeit oder einer Beerdigung tragen würde, darüber war ich mir sehr sicher!

«Wenn dir eine Krawatte wichtiger ist, als mein Besuch bei euch zu Hause, dann schick ich doch einfach eine per Post, die könnt ihr dann ehrfürchtig ansehen und stolz darauf sein, weil die von mir ist», sagte ich locker und war schon auf die nächste unlogische Antwort gespannt.

Eine Antwort gab es darauf nicht mehr. Aufgearbeitet haben meine Eltern das leidige Problem mit meinem Aussehen nie. Dazu kam noch, dass mein Bruder, kaum war er von seinem Armeedienst wieder zu Hause in Dresden, sich ebenso einen Schnauzer wachsen ließ. Auch er trägt ihn bis heute.

Mein Schnauzer änderte seine Farbe im Laufe der Zeit leicht ins Gräuliche, blieb aber bis heute mein Markenzeichen. Ein einziger Versuch in den 1990er Jahren, auch ohne Schnauzer durch die Welt zu gehen endete mit einem vernichtenden Kommentar meiner Tochter: «Ohne Bart bist du nicht mehr mein Papa.»

Na, also!

SCHWARZ...

Ein diesiger Novembertag begann, und ich machte mich auf den Weg zu meiner Fachschule. Zum Bahnhof Prenzlauer Allee lief ich sieben Minuten und war mit zwanzig Minuten S-Bahnfahrt in Schöneweide. Dann noch mal zehn Minuten laufen und der Studientag konnte beginnen – wenn ich einen klaren Blick hatte, denn die Straße zur Schule war viel befahren, es wehte immer ein starker Wind und ich hatte ständig Dreck in den Augen. Bald hasste ich diese Strecke und lief nur noch mit zusammengekniffenen Lidern und gesenktem Kopf. Der Einzige war ich nicht, der dieses Problem hatte. Schöneweide war durch die vielen großen Werke – besonders das TRO, das Transformatorenwerk Oberspree und das KWO, das Kabelwerk Oberspree – und die staubigen Straßen einfach immer mit verdreckter Luft belastet.

An diesem trüben Tag nahm ich mir vor, gleich wenn ich am späten Nachmittag wieder zu Hause bin, mich um ein paar Kohlen für den großen Kachelofen im Wohnzimmer zu kümmern. Mein erster Berliner Winter war nicht mehr weit, und von der kalten Straße in eine kalte Wohnung zu kommen – der Gedanke daran war nicht erfrischend.

Die letzten Kohlen, die noch von meinem Vormieter vor langer Zeit im Keller geblieben waren, hatte ich schon verheizt, allerdings ziemlich erfolglos. Das Zimmer blieb kalt, weil der große Ofen nicht warm wurde! Woran lag das? Ich hatte die Wahl: der Kachelofen hatte ein Problem oder ich konnte nicht heizen.

Der Kohlenhändler befand sich in meiner Straße nur etwa 100 Meter weiter in Richtung Dimitroffstraße. Da bin ich schon oft vorbeigelaufen – immer mit dem Gedanken: irgendwann brauch ich Kohlen! Jetzt musste es sein!

«Guten Tag, ich möchte Briketts haben. So ungefähr drei Säcke voll. Und etwas Holz zum Anfeuern», sagte ich zum grimmig aussehenden und schwarz verschmierten Kohlenhändler.

«Hamm'se ne Karte oder HO-Briketts? Drei Säcke bring ich Ihnen aber nicht, die holn'se mal schön selbst ab», war die kurze Antwort. An den oftmals schroffen Ton in meiner Umgebung hatte ich mich schon gewöhnt, ich wusste, der ist so üblich in Berlin, ist nicht bös gemeint und hat auch mit mir persönlich nichts zu tun.

Mit seiner Frage meinte er sicherlich eine Kohlenkarte für verbilligtes Brennmaterial, vermutete ich. Eine solche Karte hatte ich natürlich nicht, die musste ich erst beantragen. Wo und wie man das macht, das wollte ich meine Vermieterin in den nächsten Tagen fragen.

«Also, ich nehme HO-Briketts, aber wie schaff ich die nach Hause, ich wohne hier nicht weit in der Duncker 17», sagte ich in der Hoffnung, er würde großmütig die Kohlen doch noch anliefern.

«Borgen Se sich doch irgendwat Fahrbares, n' ollen Kinderwagen oder so. Und die Säcke bring Se zurück», war seine knappe Meinung zum Thema Transport.

«Gut, dann bezahl ich erst einmal und komme dann mit etwas Fahrbarem wieder», antwortete ich und ging vom Kohlenhof auf die Straße. Das Glück meinte es wieder gut mit mir, denn fast vor meinem Haus kam mir eine kleine ältere Frau entgegen, die einen Einkauf oder etwas Ähnliches in vielen Beuteln und Taschen auf einem oberteillosen Kinderwagengestell transportierte.

«Entschuldigen Sie bitte, ich muss Sie da was fragen, könnten Sie mir ihren Wagen für eine Stunde leihen?», fragte ich freundlich und lächelte sie an.

«Na, jern mach ick det nich, aber erst muss ick alles hier nach oben schaffen. Dritter Stock, 2. Hof. Und: Wiedersehn' macht Freude. Wat wolln' Se denn rauflegen? Hauptsache keene Kohlen, also nüscht wat schwer is, dat hält der nich aus und ick brauch den noch. Se könn mir ja helfen nach oben tragen. Und wie jesacht, Wiedersehn' macht Freude.»

Das war eine klare Ansage: keine Kohlen, nichts, was schwer ist! Ich hatte aber nur Kohlen zu transportieren – und einen Sack Holz. Doch Notlügen sind immer gestattet, wenn es um Leben oder Tod geht oder um eine kalte oder warme Wohnung!

Ich half ihr den Beutelkram nach oben zu tragen und rollte dann das uralte Vehikel zum Kohlenhändler. Das rechte vordere Rad schlug bei jeder Umdrehung wellenförmige Kapriolen und eigentlich wartete ich nur darauf, dass es ganz abfällt, bevor ich den Kohlenhändler erreicht hatte. Der hatte schon meine vier bezahlten Säcke an die Wand zu seinem Büroschuppen gelehnt und kümmerte sich nicht weiter darum, wie ich damit klarkam.

Vor mir lag ein kompliziertes und kräftezehrendes Unterfangen und es dauerte auch nicht eine, sondern über zwei Stunden, bis meine Kohlen in meinem Keller lagen. Das Problem war das Gewicht eines Sackes. Ich hatte noch nie in meinem Leben so etwas zentnerschweres bewegt, und der Kinderwagen hat in seinem Leben auch noch nie solch eine Last übergeholfen bekommen. Die Räder neigten sich nach innen durch die Achslast eines einzigen Sacks und die sichelförmig gebogenen Federn bekamen eine Schneckenform.

Als ich den letzten Sack, den leichteren mit dem Holz, Stufe für Stufe die Kellertreppe heruntergezogen hatte und im dunklen, mit einer 40-Watt-Birne beleuchteten Keller ausgeschüttet hatte, fiel mir ein, dass doch die Vermieterin mir für meinen Umzug von der Bornholmer Straße zur Dunckerstraße einen Leiterwagen geborgt hatte. Der stand auch brav und schläfrig nur ein paar Meter weiter und ich hatte mich mit einem krummen Haufen Metall abquälen müssen, immer in der Angst, das Ding platt zu machen!

Der Kinderwagen hatte sich mit meiner Hilfe wieder aufgerichtet und fürs Verleihen gab ich der kleinen Frau zwei Mark mit einem herzlichen Dankeschön, brachte die leeren Säcke zurück zum Kohlenhändler, war selbst schwarz wie die Nacht, mit einem üblen Geschmack von Kohlenstaub auf der Zunge, aber glücklich über ein neues Teilstück gelebten und gelernten Lebens.

Kohlen hatte ich jetzt, Holz auch, aber der Ofen wurde wieder nicht warm. Das konnte also doch nur am Ofen liegen, denn ich heizte ihn vorschriftsmäßig, so wie ich das von meinem Vater gesehen und gehört hatte. Und der heizte unseren Wohnzimmerkachelofen immer mit der gleichen Menge Briketts: fünf am Morgen und noch einmal fünf Briketts am Abend.

«Fünf Briketts reichen, wir wollen ja nicht verschwenden«, das war der eine bedeutende Satz meines Vaters wenn es ums Heizen ging und der andere war: «Licht aus, ich habe keine Lust für die Elektrownja zu arbeiten.»

Die Elektrownja waren die Elektrizitätswerke in Łódz. Und wenn wir das Licht nicht sinnlos brennen ließen, dann arbeitete er auch nicht für die E-Werke und gab weniger Geld aus. Das war seine besondere Form der Sparsamkeit.

Kalt blieb es in meiner Wohnung so lange, bis ein klärendes Gespräch unter Studenten meine in Dresden gelernten Lebensweisheiten endlich außer Kraft setzte: Wir unterhielten uns über unsere verschiedenen Unterkünfte, die miesen Temperaturen und das Heizen allgemein. Bis mein Kommilitone Heinz sagte: «Also, ich brauch schon 25 Briketts am Tag, wenn die Bude warm werden soll.»

«Von Kommilitonen lernen, heißt heizen lernen!» Das wurde jetzt meine persönliche Abwandlung eines aktuellen politischen Leitspruchs in der DDR.

Am gleichen Abend versuchte ich es erst einmal mit 18 Briketts und siehe da: mein Zimmer wurde schnell sehr warm und die Wärme hielt bis zum nächsten Morgen an! Ich hatte von einem Tag zum anderen einen anlehnungsfähigen Kachelofen! Dann folgte am Wochenende ein Versuch mit 22 Briketts – damit blieb ich immer noch unter dem Limit meines Kommilitonen – und heizte auch noch die Küche und den Flur mit!

Das musste ich unbedingt meinem Vater erzählen, wenn ich wieder zum Wäschetausch mit familiärem Anschluss nach Dresden fuhr. Ein bisschen Recht hatte er aber auch, denn unsere Dresdner Wohnung lag nicht im zweiten Hinterhof und auch nicht im Erdgeschoss mit ringsum leerstehenden Wohnungen! Sie wurde auch mit fünf Briketts schön warm!

… UND ROT

Alle Mitbewohner meines Hauses, damit meine ich meines Quergebäudes im 2. Hinterhof, kannte ich noch nicht, aber den über mir wohnenden alleinstehenden Mann in den Fünfzigern hatte ich schon öfter gesehen. Meist sind wir uns in der Haustüre begegnet und mit einem kurzen 'Guten Tag' aneinander vorbei gegangen. Er war ziemlich maulfaul, nicht gut gekleidet und er schwankte auch oftmals leicht beim Gehen. Sein Körper war schwammig und bei seiner mittleren Größe wirkte er wie eine Tonne.

In der zweiten Etage wohnte eine junge Familie mit einem Vorschulkind und gegenüber ein älteres Ehepaar, das ich aber nur kurz gesehen hatte, weil ich wieder einmal für eine uneigennützige Hilfeleistung – ich trug der älteren Frau ein Westpaket, das sie von der Post abgeholt hatte, nach oben in die Wohnung – der richtige Mann war.

Wer die anderen Wohnungen bewohnte, davon hatte ich keine Ahnung und es war mir auch ziemlich egal, denn ich hatte nur mein Erdgeschoss im Visier. Und in diesem Erdgeschoss war ich fast der einzige Mieter, denn zwei von den vier Wohnungen standen leer, wie in vielen Quergebäuden oder Seitenflügeln der alten Miethäuser.

Meine Wohnungstür war gleich neben der Treppe die als 'halbe Treppe' zur Toilette der Mieter im ersten Stock führte und dann als weitere 'halbe Treppe' in die nächste Etage.

Ich hatte vor meiner Tür einen neuen Abtreter zu liegen, um nicht den ganzen Dreck in meine Wohnung zu tragen. War ich in meinem Korridor, hörte ich oft durch die geschlossene Wohnungstür, dass die Mieter aus den oberen Etagen sich auf meinem Abtreter ihre Schuhe abbürsteten, um ihren Abtreter sauber zu halten. Egal war mir das nicht, aber mich hinter der Tür auf die Lauer zu legen, um einen von denen zu erwischen, dazu hatte ich auch keine Lust. So musste ich öfter mal im Hof den Sand aus dem Abtreter schlagen.

Das Licht im Haus war auch nicht das hellste, auf jeder Etage brannte nur eine 60-Watt-Birne, das reichte gerade aus, um die Klingelschilder und den Klingelknopf zu erkennen und nicht zu stolpern. In meine Lampe – eine Kugel aus Milchglas an einem Metallstab – schraubte ich eine 100-Watt-Birne ein und so erstrahlte das Erdgeschoss in gutem Licht. Das war mir auch sicherer so, denn etwas gruselig sah es schon aus um meine Wohnungstür herum. Auch nahm ich mir vor, meine Türe außen weiß zu streichen, ebenso die Tür gegenüber, auch wenn da keiner wohnte, und auch die verglaste Tür am Ende des Flurs. Sie führte in den dritten kleinen Hof an den auch das nächste Grundstück zur Senefelder Straße grenzte. Es sollte einfach etwas angenehmer aussehen in meinem Umfeld. Vielleicht besuchen mich auch meine Eltern mal, wer weiß.

Meine neue Birne machte nach einer Woche schlapp, eine andere hatte ich nicht da, ich musste also in den nächsten Tagen im 1000-kleine-Dinge-Laden in der Dimitroffstraße eine neue kaufen – oder besser gleich drei – sicher ist sicher!

Schon am nächsten Abend kam ich sehr spät nach Hause. Mit zwei meiner Kommilitonen, die auch in meiner Nähe wohnten, hatte ich mich verabredet, in den ‘Schusterjungen’ zu gehen, einen Schnaps zu trinken und eine richtige Berliner Boulette mit Kartoffelsalat zu essen.

Der 'Schusterjunge' in der Dimitroffstraße an der Ecke zur Lychener Straße war eine Kneipe der besonderen Art: hier trafen sich Studenten, Künstler und auch Quartalssäufer zum abendlichen gemeinsamen Plaudern und anschließenden Nachhausewanken.

Auch ich wankte ein wenig gegen Mitternacht die kurze Strecke nach Hause und freute mich schon auf mein Bett und auf meine immer noch warme Wohnung, obwohl ich schon früh geheizt hatte – aber eben nicht mit fünf sondern mit 15 Briketts!

Die Tür zu meinem Quergebäude knarrte wie immer, ich drückte auf den Lichtknopf, aber es blieb dunkel und da dämmerte mir auch, dass ich erst eine neue Birne einschrauben muss, um sehend in meine Wohnung zu kommen. Ich tastete mich langsam durch den Flur, um die einzige steinerne Stufe nicht zu übersehen, die noch zwischen der Haustür und meiner Wohnung lag. Den Schlüssel in der Hand, bereit, ihn ins Schloss zu stecken, stieß ich mit meinen Füßen gegen etwas Weiches und konnte mich noch an der Wand neben meiner Tür abfangen, sonst wäre ich mit meinem Kopf gegen die Tür gefallen.

Der Schreck war so groß, dass der Alkohol mit einem Schlag aus meinem Hirn verschwand. Ich machte panisch einen Schritt zurück und versuchte etwas auf dem Boden zu entdecken. Meine Augen gewöhnten sich langsam an die Dunkelheit und sahen dann schon etwas mehr: vor mir lag ein massiger Berg, der mit Sicherheit ein menschlicher Körper sein musste!

Aus meiner Jackentasche fischte ich mit zitternder Hand die Streichholzschachtel, und, wie das so ist im Leben, wenn es einen Notfall gibt, das letzte Streichholz war ein abgebranntes, das ich zurück in die Schachtel gesteckt hatte, als ich mir auf dem Heimweg eine ebenfalls letzte Zigarette angezündet hatte.

Ich nahm meinen ganzen Mut zusammen, denn so eine Situation hatte ich als wohlbehüteter Junge in Dresden nicht einmal denken können, beugte mich, ohne auch nur einen Zentimeter nach vorn zu gehen zur Tür, schloss sie auf und machte dann einen weiten hohen Schritt in meinen Flur. Die Tür lehnte ich nur an und schaltete das Licht ein. Nun war der Moment gekommen, mir genau anzusehen, was da vor meiner Wohnung lag.

Mit einem Finger vergrößerte ich den Spalt nach draußen und sah mit klopfendem Herzen meinen über mir wohnenden Mieter als einen zusammengekrümmten Haufen Mensch vor mir liegen. War der tot? Oder verletzt? Oder beides?

Zu meinem Herzrasen pochte es jetzt auch noch an meinen Schläfen und ich sah vollkommen ratlos auf einen am Boden liegenden Menschen. So einen Anblick kannte ich nur aus Kriminalfilmen, damit hatten aber nur die Polizisten zu tun, ich war immer der unbeteiligte Zuschauer. Ich war hier auch der Zuschauer, aber es lief kein Film und ich musste sofort handeln, nur wie?

«Hallo, Herr Nachbar, hallo», sagte ich zaghaft, beugte mich auch etwas nach unten um eventuell eine Verletzung sehen zu können. Da war nichts, also tot, vermutete ich.

«Hallo, hallo», rief ich noch einmal und schüttelte ihn an der Schulter. Er lag auf der Seite, so wie in einer stabilen Seitenlage, ich hätte diesen schweren Mann keinen Zentimeter bewegen können. Eine Gefahr für mich sah ich nicht, wenn nicht doch noch ein Verbrecher hier irgendwo sich im Hause versteckt hielt. Also, Polizei oder Krankenwagen? Ein Telefon hatten hier wenige im Haus, die nächste Telefonzelle war in der Stargarder Straße. Und während ich noch überlegte, schüttelte ich den schlaffen Körper etwas kräftiger an der Schulter, um sicher zu sein, nichts falsch zu machen.

«Lass mich schlafen, wat suchst'n überhaupt in meiner Wohnung?», schnauzte er mich plötzlich an, drehte seinen Kopf etwas in meine Richtung, öffnete aber seine Augen nicht. Dann war Ruhe. Ich stand wie versteinert neben ihm und wollte eigentlich antworten und erklären, dass er nicht in seiner Wohnung liegt und ich ihm auch nur helfen will.

«Los, hau ab, sonst hau ick dir de Flasche off'n Kopp», war sein nächster Satz, und sofort schlief er auch wieder tief und fest ein.

Na gut, wenn ihm das hier angenehm ist und ich nur störe, so soll er doch schlafen so lange er will, dachte ich mir, schloss leise meine Tür und verriegelte sie.

Am frühen Morgen wurde ich von einigen Geräuschen wach, stand aus meinem Bett auf und lauschte mit dem Ohr an der Tür. Mein Kopf brummte auch etwas aber das lag nicht an dem abendlichen Zwischenfall, sondern am 'Schusterjungen' und den zwei Schnäpsen, die ich getrunken hatte. Vielleicht waren es auch drei... oder vier...

Ich hörte, wie der massige Körper aufstand und sich schwer atmend die Treppe hinaufzog, ich hörte, wie seine Tür krachend ins Schloss fiel und nach einigem Poltern war wieder tiefste Ruhe im Haus.

Auch ich schlief wieder ein, beruhigt, dass es bei meinem Nachbarn nur der Alkohol war und sich kein Verbrechen hier im zweiten Quergebäude zugetragen hatte.

Als ich dann so gegen 8 Uhr 30 meine Wohnung verließ und die Türe abschloss, schrak ich wieder zusammen: im Treppenhaus lag zwar niemand mehr, aber der beigefarbene Ölsockel der Wand rechts neben meiner Türe, am Beginn der ersten Treppenstufe war voller Blut. Die Rinnsale zogen sich bis über die Scheuerleiste und waren auch noch auf dem Steinzeugboden zu sehen. Da muss er wohl die Kurve nicht geschafft haben, ist mit dem Kopf gegen die Wand geschlagen und mit großem Blutverlust selig eingeschlafen!

In meiner Studienklasse erzählte ich diese eben erlebte Geschichte, hatte dabei aber nur bei den Nichtberlinern ein leichtes Grauen ausgelöst. Die Berliner kannten so etwas schon, sind damit aufgewachsen, haben viele Besoffene auf den Straßen gesehen und waren entsprechend abgebrüht.

Wenn ich das meinen Eltern erzähle... nein, so etwas kann ich nicht erzählen, die denken dann, ich bin ins kriminelle Elend abgerutscht. Und richtiges Blut gleich neben der Türe, das sollte es – wenn es sich machen ließ – auch weiterhin nur im Film geben, aber nicht in meinem richtigen Leben.

Als ich am frühen Abend nach Hause kam, wieder mit klopfendem Herzen, war der Spuk vorbei, so als wäre nichts gewesen und ich hätte nur einen schlimmen Traum geträumt. Die Ölwand war sauber abgewaschen, nur auf dem Boden erkannte ich noch dunkle Reste seines Blutes. Beweisen konnte ich nun niemandem etwas. Schade eigentlich, spannend war die Geschichte schon!

SCHLACHTEPLATTE

Hier in Berlin musste ich mein Essen selber machen oder in eine der vielen Gaststätten gehen. Jedenfalls am Wochenende. Das tägliche warme Mittag bekam ich von Montag bis Freitag im TRO, da durften die Studenten der Fachschule für eine Mark 80 oder 2 Mark 20 in der Betriebskantine der Transformatorenhersteller aus drei oder mehr Gerichten auswählen.

Frühstück und Abendbrot machte ich mir gern selbst, aber zum richtigen Kochen hatte ich weder die entsprechende Küchenausstattung noch die entsprechende Lust und auch nicht die ausgereiften Kenntnisse, die hat meine Mutter für sich behalten!

Zwei Wochen vor Weihnachten wollte ich an der Ecke Dunckerstraße zur Dimitroffstraße mir ein richtiges Sonntagsgericht gönnen. Die Gaststätte hatte zwar einen komischen Namen, den ich schon öfter im Vorbeilaufen gelesen hatte, aber ein Versuch konnte sich für meine gastronomische Berlin-Zukunft lohnen. Diese Gaststätte war die 'Schlachteplatte'.

Zwei Tische waren noch frei, ich nahm den ersten am Fenster mit den gelbgerauchten Gardinen und vertiefte mich in die Speisekarte. Das angebotene Gericht 'Schlachteplatte' reizte mich schon und ohne zu fragen, was da so auf den Teller kommt, bestellte ich die Bezeichnung der Gaststätte, dazu eine Club-Cola, «aber nicht eiskalt, bitte.»

Keine zehn Minuten später stand das dampfende und gut riechende Essen vor mir. Genussvoll aß ich die Kartoffeln, das Sauerkraut und das braune Zeug, von dem ich noch nicht genau wusste, was es war, das aber sehr gut schmeckte! Na ja, beim Bezahlen kann ich mich noch mal genau erkundigen, aber es konnte nur Blutwurst sein.

«Stimmt so», sagte ich zur Kellnerin und rundete den Betrag von 4 Mark dreißig auf 5 Mark auf.

«Eine Frage habe ich noch, war das Blutwurst, das Braune?»

«Na, wat denn sonst, is' doch Schlachteplatte, wo kommen Se denn her, dat Se det nich wissen», antwortete die Kellnerin belustigt, weil sie einen unwissenden Sachsen vor sich hatte.

«Dazu sag'n wa hier in Berlin ooch Verkehrsunfall oder Tote Oma», ergänzte sie ihr gastronomisches Wissen, «det heeßt eben so, wie's aussieht. Hat's jeschmeckt?»

Sehr gut sogar, ich war satt und an der Blutwurst nahm ich an diesem Tag keinen Anstoß, das kam erst Wochen später, als ich wieder meine Eltern besuchte. Der Auslöser dafür war mein Vater, der sich von meiner Mutter an einem Sonnabend ein Extragericht wünschte: 'Schwarzsauer'.

Das Wort hatte ich schon mal gehört, aber es war mir egal, was es bedeutete. Als dann aber an diesem Sonnabend in Dresden das gewünschte 'Schwarzsauer' für meinen Vater auf den Tisch kam, fragte ich meine Eltern interessiert, um was für eine Suppe es sich da handeln könnte, und warum nur mein Vater das bekam und ich oder meine Geschwister gar nicht erst gefragt wurden.

Genussvoll löffelte mein Vater die heiße schwarze Suppe, bis er endlich die Erklärung dazu abgab: «Ja, mein Junge, das ist Schweineblut mit Essig und kleinen Fleischstückchen, und ein paar Gewürze sind da auch drin.»

Meine Schwester hielt sich die Hand vor ihren Mund, es sah aus, als würde sie sofort auf den Tisch kotzen müssen und mein Bruder sagte nur: «Ooohhhr, Blut auf dem Teller, wie kannst du so was essen?»

Mein Vater konnte! Er aß alles auf und bedankte sich bei meiner Mutter herzlich für das feine Essen, das er schon aus seiner Jugend kannte, obwohl das eigentlich eine Suppe ist, die Bauern essen, wenn geschlachtet wird!

Den nächsten lehrreichen Essensschock bekam ich wieder in Berlin. Mit zwei Studenten ging ich in Schöneweide an der Edisonstraße in eine Eckkneipe, um Mittag zu essen. Die Speisekarte im TRO hatten wir schon rauf und runter gegessen, jetzt brauchte unser Gaumen einen neuen Reiz, der auch nicht übermäßig teuer sein durfte. Jeder von uns bestellte etwas anderes und ich als genussvoller Schnitzelesser fand auf der Speisekarte 'Berliner Schnitzel mit Kartoffeln und Rohkostsalat' für 3 Mark 80. Das hörte sich gut an und als dann die große Portion vor mir stand, begann ich auch sofort mit dem Essen, denn ein zweiter Kellner brachte im gleichen Moment die überbackenen Nudeln für den einen und die Bockwurst mit Pommes frites für den anderen Studenten.

Etwas zäh war mein Schnitzel, die Kartoffeln wie immer mit ein paar glasigen und nicht ganz durchgekochten Stellen doch der Rohkostsalat war gut.

«Wie war euer Essen», fragte ich in die Runde, als wir unsere Teller leer hatten, «mein Schnitzel war ganz schön zäh oder das Messer war stumpf, aber beim Kauen hatte ich auch mächtig zu tun um das Ding zu zerbeißen», erklärte ich meine leichte Unzufriedenheit.

«Na, du hast doch Berliner Schnitzel bestellt, da weißt du doch, was da auf den Teller kommt. Ich ess sowas jedenfalls nicht mehr. Ein Mal hat mir gereicht, nie wieder Berliner Schnitzel!»

«Wieso, was ist denn am Berliner Schnitzel anders als beim Schnitzel ohne Berliner davor?» fragte ich irritiert und bekam auch sofort die Antwort: «Berliner Schnitzel ist paniertes Euter, mehr nicht. Flach, zäh, eben Euter. Von der Kuh oder der Ziege oder wer sonst noch ein Euter hat», erklärte er weiter und lachte mich schadenfroh an.

Nach einer kurzen Erholungspause lachte ich auch, denn schon wieder war ich um eine Erfahrung in Sachen Berliner Esskultur reicher geworden.

«Und denk dran«, sagte mein Kommilitone auf der Straße zu mir, «wenn du irgendwann mal Jägerschnitzel bestellen solltest, dann gibts wieder kein Schnitzel und auch keinen Jäger, das ist panierte Jagdwurst. Kann man aber essen, geht so.»

DEUTSCHSTUNDE

Zu den verschiedenen fachbezogenen Fächern meines Grafikstudiums hatten wir unter anderem auch das Fach Deutsch/Literatur. Nur zwei Mal in der Woche kam unsere Dozentin, um uns über die Deutsche Sprache und die Deutsche Literatur viel Wissenswertes zu berichten.

Wir mochten diese Frau sehr, sie hatte eine lustige und verschmitzte Art, ihren Unterricht zu halten und sie galt auch als ein Unikum der besonderen Klasse. Einige ältere Studenten erzählten, Frau Zielke, so hieß unsere Dozentin, sei früher mit einem klapprigen Motorrad zum Unterricht gekommen. Sie sollte auch die Tochter von B. Traven sein und das war sehr wahrscheinlich, obwohl sie darüber nie so richtig geredet hatte, aber ab und zu einige Besonderheiten aus seinem Leben zitierte. Woher konnte sie das sonst wissen, wenn nicht von ihm selbst! Vielleicht konnte Frau Zielke mir helfen!

In Dresden hatte ich schon viele literarische Ergüsse zu Papier gebracht und meinen Freundinnen mit jedem Liebesbrief auch noch ein selbstverfasstes Gedicht geliefert. So lag eine dicke Mappe voller – mit einer alten Royal-Schreibmaschine getippter Seiten in meinem jetzt verlassenen Kinderzimmer in Dresden und wartete auf eine Bewertung von fachkundiger Seite!

«Frau Zielke, ich habe da so einige Gedichte geschrieben, fast 100 sind es ungefähr und ich weiß nicht, ob die es wert sind, gelesen zu werden. Könnte ich die Ihnen mal geben? Vielleicht ist es möglich, eine Bewertung zu machen: gut, mittel, sinnlos oder so ähnlich?», fragte ich unsere Dozentin nach dem Unterricht auf dem Flur im zweiten Stock meiner Fachschule.

«Na klar, Sie Sachse, das mach ich gern», antwortete sie lustig und fragte noch: «Sie sind doch Sachse, das hör ich klar und deutlich, oder?»

Ich war Sachse, und ich wusste auch, dass sie sich über den sächsischen Dialekt öfter mal lustig machte, aber es war nie beleidigend und nie fühlte sich einer angegriffen. Auch meine aus Sachsen stammende Kommilitonin B., die das Wort 'Ballade' immer 'Bolloode' aussprach, korrigierte sie belustigt und meinte dann: «Sie müssen beim Sprechen den Mund weiter aufmachen, dann wird's schon etwas deutlicher.»

Wir quittierten ihren Humor mit großem Gelächter und sagten dann nur noch besonders langgezogen Bolloode, wenn wir eine Ballade meinten.

Frau Zielke bekam meine Gedichte zum Lesen und im April des neuen Jahres gab sie mir die Mappe zurück mit den Worten: «Nicht schlecht für einen Sachsen. Ich habe folgende Bewertung gemacht: 1 Punkt oben rechts = gut; 2 Punkte = sehr gut; 1 Kreis oben rechts = mit Änderung möglich; 2 Kreise = unbedeutend, auslassen; x = fraglich.»

Ihre Bewertung war für mich ein gutes Ergebnis: sie hatte fast die Hälfte mit zwei roten Punkten versehen und der Rest bekam den Rest! Ich war zufrieden. Also hatte ich doch etwas Talent, meinen Mitmenschen literarisch etwas zu vermitteln, obwohl es sich hier zum großen Teil – aus meist aktuellem Anlass – um Liebesgedichte handelte.

Aber ein Gedicht hatte sie nicht bewertet. Kein rotes noch so kleines Pünktchen am Rande der Seite. Das hatte ich eigentlich schon erwartet, denn in diesem Gedicht schrieb ich über die Berliner Mauer, so, wie ich es damals empfand. Und ob sie sich dazu äußern würde oder nicht, das war für mich eine heimliche Frage, die sie jetzt ebenso heimlich beantwortet hatte. Da aber auch nichts negatives auf der Seite vermerkt war, nahm ich an, sie hat es aus 'Sicherheitsgründen' nur im Stillen bewertet:

Und was sagst du dazu?

Dies und jenes
zur gleichen Zeit.
Damals war Cäsar schon so weit:
Vom Frieden sprechen
und davon singen,
daß jedes Bauwerk soll gelingen.
Ich kenne eins,
das peinlich mich berührt.
Statt Liebe, Frieden – Zwietracht schürt.
Es steht nicht weit,
in unserm Land.
Ging es nach mir, ich hätt's verbannt!

DIE FARBE DER ZUKUNFT

In Dresden hatte ich auch schon als sogenannter 'Volkskorrespondent' gearbeitet. Die Regeln waren einfach: Entweder ich suchte mir selbst ein aktuelles Thema aus, oder die Sächsische Zeitung schlug mir vor, über Menschen, politische oder wirtschaftliche Gegebenheiten, besondere Anlässe oder selbst recherchierte Alltagsbegegnungen zu berichten. Die Länge meiner Schreiberei überließ man mir, aber die Redaktion behielt sich vor – wenn es notwendig war – zu kürzen oder auch den Wortlaut zu verändern.

Ich gab mal wieder einen Artikel ab, in dem ich über einen neu eröffneten Süßwarenladen der HO Lebensmittel in Löbtau berichtete, als der Redakteur zu mir sagte: «Herr Schwalbe, haben Sie nicht mal Lust, etwas Zukunftsweisendes über den Sozialismus zu schreiben? Über die Umsetzung einer Utopie, die Wirklichkeit wird? Ein Versuch kann nicht schaden!»

Die schriftliche Antwort blieb ich ihm schuldig. Aber ich schrieb, da mir dieses Thema plötzlich in den satirischen Schreibfingern zuckte, meine Gedanken dazu auf – aber nur für mich selbst:

DIE UTOPIE DES SOZIALISMUS

«Wir sind alle auf dem Weg in eine bessere Zukunft, so steht es jeden Tag in den Zeitungen und so hören wir es auch aus dem Radio in der DDR.

Die Menschen sind begeistert von der Idee des Sozialismus und jeder neue Parteitag aktiviert die Werktätigen zu immer besseren und höheren Leistungen. Die Fahne steht im Mittelpunkt, sie weht über allem und die Genossen in der Volkskammer beschließen, die Schwarz-Rot-Goldene deutsche Fahne entsprechend der gesetzmäßigen Vorgaben zu verändern: Rot war das Wichtigste, also soll der obere schwarze Streifen in seiner Höhe auf ein Drittel reduziert werden und der untere Gelbe ebenfalls. Den freien Platz gibt man dem Rot. Das sieht gut aus und die Politiker haben sich zukunftsweisend verhalten.

In der Presse bittet man die Bevölkerung, bei allem, was sie tut, mehr darauf zu achten, dass die rote Farbe dominanter in Erscheinung tritt. Auf der ersten Seite der Zeitungen streifen die Redakteure das Weltgeschehen nur kurz, denn auf dieser Seite stehen nun auch die aktuellen Kochrezepte. Der Verzehr von roter Paprika aus der befreundeten Ungarischen Volksrepublik soll gefördert und auf die weißen Teller der Bürger kommen, ebenso die roten Radieschen von der LPG, aber nicht geschnitten, die müssen rot verzehrt werden. Melone wird auch erwähnt, die muss aber vorher mindestens halbiert werden, also das Rot nach außen, denn mit dem äußeren harmlosen Grün hat die Partei nicht viel im Sinn.

In den Gaststätten wird, soweit im Angebot, dem Küchenpersonal angeraten, nur blutrote Steaks auf den Tellern zu servieren – mit Rotkraut, und als Nachtisch empfiehlt die Redaktion den Gaststättenleitern den Tellerrand mit Roter Grütze zu garnieren. Aber immer ist auch das neutrale Weiß der Teller im Spiel, sodass die Partei beschließt, ganz allgemein auch Weiß gelten zu lassen.

Rote Lippen bei den Frauen sind gern gesehen, rote Kleider ebenso, und bald gehört es auch zum guten Ton, einen roten Büstenhalter zu tragen. Welche Frau aber etwas auf sich hält und auch das nötige Geld dafür hat, kauft sich einen zweifarbigen BH – ein Körbchen in Weiß und eines in Rot.

Wie in jedem Staat, gibt es auch in der DDR einige ganz streng sozialismusgläubige Frauen, die ein Mal im Monat bemerkten, dass auch ihre biologische Aktivität im Sinne der neuen Gesellschaftsordnung tickt.

Schwangere und ältere Frauen können da nicht mitmachen. Die sollen ein blutiges Pflaster an die Fensterscheibe kleben, um allen zu zeigen, dass sie auch bei der Küchenarbeit gewissen Gefahren ausgesetzt sind, aber trotzdem nicht ans Aufgeben denken!

In der Sommerzeit gibt es keine Koch- oder Serviervorschläge auf der ersten Seite – da stehen jetzt die Reisetipps für die Werktätigen. Zum ersten Mal entschließt sich das Politbüro – mit einer halben Gegenstimme – einige verdienstvolle Arbeiter ans Rote Meer fahren zu lassen oder, wenn sie unbedingt in die Sächsische Schweiz wollen, ihnen eine rosarote Brille zum FDGB-Gutschein dazu zu legen.

Familien, die ein oder zwei rothaarige Kinder haben, werden bevorzugt behandelt. Rotblond zählt aber nicht, es muss schon das seltene Irisch-Rot sein.

Die Überlegung eines Genossen, das mit dem Roten Meer doch noch einmal zu überdenken und stattdessen die hellblaue Ostsee mit Eisenoxyd oder etwas ähnlichem einzufärben, wurde aus Mangel an Rohstoffen dieser Art wieder fallen gelassen.

Auch in die nähere Wahl kommen Reisen in die USA, denn die haben eine Menge roter Streifen auf neutralem weißen Grund und außerdem wurde der 1. Mai in den USA erfunden. Das war ja bekanntlich eine der besten amerikanischen Erfindungen gleich nach der Glühbirne, dem Phonographen und dem elektrischen Stuhl von Edison.

Dieser Vorschlag scheiterte ebenfalls, jedoch nicht an den Devisen, sondern an der Urlaubslänge der Werktätigen: bei einer sechstägigen Hinfahrt mit dem Dampfer und einer fünftägigen Rückreise (je nach Windaufkommen und Drehrichtung der Erde), wäre der 12-tägige Urlaub bereits auf hoher See beendet.

Also doch lieber zu Hause vor dem Fernseher bleiben, wenn einer einen hat!

Da kommen auch schon wieder Probleme ins Politbüro geschneit, denn die Fernsehprogramme sind schwarz-weiß. Rot ging nicht, außer mit einer roten Folie vor der Röhre. Dann wird leider alles Rot, aber die Kapitalisten und die Hochhäuser der Banken sollen doch lieber schwarz bleiben. Sicher ist sicher!

Eine Sache im Fernsehen kann man aber doch von den Kapitalisten verwerten: Die Rote Karte der Schiedsrichter! Vor jedem Fußballspiel erklärt der Sportmoderator die Regeln und verweist darauf, dass wegen der unangenehmen Situation der schwarzweißen Darstellung die Gelbe Karte des Schiedsrichters immer aus der Trikotbrusttasche gezogen wird und die Rote aus der hinteren Hosentasche seiner Turnhose. Die Arschkarte war geboren!»

Haben am Ende der Zukunft des Sozialismus die Menschen allesamt eine Arschkarte gezogen, oder nur einige?

FRÜHLING VOR DEM FENSTER

Das neue Jahr brach an, ich hatte den Winter mit einer warmen Wohnung gut überstanden – allerdings hatte ich dafür noch einige Kleintransporte Kohlen und Holz zu fahren – da entdeckte ich zum ersten Mal bewusst vor meinem Fenster ein kleines 'Gärtchen'. Das war schon immer an dieser Stelle, schon immer vor meinem Fenster, nur ich hatte es noch nicht in meinem Kopf verankert.

Dieses 'Gärtchen' war von einer 30 Zentimeter hohen gemauerten und verputzten Einfassung umschlossen, ließ vor meinen Wohnzimmerfenstern einen schmalen Weg zum Haus frei und es war nur mit Erde und abgestorbenen Pflanzenteilen bedeckt. Bessere Zeiten hatte dieses Stückchen Landschaft sicherlich schon mal erlebt!

Schon lange, so schien es mir, interessierte sich keiner mehr für diesen kleinen Erdteil inmitten eines zementierten Hofes. Bis zu diesem Augenblick!

Von Pflanzen, Bäumen, Gras oder Büschen hatte ich keine Ahnung – ich kannte und liebte bis eben noch nur Rhododendron. Diese wunderbaren Gewächse standen in fast allen Dresdner Gärten und blühten in Weiß oder Rot, in Rosa oder Violett. Meine Vorstellung, direkt vor meinen Fenstern im zweiten Hinterhof parterre, einen gewaltigen und prächtig blühenden Rhododendronbusch zu haben, ließen mich aktiv werden!

Spaten, Rechen – in Berlin Harke genannt – und eine Tüte Grassamen, das waren die ersten notwendigen Utensilien, um ein winziges Paradies vor meiner kleinen Wohnung zu schaffen. Und einen Setzling vom Rhododendron musste ich mir schnell besorgen. Der sollte aber aus Dresden sein, das gebot der Anstand. Woher der Grassamen kam, das war ohne Bedeutung.

«Haben Sie etwas dagegen, wenn ich das kleine eingefasste Areal vor meinen Fenstern begrüne?», fragte ich meine Vermieterin bei der nächsten Mietzahlung, einige Tage später.

«Aber nein, Herr Schwalbe, machen Sie das, wie Sie wollen! Ich freue mich, wenn meine Mieter selbst Hand anlegen, nur, es macht ja keiner was», antwortete sie mit etwas Wehmut im Gesicht.

«Also, ich hab da vor, Rasen zu säen und einen Rhododendronbusch zu pflanzen. Es soll etwas Grün werden, vielleicht regt das dann auch die Mieter im ersten Hof an, etwas zu tun», sagte ich erfreut, da sie nichts gegen mein Projekt einzuwenden hatte.

Wie ich so vieles im meinem 25-jährigen Leben noch nicht getan hatte, hatte ich auch mit einem Spaten noch nie ernsthaft gegraben. Von den zehn Quadratmetern verwurzelter Erde, hatte ich gerade mal zwei umgegraben und auch vorher das Unkraut gezupft, da war ich auch schon geschafft. Meine Arm- und Bauchmuskeln machten sich bemerkbar, es war Zeit für eine kleine Pause.

Jeden Tag konnte ich mich nicht meinem Hobby widmen, ich kam oft erst am frühen Abend vom Studium. So hatte es fast eine Woche gedauert, bis ich die Erde einmal gewendet und mit dem Rechen wieder glatt gestrichen hatte, so glatt wie Erde sein muss, um Rasen säen zu können. Eine ältere Nachbarin aus dem ersten Quergebäude, deren Fenster aber auch in meinen Hof zeigten und die ich bald in einem anderen Zusammenhang näher kennen lernen sollte, kam zaghaft an mein Gärtchen und meinte: «Na, det wird ja schön hier, schade, det ick so wat nich machen kann, von wejen meiner kaputten Jelenke. Und mein Oller ooch nich, der hat for nischt Lust, der sitzt nur rum und sacht, wat ick machen soll, for ihn.»

Das war mir auch ganz recht so, sie soll sich mal nicht in mein grünes Projekt einmischen, sonst wird das nichts.

«Viele Gärtner versauen das Kraut», sagte ich zu mir in freier Abwandlung eines Küchenspruchs und begann mit der Aussaat des Grassamens. Doch schon beim Aufreißen der Tüte bekam ich unverhofften Besuch: mehrere Spatzen versammelten sich auf dem Maschendrahtzaun zum Nebenhof und sahen mir emsig zu – mal sehen, was der Mann da vorhat – es könnte sich hier eine neue Futterquelle erschließen!

Die Spatzen hatten recht, ihnen eröffnete sich ein reichhaltig gedeckter Tisch, denn kaum hatte ich den ausgesäten Samen mit dem Rechen lose auf der Erde verteilt und mit meinen Schuhen festgetreten, kamen sie auch schon in Scharen und pickten flink und angstlos vor meinen Augen die Erde leer! Ich musste öfter nachstreuen und dann riet mir die Nachbarin, hier doch kleine Stöckchen mit Papierstreifen einzustecken, die im Wind flattern und die Spatzen verschrecken. Der Erfolg mit den Stöckchen war mäßig, aber einige Samen überlebten den Angriff und bald legte sich doch ein zartes Grün über die grauschwarze Erde im grauschwarzen Hof – das Gras wuchs!

Nur der Rhododendron war noch nicht da, den musste ich bei meiner nächsten Heimfahrt in Dresden besorgen. Doch so einfach, wie ich es mir dachte, war das nicht. Keiner hatte einen Setzling für mich. Es dauerte zwei weitere

Wochen, bis ich wieder nach Dresden fuhr, und da nahm ich mir vor, einen kleinen Rhododendron aus dem Garten in der Schillerstraße auszugraben. Wenn da ein kleiner wäre.

Aber es wuchs kein Rhododendron in meiner handlichen Wunschgröße im Schillerstraßengarten und ich gab die Suche danach und den Wunsch auf eine Dresdner Pflanze in Berlin auf.

Das Frühjahr war abwechselnd sonnig und feucht und ich bekam ein Problem: das Gras trieb so schnell und so hoch, dass ich mir Gedanken machen musste, diesen enormen Wuchs beizeiten stoppen, ... ja, ja, die Geister, die ich rief...

Eine Sichel musste her oder etwas ähnliches. Wo ein Sichelladen hier im Prenzlauer Berg war, konnte mir keiner sagen, ich musste aber schnell handeln, um diesen Wildwuchs noch beherrschen zu können.

Eine entsprechende Schere besaß ich aber, die hatte in meiner Küche an einem Haken ihren Platz, da ja sonst nicht viel an Küchengeräten meine Kochstelle schmückte. Diese fast 30 Zentimeter lange Papierschere stammte aus meiner ehemaligen Werbeabteilung in Dresden und war fast neu. Also los, Gras schneiden!

Als ich dann in meinem Gärtchen stand und das saftige frische Grün mir fast bis an die Knie reichte, tat es mir schon wieder leid, da Hand anlegen zu müssen. Aber ich hatte mich schließlich auch verpflichtet, für diese Grünanlage in ihrer mausgrauen Umgebung gut zu sorgen.

Schon nach einigen wenigen Schnitten merkte ich, wie meine Finger durch die doch große Kraftaufwendung zu schmerzen begannen. Die schmerzenden Knochen standen auch in keinem Verhältnis zum abgeschnittenen Gras. Am Daumen und am Zeigefinger kündigten sich zwei Blasen an, und nach zwei weiteren Schnitten hing die Haut schon lose. Es war ein sehr, sehr mühseliges Unterfangen mit einer Schere den Rasen zu kürzen! Doch ich schaffte es, mit einigen Pflastern und einem Handschuh, ein leuchtend grünes Areal zu schaffen.

Das abgeschnittene Gras rechte ich zusammen und warf es in die Mülltonne, dabei versprach ich mir selbst, mich in Dresden ernsthaft um eine Sichel zu bemühen. In meiner Erinnerung sah ich an dem uralten blau gestrichenen Schuppen im Garten eine verrostete Sichel unter einem Balken hängen. Meine Erinnerung enttäuschte mich nicht, sie hing wirklich noch an der von mir vermuteten Stelle und bekam ohne große Genehmigungsverfahren eine feste Anstellung in Berlin!

Nur das Sicheln musste ich noch üben – immer locker aus dem Handgelenk – bis der Rasen auch in einer Höhe stand und nicht gerissen sondern geschnitten war!

PROBIEREN GEHT ÜBER STUDIEREN

Ein Bett, ein Schrank und ein Tisch – diese drei Möbelstücke standen schon in meiner Wohnung. Viel war das nicht, doch es war das Notwendigste. Was mir aber immer mehr fehlte, war ein richtiger Arbeitstisch, an dem ich meine 'Hausaufgaben' machen, auf dem ich ohne Folgeprobleme einen Farbklecks spritzen und auf dem ich alles bis zum nächsten Tag liegen lassen konnte, um dann fröhlich weiterzuarbeiten.

Bei Möbel-Eck-Lenz in der Stargarder Straße schaute ich mal rein, fand aber nichts, das mir gefallen hätte und auch meinen Anforderungen entgegenkam. Weitere Möbelgeschäfte schieden gleich aus – eine bessere Lösung musste her – und sie kam schon in der folgenden Woche.

In meiner Fachschule wurden in den Grafikklassen von einem Tag zum anderen die Arbeitstische ausgetauscht. Wir bekamen neue, bessere und modernere Tische, mit glatten Arbeitsplatten ohne die vielen tiefen Merkmale vergangener Grafikergenerationen.

«Was machen Sie eigentlich mit den alten Tischen? Wo bringen Sie die hin?», fragte ich einen der Transportarbeiter, die die neuen Tische die Treppen heraufschleppten und immer einen alten wieder mitnahmen. Fragen kann ja nicht schaden – «Probieren geht über Studieren», flüsterte ich mir zu und hatte ein gutes Gefühl, obwohl bis jetzt noch keine FÜNF im Spiel war.

«Die sollen wir entsorgen, in eurer Schule ist kein Platz dafür und die werden auch nicht mehr gebraucht», antwortete er und lud sich ohne fremde Hilfe einen alten Arbeitstisch auf den Rücken. Ich folgte ihm mit einigem

Abstand zu dem auf dem Hof stehenden Lastwagen mit grauer Plane, denn hier sah ich eine gute Möglichkeit, billig zu einem guten Tisch zu kommen.

«Ich könnte so einen gebrauchen, für zu Hause. Ich hab noch kaum Möbel und wenn Sie die sowieso entsorgen... also ich würde gerne einen nehmen», fragte ich vorsichtig an. Die Antwort kam sofort, und ich glaube, der einzige Student war ich nicht, der ihm schon diese Frage gestellt hatte.

«Wat zahl'sdn und wo muss'n der hin? Geht heute noch über die Bühne, gleich, wenn wir hier fertig sind. Kannst bei uns mitfahren.»

Mein Preisangebot von 15 Mark – eine Dreier-Glücksfünf musste dafür schon bezahlt werden – war offensichtlich lohnend für ihn. Das Geschäft war gemacht und ich fuhr verbotenerweise auf der Ladefläche mit, sollte aber dann beim Transport in den zweiten Hinterhof nicht mit anfassen, er machte das mit seinem Kollegen lieber allein und auch sehr schnell. So stand der neue alte Arbeitstisch in sehr kurzer Zeit in meiner Wohnung!

Diesen Tisch hatte ich noch bis zu meinem Studienabschluss. Das Besondere an ihm war eine schmale Tür auf der rechten Seite, hinter der sich ein senkrechtes Fach befand, das in der Mitte durch eine Leiste geteilt war. In dieses Fach konnte ich meine großen Grafikmappen und die A3-Zeichenblöcke stellen. Eine große und abschließbare Schublade unter der Arbeitsplatte nahm fast die gesamte Breite und Tiefe des Tisches ein.

Am gleichen Tag kaufte ich in der Drogerie weiße Ölgrundfarbe und dazu den weißen Lack und schon leuchtete zwei Tage später der Tisch in strahlendem Weiß – das alte, an vielen Stellen schon abgeplatzte unansehnliche Grau war verschwunden.

So machte es sehr viel mehr Spaß, die gestellten Aufgaben bestens zu erledigen und die Zensuren, die ich im Fachzeichnen bekam, bestätigten die außergewöhnliche Kraft, die von diesem Tisch auf mich überging!

Eine gut gelungene Aktion musste gefeiert werden! Erst wollte ich eine Zigarette rauchen und am Abend einen oder mehrere Liköre trinken. Doch in meiner Zigarettenschachtel befand sich gähnende Leere und das Geld für eine neue hatte ich nicht mehr in meiner Hosentasche – ich hatte meine letzten drei Fünfer den Transporteuren gegeben. Aber wer sucht, der findet! Und so suchte ich alle Hosen- und Jackentaschen nach klingender Münze ab, mit Erfolg: 92 Pfennig kamen zusammen. Dafür bekam ich fünf Zigaretten der Marken 'Warnow' oder 'Semper' und hatte noch 12 Pfennig übrig! Also los, Zigaretten holen!

An der Ecke zur Raumerstraße, diagonal gegenüber der 'Destille' hatte eine nette Frau in mittlerem Alter ihren Tabakwarenladen. Wir kannten uns schon, denn sie verkaufte Zigaretten auch einzeln und ich war öfter mal ihr Kunde, wie viele andere Studenten auch.

Nach einem kurzen: «Na, wie gehts», «Danke, ganz gut, und Ihnen», lief ich glücklich mit einem kleinen weißen Tütchen, in dem vier Warnow-Zigaretten lagen – die mussten bis morgen reichen – die 100 Meter nach Hause. Im Wohnzimmer nahm ich den Aschenbecher, lümmelte mich auf mein Bett, lehnte mich mit dem Kopf an die Wand und betrachtete Zigarettenzug für Zigarettenzug genüsslich meinen neuen Arbeitstisch.

EIN BEMERKENSWERTES WOCHENENDE

Die Woche ging zu Ende, eine flimmernd gelbe Sonne strahlte über Berlin, die staubige Luft war warm, die Menschen schwitzten und alle Fenster in meinem Haus waren weit geöffnet, um ein paar dieser kostbaren Sonnenstrahlen in die Räume der vielen grauen Höfe zu lassen. Oft sah ich flatternde Gardinen, einige hatten sich außen in den Abflussrohren der Dachrinnen verfangen oder blieben einfach nur am rauen oder abgeplatzten Putz hängen.

An diesem Wochenende im Juni hatte sich Damenbesuch bei mir angekündigt: meine Dresdner Freundin wollte am Freitag nach der Arbeit mit dem Zug in Dresden losfahren, mit mir ein schönes Wochenende in Berlin verbringen und am Montag früh wieder abfahren.

Einzukaufen brauchte ich nicht, denn wer aus Dresden von den Eltern kam, hatte immer die feinsten Delikatessen im Gepäck! So sollte es auch an diesem Wochenende sein.

Für den Sonnabend und Sonntag plante ich mit meiner Freundin eine Stadtbesichtigung im Zentrum: die Gegend Unter den Linden und die Friedrichstraße und vielleicht auch noch den Alex mit der Baustelle für den Fernsehtum, der schon weit in den Himmel ragte und in etwas über einem Jahr, am 3. Oktober 1969 eröffnet werden sollte.

Ein bisschen wollte ich schon angeben mit meiner neuen Stadt, obwohl sie mir noch sehr fremd war, und mein geringes Wissen über Berlin an den Mann, beziehungsweise an die Frau bringen.

Aber große Pläne haben die Eigenart, sich nie so richtig an die Vorgaben zu halten, denn ausgerechnet an diesem Wochenende hatte die Sonne sich frei genommen und schwere dunkle Wolken übernahmen ihren Dienst mit viel Wasser und kühler Luft. Langsame Spaziergänge machen keinen Sinn, wenn man unter dem Regenschirm hindurch nichts sehen kann und die Füße nass werden.

Ins Kino gehen, ja, das war die Idee für einen schönen Abend bei dunklem Himmel! Und ein Kino war nicht weit: gleich am S-Bahnhof Schönhauser Allee war das kleine, immer voll besuchte Kino Skala. Das würde sich lohnen, auch wenn es keinen besonders guten Film geben würde, denn der Weg dahin von der Dunckerstraße war auch bei Regen machbar, und um das Kino herum waren viele Gaststätten und Geschäfte. Diese Gegend war eine spannende, sehenswerte, immer voller Menschen und über allem fuhr die U-Bahn auf ihrem berühmten Viadukt in der Mitte der Schönhauser Allee.

Ich holte am Freitag Abend meine Freundin vom Ostbahnhof ab, wir fuhren mit der S-Bahn zum Alex und stiegen dort in die U-Bahn um. Am U-Bahnhof Dimitroffstraße angekommen hielt der Regen für kurze Zeit inne und wir konnten langsam über die Lychener Straße und den Helmholtzplatz in mein neues Zuhause schlendern.

Die erste Überraschung für meine Freundin an diesem späten Abend war nicht meine Schuld und es war auch für mich eine Überraschung der ungewöhnlichen Art. Erst zeigte ich stolz den kleinen Flur, dann das Wohnzimmer, und als letztes die mit 16 Quadratmetern ziemlich große Küche.

Das Ganze wäre eigentlich in fünf Minuten präsentiert, aber als wir in der Küche standen und meine Freundin zum Wasserhahn ging, um sich an der typischen Berliner Gosse die Hände zu waschen, da waren wir plötzlich zu dritt! Unter der Gosse, direkt über der Scheuerleiste, da wo schon seit meinem Einzug ein handtellergroßes Stück Putz an der Wand fehlte, saß eine große dunkelgraue Ratte, sah uns freundlich an und machte keine Anstalten sich zu verdrücken. Ich hatte noch nie eine Ratte in meiner Küche bemerkt, aber vielleicht kannte sie mich schon vom Sehen und staunte über den unverhofften Damenbesuch.

Ich stand wie erstarrt, meine Freundin rannte los und verließ blitzschnell die Küche – mit ungewaschenen Händen. Erklären konnte ich dazu nichts, dafür holte ich mit vorgespielter gelassener Geste eine Tüte Gips aus dem Fensterschrank, nahm eine Tasse und rührte im Wohnzimmer den Gips an.

«Sag mal, lebst du hier mit Ratten in einer Gemeinschaft? Sag bloß, du hast die noch nie bemerkt, so freundlich, wie die dich ansah. Hat die Familie?», hörte ich die Sätze aus dem Zimmer, als ich schon dabei war, das Stückchen Wand fachgerecht zu schließen.

Jetzt fiel mir auch ein, dass in der vorigen Woche die untere Hälfte eines Schusterjungen, die ich früh beim Verlassen der Wohnung auf dem Fensterbrett liegen gelassen hatte, am Abend spurlos verschwunden war. Auf einen Zweiten im Bunde bin ich nicht gekommen, ich hatte die Wohnung ohne Untermieter übernommen.

Doch jetzt wusste ich es genau: ich hatte noch keine Aussetzer im Kopf, ein hungriger haariger Dieb hatte die Gesetzeslücke des Mundraubs für sich in Anspruch genommen! Die Wandlücke war nun aber geschlossen und der Abend konnte beginnen.

Sonnabend – Kinoabend! Ab ins Skala!

Meine Freundin zog sich an und präsentierte sich stolz in einem großgeblümten, sehr kurzen Kleid vor mir. Irgendwie erschien mir dieses Kleid aber anders zu sein als sonst die Kleider der Frauen. Doch da kam auch schon die Aufklärung zum meinem fragenden Blick:

«Micha, merkst du was? Fass mal an, das ist kein Stoff, das Kleid ist aus Papier! Aus richtigem Papier! Der letzte Schrei, hat mir Oma aus dem Westen geschickt.»

Ein Kleid aus Papier! Ich fasste es an, zog daran und musste zugeben, das war eine außergewöhnliche modische Neuheit. Neu war auch, dass ich nirgendwo einen Saum fand, unten schon gar nicht, denn meine Freundin hatte das Kleid eigenhändig mit der Schere gekürzt – ausfransen konnte es nicht. Ob das gut geht?

Als wir dann im Kino saßen, hatte ich gleich das Gefühl oder besser: die Angst, dass das Kleid bei etwas Spannung einfach mittendurchreißt, wie Papier eben. Oder es fängt an zu brennen, wenn jemand mit der Zigarette zu nahe kommt. Aber es war eben der letzte modische Schrei und mir gefiel es auch ganz gut. Wenn dann auch noch der Film gut ist, ist der Abend gelaufen!

Schon als der 'Augenzeuge' lief, quasselten zwei Männer in der Reihe hinter uns ohne Punkt und Komma. Ihre Stimmen waren zwar nicht laut, aber eine ständige Geräuschkulisse, die mich sehr störte. Wenn ich im Kino sitze, möchte ich in völliger Stille die Filme genießen, das war schon so, als ich noch als Kind in den Park-Lichtspielen am Weißen Hirsch saß, und so sollte es auch bleiben!

«Eine Minute hör ich mir das noch an, dann gibts Feuerwerk», tuschelte ich meiner Freundin ins Ohr. Die wiegelte meinen Plan etwas ab und flüsterte zurück: «Lass die mal, die hören doch gleich auf zu quasseln, wenn der Hauptfilm läuft.»

Na gut, dann eben noch fünf Minuten bis der 'Augenzeuge' abgelaufen ist, sagte ich mir und wartete ab, bis der Gong ertönte, der schwere Vorhang sich zum Hauptfilm leise öffnete und an der Bühnenkante die bunten Scheinwerfer leuchteten. Aber dann!

Der Vorspann lief, die Zahl der Mitwirkenden nahm kein Ende, dazu gab es laute dramatische Musik und ich rutschte etwas tiefer und bequemer in meinen Sessel. Dann sahen wir eine italienische Landschaft in der aufgehenden Sonne und eine junge Frau auf einer staubigen Straße schrie plötzlich los: «Du verdammter Mistkerl, was hab ich dir denn getan? Nimm deinen Koffer und verschwinde...»

Er nahm seinen Koffer nicht, aber er verschwand aus dem Bild und ließ die verzweifelte Frau zurück auf der Straße. Das war ganz schön dramatisch gleich zu Beginn des Films. Aber noch dramatischer war es für mich, dass die beiden hinter mir jetzt etwas lauter redeten, sie konnten sich sonst nicht verstehen. In mir stieg Wut hoch, ich kochte über und hatte nicht die Absicht, mir diesen Film versauen zu lassen.

«Jetzt reichts aber mit euch beiden, wenn ihr nicht sofort die Klappe haltet, habt ihn ein paar Zähne weniger in der Schnauze», sagte ich mit nach hinten gedrehtem Kopf und machte es mir wieder bequem.

«Na endlich sagt mal einer was», rief eine Frau von irgendwoher, und es trat absolute Stille ein. Bis zum Schluss hörten wir keinen Mucks mehr und ich genoss den Streifen, der aber nicht so tragisch endete wie er begonnen hatte.

Das Licht ging an im Saal, die Zuschauer räkelten sich, rafften ihre Jacken und Taschen und standen langsam auf, um sich zum Ausgang vorzuarbeiten. Auch die Dauerredner hinter uns standen auf, und ohne mich zu ihnen umzudrehen sah ich aus den Augenwinkeln, wie die beiden immer größer wurden! Jeder war so um einen Meter neunzig, ich dagegen erreichte nur einen Meter siebzig. Um denen da die Zähne zu lockern oder ganz auszuschlagen, hätte ich schon mächtig in die Höhe treffen müssen. So kann es gehen, wenn man im Dunkeln seine Partner nicht sieht, sich aber mit ihnen anlegt!

Wir schoben uns einen Schritt weiter und ich spürte auf meiner Schulter ein leichtes Tippen. Meine hinter mir stehende Freundin sagte nur: «Du, der will was von dir.»

Ich drehte mich um und hörte auch schon die Stimme, die beim Tuscheln immer die lauteste war: «Entschuldigen Sie noch mal, wir wussten nicht, dass unser Gerede so gestört hat. Aber Film war gut, wa?»

Das bestätigte ich und sagte noch: «Kein Problem, schönen Abend noch.»

Wir schlenderten langsam ein Stück auf der Schönhauser in Richtung Dunckerstraße, der Regen hatte aufgehört und die Luft war plötzlich lau geworden.

Zu Hause machte ich eine Flasche Likör auf und holte noch Salzstangen und Kekse aus der Küche. Die lagen in einer alten Blechschachtel aus Polen, ein Zugriff meiner vierbeinigen Untermieterin war da nicht zu befürchten.

«Warum hast du hier in Berlin eigentlich keinen Fernseher?», fragte mich meine Freundin und lümmelte mit dem Likörglas in der Hand auf meinem Kastenbett, «da könnten wir doch Westen sehen, oder?»

«Könnten wir, oder wir könnten so alles mögliche machen», antwortete ich mit männlichen Hintergedanken. Aber die Idee mit dem Fernseher war gut und ich nahm mir vor, in nächster Zeit einen gebrauchten zu besorgen.

Mitternacht war vorbei und dann war es Schlafenszeit. Meine Freundin zog sich aus, ich ging zum Fenster, um für die Nacht zu lüften, öffnete es und erschrak bis ins Mark: direkt vor mir stand ein Mann, die Hände in den Taschen und schaute eifrig zu, wie meine Freundin sich auszog und ich schon nackt durchs Zimmer lief!

«Aber weg hier, du Spanner!», rief ich wütend in die Nacht, sodass es über den ganzen Hof schallte.

«Geh zurück in die Kneipe oder ich schmeiß dir die Vase an deinen Suffkopp», ergänzte ich meine Wut und da kam auch schon meine fast nackte Freundin ans Fenster und spuckte dem Mann auf seine Jacke. Der drehte aber nur langsam ab, sagte dabei kein Wort und verschwand im dunklen Durchgang zum ersten Hof.

«Sag mal, ist das hier in Berlin so üblich? So viel wie in diesen paar Stunden habe ich Dresden in meiner ganzen Jugend nicht erlebt! Eigentlich nicht schlecht, aber eigentlich auch ein bisschen viel, oder?», sagte meine Freundin und schien zu überlegen, wie das hier so weiter gehen könnte. Und nach einer kleinen Pause meinte sie noch ironisch: «Ein Rollo zum Zuziehen solltest du aber vor die Fenster hängen, auch wenn wegen dir hier keiner reinsehen wird.»

Der nächste Tag, der Sonntag, war nach diesen erlebnisreichen Stunden wieder ein besonders friedlicher Tag. So, als wäre es ganz still und stumm in Berlin!

WESTBESUCH

Bald war meine kleine Wohnung ziemlich komplett ausgestattet: ich hatte mir aus Dresden auch noch meinen selbstgebauten großen Tisch transportieren lassen, ein flaches Bord für das Radio und den Plattenspieler und zwei alte Stühle kamen auch aus Dresden. Die ersten Bilder hingen an den Wänden und für die Küche kaufte ich mir in der Prenzlauer Allee bei einem Trödler einen kleinen runden Korbtisch und dazu zwei passende Thonetstühle. Einen Mixer hatte ich auch schon – einen Zauberstab von AEG – den meine Tante aus Wuppertal schickte, mit dem Hinweis, so etwas braucht man eben für Kartoffelmus oder Apfelmus oder... Benutzt habe ich den aber nur ein paar Mal um mir einen Eierlikörshake zu mixen.

Die Außentoilette hatte ich schon geweißt und auch die Türe innen gestrichen, ebenfalls weiß, damit es etwas heller und freundlicher wird, sollte es schwierige Sitzungen geben.

Post bekam ich kaum, aber nun lag ein Brief im Kasten mit einem Absender aus München. Mein alter Freund, der mich schon vor einigen Jahren in Dresden besuchte – da war ich noch ein Lehrling – hatte sich bei meinen Eltern gemeldet und nach mir gefragt. Die schickten ihm meine neue Adresse in Berlin und in seinem Brief stand, dass er vierzehn Tage später mit seiner Freundin bei mir vorbeischauen wollte.

Na, das ist doch gleich ein schöner Besuch, da werden wir viel zu erzählen haben, dachte ich mir und überlegte schon, welche Vorbereitungen ich treffen müsste. Über Nacht konnte er nicht bleiben, ich wusste, dass Westdeutsche um 24 Uhr aus Ostberlin ausreisen müssen, auch wenn sie gleich am frühen Morgen wieder einreisen können, in die Hauptstadt der Deutschen Demokratischen Republik.

Ich schrieb zurück, dass ich mich sehr freue und ihn mit seiner Freundin auch vom Bahnhof Friedrichstraße abholen werde, er soll nur schnell noch schreiben, an welchem Tag und zu welcher Zeit ich auf die beiden warten soll. Seine Antwort kam schnell und ich stand an einem Sonnabend Nachmittag um vier vor der grauen Blechtür durch die die Westdeutschen oder Westberliner in die sozialistische Hälfte Deutschlands traten.

Es war schon fast um fünf und da kam mein Freund mit seiner Liebsten durch diese Tür – wir erkannten uns sofort – er war zwar ein klein wenig älter geworden, ich ebenfalls, aber sein Gang und die Haare waren wie immer. Im Arm hatte er eine Papiertüte, die fast bis zu seiner Hand aufgerissen war und aus der die prallen Apfelsinen herauszufallen drohten. Und seine Freundin C. trug einen langen schmalen Pappkarton den sie wegen des scheinbaren Gewichts mit beiden Händen halten musste.

«Komm erst mal auf die Straße», sagte er nach unserer Begrüßung, «dann geb ich dir die Tüte.»

An der Straßenbahnhaltestelle übergab er mir die aufgerissene Tüte und erzählte mir auch gleich, warum die so weit zerrissen ist: «Du, ich hab hier vier Taschenbücher von dtv für dich, die liegen ganz unten und darüber habe ich die Apfelsinen gelegt. Und aus berechtigtem Misstrauen hat der Zöllner die Tüte in meinem Arm so weit nach unten aufgerissen bis er fast an den Büchern war. Aber er sah nur Apfelsinen, um die Bücher zu entdecken, hätte nur noch ein Zentimeter gefehlt. Da hätten wir uns vielleicht heute nicht mehr gesehen, da wäre ich als Schmuggler ertappt gewesen oder er hätte mir einfach nur die Bücher weggenommen. Aber es ging ja alles gut!», erkärte er mir die aufregende Situation.

«Und was schleppst du hier für einen Karton mit dir rum», fragte ich C., «auch Schmuggelware?»

«Na, das ist ein Geschenk von uns für deine neue Wohnung, lass dich überraschen!»

Die Überraschung war gelungen! Freudig packte ich zu Hause das Paket auf und heraus kam eine hochmoderne Stehlampe im Bauhausstil von der mir aus der Zeitschrift 'Schöner Wohnen' schon bekannten Firma BUR.

Das war eine echte Überraschung, denn mir fehlte so eine Lampe mit verstellbarem Schirm. Die schwere Sockelplatte war mattschwarz, der Ständer und das bewegliche Querstück waren verchromt und der kleine Schirm über der Glühbirne am ebenfalls verchromten Zylinder war wieder mattschwarz. Diese Lampe habe ich noch heute und sie ist genauso zeitlos wie vor vierzig Jahren!

Wir verbrachten den Abend mit Wein und Essen, mit viel Gerede über unsere Familien, über die beiden Deutschen Staaten und auch über die sozialen Bedingungen in unserer jeweiligen Heimatstadt. Mein Freund war fassungslos über meine geringe Miete von 19 Mark der DDR und erklärte mir, dass er für die gleiche Wohnungsgröße und den gleichen Wohnungszustand in München über 200 D-Mark zahlen müsste. Und so verglichen wir drei an diesem Abend alles mit allem und wussten aber auch, dass jeder von uns in seinem Staat bleiben und das Beste aus seinem Leben machen wird.

Am Tisch knipste ich einige Fotos zur Erinnerung und mit Selbstauslöser auch eine Aufnahme von uns dreien.

«Kannst du mir auch ein paar von den Fotos schicken», fragte C., «ich hätte gern eine Erinnerung an diesen Abend, ich bin ja zum ersten Mal in der DDR. Und bei dir war es sehr schön. Ich dachte immer, alle Menschen hinter dem Eisernen Vorhang wären irgendwie anders, weltfremd oder komisch. Eine richtige Vorstellung hatte ich zwar nicht, aber du hast etwas bei mir gerade gerückt», erklärte sie mir ihre vergangene Sicht auf mich und mein Umfeld.

In der Fachschule entwickelte ich im Fotolabor den Film und machte A4-große Abzüge für meinen Freund und für seine Freundin. Dann ab in die Post nach München!

Ein paar Wochen später bekam ich eine Ansichtskarte von C. aus Paris mit vielen Dankesworten für den aufschlussreichen Abend und für die besonders großen Fotos. Sie schrieb, dass sie in Paris einige Wochen bleibt und sich bestimmt mal wieder in Ost-Berlin blicken lässt.

Eine Woche später war ich auf dem Weg zum Helmholtzplatz, um dort in Ruhe und im Freien auf einer Bank ein paar Ideen für eine Entwurfsaufgabe im Fach Verpackung zu skizzieren. Wenige Meter vor der ersten Bank, aber noch auf dem Fußweg, stand ein Baum und an diesem Baum hatte jemand mit Reißzwecken ein Zettelchen angezweckt: *Verkaufe!*

Ein Fernsehnaperat "43 Bild, Überholt
Bildröhe Neu Karadie Rafena-Start für 300 M
von 18°° bis 20°° Uhr
melten b. Tantow Berlin 1058
vorn 4 Tr. Dunckerstr 19

Die Rechtschreibung war nicht von dieser Welt, aber der Fernseher und sein Preis schienen mir machbar zu sein. Warum sollte ich also so eine Gelegenheit aus dem Nebenhaus an mir vorbeiziehen lassen?

Die Anzeige löste ich vom Baum, damit kein anderer mir den Fernseher wegschnappen konnte, machte auf der Stelle kehrt, ging in die Dunckerstraße 19, stieg die vier Treppen hoch und klingelte. Eine ältere Frauenstimme rief hinter der Tür nach meinem Wunsch und fragte nach meinem Namen. Die Tür aber ließ sie geschlossen und als ich sagte, dass ich den Fernseher haben möchte, wurde die Stimme vorwurfsvoll und sie fragte mich, ob ich nicht lesen könnte, da würde doch draufstehen, von 18 bis 20 Uhr ist der zu haben.

Recht hatte sie, die alte Frau hinter der Türe! So stand es auf dem Zettel. Sie konnte zwar nicht schreiben aber ich konnte nicht lesen, da waren wir quitt!

«Dann komme ich am Abend noch mal vorbei und schönen Dank», rief ich durch die Tür und ging beflügelt über die Möglichkeit, heute Abend noch Fernsehen zu können, zum Helmholtzplatz.

Punkt 18 Uhr klingelte ich wieder bei Tantow im vierten Stock, wurde auch eingelassen, nachdem ich einer Männerstimme erklärt hatte, wer ich bin und was ich will.

«Aber was wa nich ham, det ist 'ne Antenne. So eene zum oben auf den Fernseher stellen, die müssen Se noch koofen. 300 Mark, ham Se die mit? Dann könn Se den gleich mitnehmen und hier is die Rechnung für die Reparatur», sagte der Mann zu mir.

Eine halbe Stunde später hatte ich nach einer ziemlichen Schlepperei – vier Treppen runter, auf die Straße, in mein Haus rein und über den zweiten Hof in meine Wohnung – einen Fernseher in meinem Zimmer in der frohen Erwartung, zumindest gleich morgen, wenn ich die Antenne gekauft habe, endlich Westen sehen zu können!

Mein erster Gang am nächsten Tag, einem Freitag nach den Vorlesungen, war zu einem Radio- und Fernsehgeschäft in der Schönhauser Allee.

«Damit können Sie das erste DDR-Programm sehen und das erste Westprogramm. Für das zweite West brauchen Sie einen Konverter bei diesem Fernseher», erklärte mir der Verkäufer. Das mit dem Konverter ließ ich erst einmal, ein oder zwei Programme genügten schon, und ich wollte vorher testen, ob sich in meinen zweiten Hinterhof parterre überhaupt ein Fernsehsignal verirrt.

Es war möglich! Nach sehr gefühlvollem Drehen und Schwenken der Dipol-Zimmerantenne bekam ich ein gutes Bild auf die Mattscheibe und bevor ich die erste Tagesschau meines Lebens auf meinem eigenen Fernseher sehen konnte, regelte ich an den vier Knöpfen, die hinten aus der Rückwand ragten, die Breite, die Höhe, den Kontrast und die Helligkeit. Dann kam der Gong: «Hier ist die Tagesschau. Guten Abend, meine Damen und Herren.»

Ich lümmelte mich auf mein Couchbett, lehnte mich wie immer an die Wand und sah gebannt auf den Nachrichtensprecher. Aber eigentlich wartete ich ungeduldig auf die folgende Sendung: Beat Club. Davon hatte ich schon gehört und die wollte ich mir nicht entgehen lassen!

Nach einigen der üblichen Tagesschaumeldungen über den Stand des Kalten Krieges und eines schweren Zugunglücks weit weg von uns, kam plötzlich eine Meldung, bei der ich vermutete, Halluzinationen zu haben: Hinter dem

Sprecher sah ich das Bild einer Frau mit langen Haaren und der Sprecher meinte, diese Frau wird gerade gesucht. Sie soll politisch einiges auf dem Kerbholz haben und nirgendwo zu finden sein, eventuell aber in Frankreich. Das wäre mir auch ziemlich egal, wenn das Foto im Hintergrund nicht das Foto wäre, das ich hier an meinem Tisch, in meinem Zimmer vor ein paar Wochen gemacht hatte. Das Portrait von C.!

Dann kam schon die letzte Meldung, die für mich aber sehr uninteressant war, und anschließend der noch uninteressantere Sport und das mittelmäßige Wetter. Ich hatte jetzt einiges zu verarbeiten und viele Fragen, auf die ich schnell eine Antwort wollte!

Schreiben wollte ich nicht nach München, jedenfalls nicht zu diesem brandaktuellen Thema der Tagesschau, wer weiß, wer da so mitliest in beiden Teilen Deutschlands!

Erst einige Monate später erfuhr ich dann, dass C. fälschlicher Weise – also unschuldig – in die Kategorie der Terroristen gerutscht war und die Geheimen nach dem gewaltsamen Öffnen ihrer Wohnung mein Foto von ihr von der Wand genommen und nun in der Tagesschau als Fahndungsfoto der Welt präsentiert hatten.

So eine breite Öffentlichkeit für eine meiner fotografischen Arbeiten hatte ich nur dieses eine Mal im Leben. Und leider ohne Honorar. Schade, schade.

Ab diesem bemerkenswerten Abend war ich wirklich raus aus dem Tal der Ahnungslosen – ich war im Stadtbezirk Prenzlauer Berg angekommen! Ich erfuhr in schwarzweißer Windeseile das Wichtigste des Tages und konnte meinen Eltern so manches erzählen, was auch nach Wochen noch nicht in Dresden angekommen war.

DIE NEUE VERFASSUNG

Noch ein gutes Jahr und die DDR wird ihren zwanzigsten Geburtstag feiern, das wäre dann am 7. Oktober 1969.

Aber heute, am 7. April 1968, sollte der Vorschlag unserer Regierung für die neue Verfassung durch eine Wahl bestätigt werden. Alle Bürger dieses Landes waren aufgerufen, an diesem Tage zur Wahlurne zu gehen und für die neue, überarbeitete Verfassung mit JA zu stimmen.

In den Tageszeitungen wurde täglich über die vielen positiven Veränderungen zur alten Verfassung von 1949 geschrieben, sodass die Bevölkerung – wenn es sie interessierte – sich schon weit vor der Wahl über deren Inhalt informieren konnte.

Ich glaube, alle suchten im Entwurf erst einmal nach Informationen zu einer möglichen Reisefreiheit in den Westen. Zu essen gab es genug, nackt musste auch keiner auf der Straße laufen, für die Kinder war gesorgt und keiner war arbeitslos! Aber wie kommt man in den Westen oder nach Westberlin, wenn man möchte? Nur so, zu Besuch oder zum Schlendern oder um von da aus weiter nach Italien zu fahren und das Geld dafür im eigenen Land tauschen zu können. Dieses Thema war *das* Thema!

Auch in meiner Dunckerstraße waren die Litfaßsäulen mit den Plakaten zur Abstimmung beklebt und der schwarze Kreis mit dem JA trug ein rotes Kreuzchen. Der zweite Kreis, das NEIN war auf den Plakaten nur im Anschnitt zu sehen, diesen Kreis sollte die aufgeklärte und überzeugte Bevölkerung ignorieren.

Auch ich las mir die vielen Auszüge und Erläuterungen zur neuen Verfassung ab und zu durch und war eigentlich mit allem ziemlich zufrieden. So, wie es da stand, war diese Verfassung ein friedliches, menschliches und soziales Gesetzeswerk, das gegen jede militärische Einmischung in anderen Ländern stand, allen Menschen das Recht und die Pflicht auf Arbeit zugestand und auch das Recht auf Leben in diesem Text verankert hatte.

Über die Reisemöglichkeiten in die ferne Welt fand ich nichts, ich hatte aber laut Verfassung das Recht, mich im eigenen Land frei zu bewegen. Na, das war doch schon mal eine interessante Neuigkeit! Die nutzte ich zwar schon einige Zeit, denn ich fuhr ständig von Berlin nach Dresden und zurück oder an die Ostsee oder nach Thüringen. Diese Ortsveränderungen wären dann aber gesetzlich festgeschrieben und in meinem Sinne geregelt. So, so.

Dann kam der Wahltag. Gleich neben meiner Hausnummer 17, nur drei Häuser weiter in Richtung Stargarder Straße, war das Wahlbüro. Am Vormittag wollte ich nicht erscheinen, das hätte den Eindruck hinterlassen, ich hätte es mit der neuen Verfassung ziemlich eilig. Außerdem war zu diesem Thema in der ZiB, der Zeit im Bild, vor einiger Zeit ein Witz mit folgendem Wortlaut abgedruckt:

«Wie bitte? – Am 6. April gehe ich tanzen, und dann will ich mich ausschlafen. Warum wollt ihr denn unbedingt, daß die ganze FDJ-Gruppe schon bis 8 Uhr zur Wahl geht?»

«Als du deine Freundin kennengelernt hattest, hast du sie da lange auf den ersten Liebesbrief warten lassen?»

Also, erstens war die Wahl nicht meine Freundin und zweitens kann ich mir den Tag doch einteilen, wie ich will! Oder sollte diese gewünschte Vorgabe sicherheitshalber auch in der Verfassung verankert werden?

«Guten Tag», sagte ich freundlich, als ich gegen 15 Uhr das Wahlbüro betrat. Außer einem jungen Ehepaar, das sich noch mit dem Wahlzettel befasste, war ich der Einzige in diesem leerstehenden ehemaligen Laden, der jetzt mit einer Tischreihe, ein paar Stühlen und einem einzelnen, etwas abseits stehenden Tisch eingerichtet war. Das war der Tisch, auf dem die Bürger ihr Kreuzchen machen konnten. So etwas ähnliches wie eine Wahlkabine gab es nicht, aber am Rand des Tisches stand ein aus Pappe gefalteter, an einer Seite offener Sichtschutz.

«Guten Tag, ihren Ausweis bitte und dann hier unterschreiben», sagte ein Genosse im grauen Anzug mit Parteiabzeichen zu mir, schob mir eine Liste über den Tisch und zeigte mit seinem Kugelschreiber, wo mein Name stand und wo ich zu unterschreiben hatte.

«Hier ist ihr Wahlschein, und bitte dort an diesem einzelnen Tisch abstimmen, dann bitte zusammenfalten und hier in diese Wahlurne werfen», sagte die neben ihm sitzende Frau und gab mir das A4-Papier in die Hand. Ich überflog im Stehen den Text und hatte schnell erkannt, wie ich mit NEIN wählen konnte ohne mein Kreuzchen im Sichtschutz machen zu müssen und trotzdem für die zusehenden Wahlmitarbeiter mit JA wählte.

Die Kreise für die Abstimmung waren diagonal angeordnet: oben links unter dem kurzen allgemeinen Text war der Kreis, neben dem JA stand, und unten rechts war der Kreis für die NEIN-Wahl. Bevor ich den Zettel auf den Tisch legte drehte ich ihn um 180 Grad – jetzt war oben links das NEIN und unten rechts das von der Regierung favorisierte JA. Also, schnell oben links mein Kreuzchen gemacht und für die Wahlmitarbeiter, die mit Sicherheit aus den Augenwinkeln zugesehen haben, wo ich mein Kreuzchen setzte, war ich ein braver DDR-Bürger.

Ob ich wirklich gegen die Verfassung wählen wollte, hatte ich vorher in meinem Kopf noch nicht entschieden. Ich war oft unsicher über mein Verhältnis zur DDR allgemein, oftmals kontra, weil es sich so gehörte einfach nur dagegen zu sein. Ich war aber auch zufrieden, dass ich mir ohne jede Zugehörigkeit zu einer Partei oder sonstige Speichelleckerei meinen Wunschberuf erfüllen und jetzt auch noch an der Fachschule Grafik studieren konnte – mit der guten Aussicht, anschließend freiberuflich arbeiten zu können. Also fast frei von allen Zwängen, die das Leben hier für die Menschen oftmals bereit hielt. Aber mein Bauch entscheidet immer mit, ob ich es will oder nicht. Und hier hatte mein Bauch entschieden: mach doch mal einen simplen Trick, er wird dir gelingen!

Die Verfassung wurde, wie vorauszusehen war, vom Volk bestätigt. Diesmal aber nicht mit den üblichen 99 sondern nur mit 94,54 Prozent. Sicherlich auch ein wenig wegen mir!

Und die DDR bezeichnete sich jetzt offiziell als 'Sozialistischer Staat deutscher Nation'.

DIENSTREISE

«Am kommenden Freitag bin ich auf Dienstreise in Wünsdorf und in Berlin, da werde ich dich besuchen», sagte mein Vater zu mir, als ich zum Geburtstag meiner Mutter in Dresden war.

«Lange werde ich aber nicht bleiben können, der Fahrer will auch nach Hause», ergänzte er seinen Satz.

»Brauchst du was, soll ich Papa was mitgeben für dich? Kuchen oder fertige Schnitzel, die musst du nur noch warm machen oder du kannst die auch kalt essen, wie du willst», sagte meine Mutter zum Thema Papa-Berlin-Besuch.

«Beides kannst du mitgeben, Kuchen und Schnitzel, je mehr, desto besser», bestätigte ich die Frage meiner Mutter, denn sie kochte gerne und packte uns Kindern auch immer viel zu essen ein, wenn wir wieder zurück nach Berlin, nach Niederlehme oder nach Apolda fuhren.

Meinem Vater musste ich schnell aber einfühlsam eine kleine Vorahnung geben, damit er dann nicht völlig aus den Schuhen kippt, wenn er meine Straße, das Haus und meine Hinterhof-Wohnung sieht. Er kannte nur das Berliner Regierungsviertel an der Leipziger Straße und bei der Fahrt dahin kam er mit Sicherheit nicht durch den Prenzlauer Berg und schon gar nicht in eines der repräsentativen, aber seit dem Kriegsende sehr vernachlässigten Gründerzeithäuser mit abfallendem Putz, den grauen Höfen und den Menschen mit ihrem Berliner Dialekt und den vielen Destillen und den Hundehaufen.

«Was ich noch sagen wollte, Papa, wenn du zu mir kommst, dann ist das nicht so, wie es aussieht. Ist zwar alles grau in grau, aber es wohnt sich sehr schön hier und sehr zentral. Ich habe die Straßenbahn, die U-Bahn und die S-Bahn fast vor der Türe. Und die Leute hier sind alle sehr nett und hilfsbereit. Es ist aber nicht Loschwitz, das muss ich noch betonen», klärte ich meinen interessiert zuhörenden Vater auf.

«Ist gut, mein Junge, so etwas kenne ich auch», war seine knappe Antwort und meine Mutter rief uns alle an den Geburtstagstisch.

Der angedrohte Freitag kam, ich ging nur bis Mittag zu den Vorlesungen, um pünktlich um 14 Uhr zu Hause zu sein. Für diese Stunde hatte mein Vater sich angemeldet. Und er war immer pünktlich, ich kannte es nicht anders von ihm – alte Schule eben!

Ich stellte mich zehn Minuten vor zwei unauffällig in den Hauseingang und beobachtete die Straße. Verkehr gab es sehr wenig, so dass ich gut seinen beigefarbenen Dienst-Wartburg 311 schon von weitem sehen könnte. Und wie ich schon vermutete, Punkt zwei kam von der Dimitroffstraße langsam ein Auto gerollt. Mein Vater zählte bestimmt die Hausnummern ab und dann hielt der Wartburg genau vor mir.

Freundlich begrüßte ich den Fahrer und meinen Vater, der gemächlich von der hinteren Sitzbank ausstieg und zum Fahrer sagte: «Warten Sie hier, ich bin in einer halben Stunde wieder da.»

«Wollen Sie nicht auch mit reinkommen und einen Tee trinken», fragte ich ihn, aber er lehnte dankend ab, er wollte lieber ein kleines Nickerchen machen, bevor es wieder zurück nach Dresden ging. Das war mir auch ganz recht und ich glaube, meinem Vater noch mehr.

«Na, Papa, dann komm doch mal rein. Hast du die Adresse gut gefunden? Wie lange kannst du denn bleiben?», plapperte ich los, um ihn etwas vom Hinterhofgemäuer abzulenken.

«Ach, da hab ich doch das Essenspaket vergessen, das liegt im Kofferraum», hörte ich und schon drehte er sich um und kam mit den leckeren Sachen von Mama zurück.

«So, nun zeig mal, wie du wohnst», sagte er an der Wohnungstür und ich ging vor, um das Licht in meinem kleinen Flur einzuschalten.

Wir standen im Wohnzimmer, mein Vater sah in die Runde, dann hatte er alles gesehen und sagte erst einmal nichts. War das jetzt gut oder schlecht? Oder beides?

«Eine Tasse Tee kannst du machen, wenn das technisch geht, ich kann eine halbe Stunde bleiben. Na ja, ich glaube, die Größe reicht doch für dich und bei der wenigen Miete... Du sollst ja studieren und nicht von anderen Sachen abgelenkt werden, mein Junge», meinte mein Vater freudig gelassen mit zustimmendem Kopfnicken zu mir. Ich war beruhigt und erwiderte sicherheitshalber nichts.

«Komm doch mal mit in die Küche, die ist ziemlich groß, nur noch nicht ganz komplett», sagte ich und wir gingen zum Teemachen und zur Besichtigung in die halb leere Küche. Mit einem freundlichen Rattengesicht aus der Scheuerleiste zum Empfang eines weiteren Familienangehörigen musste ich nicht mehr rechnen, der Durchgang vom Keller war ja gesperrt. Ich nahm zwei Teetassen und setzte den Wasserkessel auf den kleinen zweiflammigen Gaskocher.

«Kommst du zurecht mit allem? Und denk dran, nicht den Ofen mit so viel Kohlen vollstopfen, da wird er auch nicht wärmer», riet mir mein Vater, allerdings nicht sehr überzeugend. Das Thema Ofenheizen wollte ich nicht vertiefen, das hätte nichts gebracht, ich wusste es besser und vom Gegenteil überzeugen ließ er sich in diesem Punkt bestimmt nicht.

In der Dunckerstraße war das der einzige Besuch eines meiner Elternteile. Was mein Vater zu Hause erzählte, habe ich nicht so richtig erfahren, aber meine Mutter meinte nur bei einem Dresdenbesuch zu mir: «No, ja, kann man gut studieren in deiner Wohnung, hat Papa gesagt.»

Egal wie sie das meinte mit dem Studieren, so hat's Papa eben gesagt. Dann wird es wohl stimmen. Kinder müssen Eltern auch mal Recht geben. Das stärkt ihr Selbstbewusstsein!

DAS JUNGE PAAR

In meinem zweiten Hinterhof war es sehr ruhig, am Tage ebenso wie in der Nacht. Keiner machte laute Musik, die aus einem geöffneten Fenster hätte den Hof mit mehrfachem Echo beschallen können. Ich schlief also tief und fest in jeder Nacht, doch mit 25 Jahren schläft jeder Mann tief und fest. Da haben auch Wecker oft keine Chance, den Tiefschlaf zu unterbrechen.

Ich schlief auch immer bei geschlossenen Fenstern, denn wer weiß, wer mich nachts zu welchem Zweck besuchen würde! Meine Fenster hatten nur eine einfache Verglasung, mit zwei umlegbaren Riegeln und die Oberlichter waren so hoch, dass ich sie nur auf einem Stuhl stehend hätte öffnen können, also blieben die immer geschlossen.

Je nach Luftfeuchtigkeit in meiner Wohnung oder draußen schwitzten die einfachen Scheiben und das Wasser lief oftmals in kleinen zickzackförmigen Rinnsalen nach unten und tropfte auf das Fensterbrett. Besonders am Morgen, da war alles beschlagen, ich konnte nur trübe erahnen, welches Wetter sich über Berlin gelegt hatte.

Fast zwei Jahre schlief ich schon selig jede Nacht, auch wenn sie manchmal nur ganz kurz war, was bei fleißigen Studenten und süßem Likör ab und zu mal vorkommen konnte.

Eines Nachts hatte ich einen Traum: Ich stand allein in der Ruine des Wolfshügels in der Dresdner Heide, und suchte – wie in Träumen üblich – vergeblich und panisch den Ausgang aus diesem am 7. Mai 1945 gesprengten Aussichtsturm. In dem dunklen, in sich zusammengefallenen

Gemäuer war es feucht und furchterregend, und plötzlich hörte ich weit entfernt leise Stimmen von Frauen und Männern und ein herzzerreißendes Schluchzen. Das passte nicht mehr ganz zum eigentlichen Traum, denn außer mir war keiner in dieser Ruine! Langsam verabschiedete ich mich aus meiner Traumwelt, sammelte verschlafen und mit immer noch geschlossenen Augen meine Gedanken und es erschienen mir die Bilder aus einer Illustrierten, die ich vor einigen Jahren durchgeblättert hatte. Bilder über diesen 1912 erbauten 28 Meter hohen Turm, und über seinen Erbauer, den Stadtbaudirektor Erlwein.

Eigentlich war ich schon ziemlich wach, obwohl es noch stockdunkel war, aber die Stimmen aus meinem Traum waren wieder zu hören! Nur viel deutlicher und ich konnte schon einige Worte verstehen. Jetzt musste ich genau wissen, was sich hier in meiner Umgebung abspielte, worum es ging und woher diese Klagelaute kamen.

Ohne Licht zu machen schlich ich mich zum Fenster, klappte die beiden Riegel leise auf und zog ebenso leise den fast immer ein wenig klemmenden rechten Fensterflügel auf. Meine Augen hatten sich an das trübe Licht gewöhnt und ich sah an der dunkleren Scheibe, dass in der schräg gegenüber liegenden Wohnung auch ein Fensterflügel zur Hälfte geöffnet war. Aus dieser Wohnung kamen die Stimmen: eine Frau weinte schluchzend, ein Mann versuchte zu trösten – und das geschah immer im Wechsel.

Dieses sehr junge Paar, das in dieser Wohnung wohnte, kannte ich vom Sehen und vom freundlichen Grüßen. Ob sie wirklich verheiratet waren, wusste ich nicht. Der Mann schien ein Techniker zu sein, denn ich sah ihn schon mal im Durchgang zum ersten Hof eine Elektroleitung für das

Hauslicht verlegen. Die Frau könnte als Verkäuferin arbeiten oder als Sekretärin. Er lief immer in blauen Jeans und sie ordentlich im Rock oder in schwarzen Hosen mit Bügelfalten.

Aber heute Nacht hatten die beiden ein Problem. Ein großes Problem! Ich dachte sofort daran, wie schlimm das sein muss, in der Nacht etwas lösen zu müssen und es nicht lösen zu können, weil Nacht ist, weil große Ängste ohne Tageslicht immer größer werden, aber am nächsten Morgen die Welt meist viel friedlicher und einfacher aussieht, und ein klarer Kopf eine klare Lösung parat hat!

Meinen Kopf streckte ich weiter aus dem Fenster und hörte aus einigen Sätzen, worum es ging: Sie war schwanger, das Geld war knapp, die Wohnung war beschissen und für den anstehenden Urlaub hatten die beiden eine Absage für das bestellte Quartier bekommen.

Reichte das aus, um in so eine tiefe Traurigkeit zu fallen? Schließlich hatten die beiden ein Motorrad – eine rote tschechoslowakische JAWA – die er immer auf dem Hof direkt unter dem jetzt geöffneten Fenster parkte und im Winter mit einer grauen Haube abdeckte.

Ein Fahrzeug hatten sie also. Ein Zelt, einen Campinganhänger vom Motorroller Berlin brauchten sie noch und schon konnten die beiden vergnügt an die Ostsee fahren noch bevor das Kind geboren war. So stellte ich mir die Lösung vor und schloss wieder leise mein Fenster.

Hier muss ich eingreifen, die beiden sollen nachts schlafen, nicht alles so ernst nehmen und sich auf den Urlaub freuen, das nahm ich mir fest vor!

«Guten Abend, störe ich Sie gerade beim Abendbrot, ich wollte eigentlich nur schnell was fragen», sagte ich zu der kleinen zarten Frau, als sie mir nach meinem Klingeln die Türe öffnete.

«Nein, nein, Sie stören nicht, Sie wollen sicher zu meinem Mann, der ist im Keller und schraubt irgend was für die Hausbesitzerin. Gehen Sie doch runter, ah, da kommt er schon. Du, hier ist unser Nachbar, der was von dir will», sagte sie zu ihrem eben aus der Kellertür tretenden Mann. Der bat mich in die gemeinsame Wohnung und ich hatte einen Plan.

«Ja, ich wollte eigentlich nur einen Rat von Ihnen», sagte ich und setzte fort: «Sie haben eine JAWA und mein Freund in Dresden hat auch eine, eine 175er, auch rot wie Ihre. Und der will an die Ostsee fahren und sich einen Campinganhänger, der für den 'Berlin' gedacht ist, an sein Motorrad hängen. Kann man an die JAWA auch so eine Hängerkupplung schrauben oder schweißen? Wissen Sie das zufällig? Wenn das geht, dann ist sein Urlaub gerettet», redete ich auf ihn ein mit dem Hintergedanken, ihm einen geheimen Tipp geben zu können.

«Na, das ist ja eine Idee! Warum soll das nicht möglich sein? Die Höhe müsste stimmen und von der Last her dürfte es auch keine Probleme geben. Na, das ist ja eine Idee», wiederholte er sich und schien sich sehr zu freuen.

«Karin, komm doch mal her, unser Nachbar hat mich auf eine prima Idee gebracht, aber eigentlich gehts um seinen Bekannten...», rief er zu seiner Frau und erzählte ihr, warum ich bei ihm geklingelt hatte.

«Und warum machen wir das nicht auch so? So einen Hänger kann man ausleihen, ein Zelt auch oder wir finden an der See ein Quartier, wenn wir da sind. Ideen muss man haben, aber das war ja die Idee ihres Freundes in Dresden.

Bei dem können Sie sich bedanken in unserem Namen, wenn sie ihn sehen», jubelte der junge Ehemann und ich glaube, noch mehr jubelte seine schwangere Karin.

Einen Monat später stand eine Flasche weißer Ostsee-Seemannslikör als Dankeschön für den gelungenen Urlaub auf meinem Tisch und ich hatte anschließend für meine gute Idee einen Brummschädel von gewaltigem Ausmaß!

Schluchzende Laute hörte ich nie wieder aus der Nachbarwohnung. Aber schon ein halbes Jahr später übernahm der neue Familienzuwachs die nächtlichen Bekundungen zu Durst, Hunger, übler Laune oder Blähungen, die mir auch bei geschlossenem Fenster hartnäckig in meine Träume schlüpften und alles durcheinander brachten. Nur sehr viel öfter, lauter und anhaltender, als das junge Paar es damals konnte.

SCHÖNES SILVESTER

Fenster schließen, Türen zu, Licht aus und meine Reisetasche über die Schulter geworfen – so verließ ich meine Wohnung, um wieder einmal für einige Tage nach Dresden zu fahren. Weihnachten und Silvester standen vor der Tür! Und ich stand in der Kälte eines Freitagmorgens auf dem schon restlos überfüllten Bahnsteig im Ostbahnhof, obwohl der Zug noch nicht zur Abfahrt bereitstand und auch erst in 20 Minuten, 7 Uhr 10, losfahren sollte. Jeder versuchte so an der Bahnsteigkante zu stehen, dass die Wahrscheinlichkeit, bei Einfahrt des Zuges eine Waggontüre vor der Nase zu haben, größtmöglich war. Doch selten klappte diese Berechnung, leider.

An diesem Tag aber hatte ich Glück: der Zug rollte so ein, dass ich nur noch zwei Schritte bis zum quietschenden Halt mitlaufen musste, um den Türöffner als erster zu fassen. Und so gehörte ich zu den ersten, die sich einen Sitzplatz erobern konnten, sogar einen Fensterplatz und auch noch in Fahrtrichtung! Das war ein ungewöhnlicher morgendlicher Treffer, denn fast drei Stunden zu stehen, machte auch mir mit meinen noch jungen Knochen keine große Freude.

Müde war ich und vermutete auch, dass ich, gleich wenn die Fahrscheinkontrolle an meinem Abteil vorübergezogen war, meinen Kopf in die Polsterecke legen und mich in meiner Jacke einkuscheln würde.

Nach Schönefeld, der ersten der drei Haltestellen bis Dresden – dann kamen nur noch Doberlug-Kirchhain und Elsterwerda – wurden die Fahrkarten verlangt und ich hatte bis zum Neustädter Bahnhof keine Störung mehr zu befürchten. Also drehte ich meine am Haken hängende Jacke zurecht, lehnte meinen Kopf an und schlief auch sofort ein. Der einzige war ich nicht, dem es so erging. Allen im Abteil wurden erst die Augen schwer und fielen zu, dann sank der Kopf zur Seite oder auf die Brust.

Ich träumte wieder, diesmal einen schönen Traum, denn das monotone Geräusch des Zuges und die regelmäßigen Schienenstöße ließen mich fern der Realität in eine andere Welt rücken. Ich träumte von der Ankunft in einem anderen Land und viele Menschen standen zum Empfang vor mir, denen ich die Hände schütteln sollte. Man hatte mich also schon erwartet denn ein großer molliger Mann stellte mich als einen Berliner Destillenbesitzer vor, der ab heute hier so einiges zur Sitzordnung in Freilichtkinos erzählen wird. Ich wusste im Traum nicht genau, was ich der Menge sagen sollte und suchte verzweifelt nach jemandem, der mich aus diesem Schlamassel herausbringt.

Aber niemand half mir! Ich schüttelte weiter ununterbrochen die Hände, mal fester, mal schwammiger, immer so, wie die freundlichen Leute es auch taten. Doch bald konnte ich meinen Begrüßungsarm nicht mehr hochhalten, er begann zu schmerzen und ich wachte auf.

Als ich meine Augen aufschlug, sah ich vor mir meinen ausgestreckten Arm und die offene Hand zum Gruß. Mir gegenüber saß eine Frau in den 30ern und lachte schallend über meine freundliche Geste. Das war peinlich!

«Ich habe Ihnen schon lange zugesehen. Wievielen haben Sie denn jetzt eben die Hand gegeben? Ich wollte schon zufassen, aber wecken wollte ich Sie auch nicht. Sie haben doch geträumt oder...?», fragte sie mich, immer noch herzhaft lachend.

So einen Unsinn hatte ich schon lange nicht mehr geträumt und schon gar nicht mit so einer handgreiflichen Tätigkeit! Obwohl es mir sehr unangenehm war, musste ich auch lachen und erklärte der immer noch belustigten Frau, was da so in meinem Traum vorgegangen ist.

Das war natürlich auch meine besondere Geschichte, als wir Kinder dann in Dresden mit unseren Eltern beim Abendbrot saßen, und jeder von uns dreien irgendein lustiges Erlebnis aus den letzten Wochen zu erzählen hatte.

Weihnachten kam wie immer überraschend schnell, und ebenso schnell vergingen die vielen Feiertage auch. Das gute Essen, das meine Mutter jeden Tag kochte, lag uns schwer im Magen und musste immer wieder mit einem Eierlikör besänftigt werden. Dazu hatten wir wenig körperliche Ausarbeitung, die nur durch Holz hacken und Kohlen aus dem Keller holen unterbrochen wurde. Ich machte diese Arbeit gern, da konnte ich so richtig meinen Kräften freien Lauf lassen, im Schuppen für meinen Vater die ofengerechten Scheite stapeln und auf der Loggia die Briketts in Reih und Glied bringen.

«Was machen wir Silvester? Seid ihr eigentlich alle da bis zwölf oder kommt noch jemand dazu, von dem ich nichts weiß», fragte unsere Mutter uns drei Geschwister. Wir hatten nichts vor und wollten uns wieder kulinarisch überraschen lassen. Nur mein Bruder meinte, sein alter Schulfreund und seine Freundin könnten eventuell noch vorbeikommen. Das 'eventuell' war eigentlich ein 'sicher' denn die beiden hatte er schon Anfang Dezember eingeladen, ohne meine Eltern darüber zu informieren. Da wären wir am Silvesterabend schon sieben. Erst einmal.

Meiner Mutter war das egal, nur mein Vater, der hätte es lieber etwas kleiner. Aber als wir ihm sagten, dass er sich um die alkoholischen Getränke keine Sorgen machen müsste und wir auch das ganze Knabberzeug kaufen, war seine Laune wieder obenauf.

«Hört mal zu, so gegen acht kommt das Essen auf den Tisch, jetzt ist es halb sieben, ihr könnt dann schon den großen Tisch abräumen und die weiße Tischdecke auflegen», ordnete meine Mutter am Silvesterabend an. Das machten wir doch gern, aber ohne ausgelassene Alberei ging in unserer Familie kaum etwas. Jedenfalls nicht bei uns drei Geschwistern, einen banalen Grund, uns totzulachen, hatten wir immer!

«Also, runter mit der für dieses Jahr abgelaufenen weihnachtlichen Tischdekoration, und rauf mit der Illumination für den Jahreswechsel», befahl mein Bruder.

Das Adventsgesteck mit den vier ungleich abgebrannten Kerzen legte ich auf den Wohnzimmerschrank, faltete den über die gesamte Tischlänge reichenden bunten Läufer aus Polen zusammen, und die beiden kleinen Engelchen, deren schon leicht gekrümmte Kerzen seit Jahren nie angezündet wurden, verschwanden hinter der Glasschiebetür des Schranks.

Meine Mutter war mit meinem unbeholfen mitarbeitenden Vater in der Küche, meine Schwester stand neben mir und mein Bruder legte einen bunten Feuerwerkskörper, der aus einem runden Pappzylinder, einer Lunte und einer Pappscheibe als Sockel bestand, in die Mitte des leeren Tisches. Mit dem brennenden Streichholz zwischen den Fingern berührte er die Lunte, die nach einigen Sekunden mit zischendem Geräusch zu brennen begann.

«So, aufpassen», rief mein Bruder durchs Zimmer zu uns, «jetzt machen wir Blitz und Donner! Aber ganz harmlos, pufft nur etwas.»

Ein paar Millimeter hatte die Lunte noch zu schmauchen und da entdeckte ich an der Seite des Pappzylinders den roten und ziemlich großen diagonalen Aufdruck: NUR IM FREIEN ZU VERWENDEN!

«Weeeeeg», rief ich noch, doch da war es schon zu spät für irgendwelche Rettungsaktionen. Es knallte heftig und da startete unser Silvesterfeuerwerk schon mit hohem Tempo senkrecht nach oben an die Zimmerdecke. Weiter ging es nicht. Doch der Treibstoff reichte noch für längere Zeit und so tanzte unser feuriges Vergnügen wie wild geworden in zwei Meter Höhe über dem schönen Naturholztisch aus Hellerau, als wollte es die Zimmerdecke ins Weltall durchbrechen. Die kleinen, spritzenden Glutstückchen fielen nach unten und übersäten den Tisch mit schwarzen Brandpunkten, mal flacher und manchmal etwas tiefer.

Dann wurde es still und schon fiel die abgebrannte letzte Stufe unserer Beinahe-Rakete hüpfend und rollend auf ihren Startplatz zurück.

Meine Geschwister schauten bedeppert auf den völlig mit Brandlöchern übersäten Tisch, nur ich schaute an die eigentlich weiße Zimmerdecke. Die sah aus wie das Spiegelbild des Tisches, hatte aber außer den unzähligen Brandpunkten auch noch schwarze Wolken hinterlassen. Die Decke war hin, der Tisch ebenfalls.

«Na, wie weit seid ihr, liegt die Tischdecke drauf?», fragte meine Mutter, die mit dem Geschirr auf ihrem großen Henkeltablett arglos ins Zimmer kam.

«Das riecht hier aber verbrannt, woher kommt das denn, ist eine Kerze umgefallen?», fragte sie uns und dann sah sie auch schon unsere schuldvoll schweigenden Gesichter und den versauten Silvestertisch.

«Das bringen wir gleich nächste Woche wieder in Ordnung und der Maler kommt auch, Vorrichten ist sowieso wieder fällig, ich ruf ihn übermorgen an», beschwichtigte mein Bruder das tragische Geschehen.

«Maler? Welcher Maler?», fragte meine entsetzte Mutter und wir zeigten zaghaft mit unseren ausgestreckten Fingern nach oben.

«Das war so nicht geplant, aber jetzt rauf mit der Tischdecke und ran an's Büffet – vorher lüften wir noch das miefige Zimmer», versuchte ich etwas fröhliche Stimmung zu verbreiten. Nur mein Vater, der bis eben von nichts wusste, sollte schnell aber behutsam aufgeklärt werden, am besten schon in der Küche. Er kam nach unserem Bericht ins Wohnzimmer und sah wortlos abwechselnd auf den mit rußigen Punkten dekorierten Tisch und dann an die verkohlte Decke.

«Das ist ein schöner Jahresausklang, wirklich schön», sagte er griesgrämig zu uns und verschwand wieder in der Küche. Meine Mutter folgte ihm und versuchte, das Malheur etwas herunterzuspielen, um seine Stimmung wieder zu heben. Sie selbst hatte nur Probleme damit, dass die noch zu erwartenden fremden Gäste eine verrußte Zimmerdecke sehen und sich dabei ihre Gedanken über den Rest der Wohnung machen könnten.

Der angedrohte Besuch kam, wie es bei solchen unpassenden Gelegenheiten oftmals ist, schon weit vor der verabredeten Zeit die Treppe herauf.

Doch auf dem Tisch lag eine weiße unschuldige Tischdecke und er war wunderbar gedeckt. Ich goss zur allgemeinen Beruhigung jedem einen Wodka ein und ließ – noch bevor alle am Tisch saßen – den Silvesterabend hoch leben und erklärte das vergangene Jahr zu einem wirklich guten und erfolgreichen Jahr! Mit meinem Vater stieß ich gläserklirrend an und goss flink noch einen nach, das tat ihm ganz gut nach dieser gelungenen Überraschung, die seine Kinder anlässlich des neuen Jahres in gemeinsamer Anstrengung vollbracht hatten!

Das Zimmer wurde zwar nicht übermorgen, aber gleich im holden März renoviert und sah wieder aus wie neu. Nur der Tisch hatte keine nackte Zukunft mehr. Das war schade, er war ein edles Stück und konnte sein weiteres Dasein nur mit einer Tagesdecke überleben.

«Du, mein liebes Brüderchen, denk dran, immer vorher die Gebrauchsanweisung bis zum Ende lesen, besonders das schräg und Rot gedruckte», lästerte ich lachend in väterlicher Manier zu meinem fünf Jahre jüngeren Bruder und schlug ihm dabei wohlwollend auf die Schulter.

Meine Schwester lachte auch und meinte mütterlich: «Hast du gehört, was dein Bruder gesagt hat, der ist der Ältere, den kannst du fragen, wenn dir was unklar ist.»

Dieser außergewöhnliche Jahreswechsel löst bis heute großes Gelächter in unserer Familie aus, weil immer einer sagt: «Wisst ihr noch, damals, die gelungene Silvesterüberraschung für unsere Eltern...»

ANDROMEDA

Meine Wohnung in der Dunckerstraße wurde mit jedem Monat perfekter. Ich kaufte mir ein neuentwickeltes, sehr modern gestaltetes Radio mit Mittelwelle, Kurzwelle und UKW, das auch ohne richtige Antenne, nur mit einem Stückchen Draht hinten drin, wunderbare Töne von sich gab. Dieses Radio hatte vorn eine gebürstete Alublende, ein mattschwarzes, aus der Blende stehendes feines Metallgitter, hinter dem sich der Lautsprecher verbarg, und eine senkrechte weiße Skala mit einem waagerechten roten Zeiger für die Sender. Das war eine Augenweide und auch mein erstes Einrichtungsstück, das meinen Vorstellungen von modernem Design entsprach. Es war ein HELI-Radio! Damit begann der ungestörte Hörgenuss in Berlin!

Gestört wurden hier in Ost-Berlin die Westsender nicht, sodass ich den SFB – den Sender Freies Berlin – ohne unangenehme Nebengeräusche genießen konnte. RIAS kam für mich als Informationsquelle und auch zur Unterhaltung nur sehr selten in Frage, dieser Sender war mir sehr unangenehm, den empfand ich als das, was er auch war: ein übler Hetzsender gegen die DDR.

Radio Luxemburg hörte ich auf Kurzwelle wie schon in Dresden, aber da schwand der Sender oft und kam gelangweilt wieder zurück. Ich war schon froh, dass ich hier im letzten Hinterhof zu ebener Erde überhaupt mit der Welt in Verbindung stehen konnte!

Es war ein Erlebnis, nach einem vollen Studientag ins Bett zu gehen, das neue Radio einzuschalten und mich von Musik oder aktuellen Informationen in den verdienten Schlaf wiegen zu lassen. Doch bald hatte ich an einigen

Tagen in der Woche mit Schlafen im Bett nicht mehr viel im Sinn, jedenfalls nicht vor 23 Uhr, denn im Radio begann eine neue, wunderbare Sendereihe: Die Hörspiele.

Ich glaube, die wurden zwei mal in der Woche gesendet und diese zwei Abende waren für mich die spannendsten der Woche! Schon nach wenigen Folgen hatte ich den Wunsch, diese Hörspiele auch aufnehmen zu können um sie öfter wieder abzuhören oder die Bänder an meine Freunde auszuleihen. Ein Tonbandgerät musste her!

Zur Auswahl stand unter anderem das KB100, das Bändi, das Smaragd oder aber ein neu im Handel angebotenes Koffertonbandgerät – das tschechoslowakische URAN. Das erschien mir als das beste für meine Zwecke und auch für meinen Geldbeutel: Es war transportabel und, wie das Radio auch, modern gestaltet, lief wahlweise mit einem Netzteil oder sechs Monozellen à 1,5 Volt. Der Preis von 600 Mark war machbar. Das musste ich haben!

Meinem Bruder erzählte ich bei einem seiner Besuche in Berlin von meinem Plan und er hatte einen Vorschlag: «Du, ich kann dir so ein Gerät geben, das will einer auf meiner Stube verkaufen, für 400 Mark, ist erst ein halbes Jahr alt.» Ich war sofort einverstanden.

Kurze Zeit später stand neben meinem Bett ein perfektes Tonbandgerät, angeschlossen an das perfekte Radio, und zu Beginn jedes Hörspiels drückte ich auf 'Aufnahme' und machte es mir bequem.

Aber vorher musste ich gestalterisch an dieses Tonbandgerät noch Hand anlegen. Die vordere Kunststoffblende über dem Lautsprecher war cremefarben und passte nicht zum Radio. Die Seitenteile waren schon mattschwarz, und sahen gut aus. Auch am hochklappbaren Acryldeckel hatte ich nichts auszusetzen. Nur dieses eine Detail ärgerte mich und so ging ich in einen Farbenladen und kaufte eine Spraydose mit mattschwarzer Farbe. Ebenfalls ein Produkt aus der Tschechoslowakei. Damit begann meine künstlerische mattschwarze Phase! Picasso hatte ja auch verschiedene Farbphasen in seinem langen Leben, allerdings keine mattschwarze. Die hatte nur ich, und die zog sich hin bis zur Mitte der 80er-Jahre.

In meinem kleinen Gärtchen vor den beiden Wohnzimmerfenstern spritzte ich die Blende so wie ich sie haben wollte und war sehr zufrieden mit dem Ergebnis. An diesem Abend, als wäre es die Belohnung, kam das für mich wohl spannendste Hörspiel dieser Reihe: Andromeda.

Fred Hoyle und John Elliot hatten diese Science-Fiction-Geschichte geschrieben und im Radio lief dieses Hörspiel eine Stunde lang. Der Inhalt war dramatisch und spannend und ließ mich lange Zeit nicht in Ruhe. Es könnte jederzeit so etwas ähnliches in unserer Welt passieren, davon war ich überzeugt:

«Auf unserer Erde empfangen die großen Radioteleskope plötzlich Signale aus einer fremden Galaxie und vermuten bald, dass es bei diesen Signalen um den Bauplan für einen riesigen Computer gehen muss. Schnell erkennen die irdischen Wissenschaftler auch, dass dieser Computer ein den Menschen weit überlegenes außerirdisches System ist, mit der Absicht, unsere Welt zu erforschen und aus diesem Wissen ein neues, hochentwickeltes aber menschenähnliches Wesen zu erschaffen. Unterstützung für dieses Projekt bekommen sie auch von unserer Erde, denn eine eigensinnige Wissenschaftlerin hilft den Fremden bei der Erschaffung dieses neuen Wesens, das sie Andromeda nennt. Denn von Andromeda kommen diese viele Millionen Lichtjahre entfernten Signale.»

Und wie das so ist in allen spannenden Science-Fiction-Geschichten, ist es auch hier der geniale Physiker, der die Signale von Anfang an empfängt und der auch eine große Gefahr für die Menschheit darin vermutet. Nur muss er eben allein gegen alles kämpfen und versuchen, eine Katastrophe von unserer Welt rechtzeitig abzuwenden.

Dieses Band spielte ich viele Jahre lang immer wieder ab und begann, die erste Science-Fiction-Literatur zu kaufen. Die war natürlich vom polnischen Schriftsteller Stanisław Lem und meine ersten beiden Bücher von ihm waren *EDEN* und *SOLARIS*.

Und wenn ein Radio, ein Tonbandgerät und ein Fernseher schon da sind, dann fehlt nur noch ein Plattenspieler. Schallplatten hatte ich reichlich, die lagen aber noch in meinem Dresdner Zimmer neben meinem Kofferplattenspieler. Meiner Mutter und meiner fünfzehnjährigen Schwester war das nicht so recht, als ich ihnen meine Absicht erklärte, das alles mit nach Berlin nehmen zu wollen. Aber es half ihnen nichts, der Musiktransport ging in die Dunckerstraße!

Jetzt hatte ich schon fast alles, was ich – außer für mein Studium – zum Leben brauchte. Eines fehlte allerdings noch: eine Badewanne oder eine Dusche. Doch bevor ich mir diesen Wunsch erfüllen konnte, verging noch einige Zeit!

MEINE DOZENTEN

Steht einem Menschen ein guter Tag bevor, macht auch das Aufstehen am frühen Morgen keine Mühe. Das kannte ich schon aus meiner Lehrzeit, denn ich liebte meine Ausbildung und meinen Beruf als Gebrauchswerber. Allerdings schrumpften die Nächte in dieser Zeit auf mindestens die Hälfte ihrer Dauer, denn als Jugendlicher hat man viel zu erleben, wenn die Sonne untergegangen ist!

Auch hier in Berlin reichte der Tag oft bis tief in die Nacht. Nicht immer zum Vergnügen, meist um die gestellten Studienaufgaben abzuarbeiten. Müde war ich immer, wenn schon 6 Uhr 30 der Wecker klingelte, aber die Freude auf einen schönen Tag war stärker als der innere Schweinehund. Ich kam nie zu spät zum Unterricht, und wenn es doch Ausnahmen gab, war es die S-Bahn, die verschlafen hatte. Die verschläft auch heute noch, nur viel, viel öfter!

Von unseren acht oder neun Dozenten, die uns in Deutsch, Fachzeichnen, Naturstudium, Sport, Papierkunde, Druck, im ersten Studienjahr auch Russisch und Schrift ihr gutes Wissen übermittelten, waren auch zwei, denen ich besondere Achtung entgegenbrachte: der eine war unser Dozent für Gestaltungskunde und Naturstudium Ingo Arnold und der andere war unser Dozent für Schriftgestaltung Günter Junge. Beide waren nur unbedeutend älter als wir Studenten selbst, aber von einer großen Liebe zu ihrem Beruf geprägt, und das zeigte sich in ihrem Unterricht.

Ich lernte bei ihnen nicht nur das eigentliche, berufsbezogene in ihren Fächern, sondern auch viel Philosophisches, das immer im Leben und besonders bei jedem künstlerischen Beruf drumherum dazugehört: «...zu jedem Vordergrund gehört eben auch ein Hintergrund. Und den muss man ausfindig machen und verstehen, um den Vordergrund darstellen zu können...»

Wir hatten aber auch Dozenten, deren Fächer uns wenig interessierten, weil sie einfach nur zum Studium dazugehörten. Das waren Russisch, Sport, Ökonomie und ein politisches Fach, dessen Namen ich vergessen habe. Russisch störte mich allerdings nicht, das konnte ich seit meiner Mittelschulzeit sehr gut und dieses Fach hatten wir auch nur im ersten Studienjahr.

Einmal in der Woche musste Sport eine Stunde lang ertragen werden und da gab es am Ende des zweiten Studienjahres eine Prüfung in der dunklen, zügig nach Berlin fließenden Spree: Mit Kleidung eine bestimmte Strecke in einer festgelegten Zeit schwimmen. Ich hatte ein paar uralte Hosen dafür angezogen und ein altes Hemd, beides war ziemlich eng, so hatte das Wasser wenig Widerstand und behinderte mich kaum. Prüfung bestanden.

Ökonomie war für mich ein sehr langweiliges Fach, da schrieb ich nur abwesend mit oder skizzierte in alle freien Ecken meines Schreibblocks neue Ideen für neue Bilder. Doch plötzlich, von einer Woche zur anderen, wurde es interessant: da zog die Wissenschaft der Kybernetik in unsere Ökonomie! Dieses Wort hatte ich vorher noch nicht gehört, das war so neu, dass ich auch nicht glaubte, dass es mit der sozialistischen Wirtschaft überhaupt etwas zu tun haben könnte. Das war etwas Geniales, das war schwer erklärbar, das war ein klein wenig Science-Fiction! Und Science-Fiction in der sozialistischen Ökonomie – das passte für mich zusammen wie Katz und Maus.

Wir erfuhren jetzt viel über die geheimen Steuerungsprozesse des Wirtschaftsmarktes, die Regelung von Maschinen und damit von Produktionsprozessen und auch die Möglichkeit, Organismen und alles Leben in unserem Sinne in die vorgedachten Bahnen zu lenken. Bei diesem Thema skizzierte ich nicht mehr auf meinem Block, da hörte ich aufmerksam zu und notierte fleißig das Wissenswerte.

Heute redet zwar keiner mehr über den Begriff Kybernetik als solchen, aber alle Prozesse werden von ihr bis in unsere Wohnungen gesteuert und geregelt, leider wir Menschen auch, meist ohne es zu ahnen.

«Wir planen eine Ausstellung eurer bisherigen Leistungen im Flur der zweiten Etage», sagte der Dozent Ingo Arnold kurz vor der Mittagspause zu uns.

«Legt alles raus, von dem ihr glaubt, es ist gut genug für eine repräsentative Schau eurer Arbeiten. Wir werden dann gemeinsam auswählen, der Platz ist auch beschränkt, alle drei Grafikklassen machen mit», ergänzte er das Vorhaben.

Das war eine schöne Sache so eine Ausstellung, und das war wichtig für mich, mal zu sehen, auf welchem Stand die Studenten des dritten und letzten Studienjahres schon sind. Wie gut oder schlecht sehen ihre Arbeiten aus, wie weit bin ich davon noch entfernt, haben die bessere Ideen als ich und wie sind diese grafisch umgesetzt?

Aber erst kam die Mittagspause, und viele Studenten hatten da den gleichen Weg: schnell raus aus dem Zimmer und nach links durch die Flügeltür in den zweiten Flur. Da stand eine Tischtennisplatte, und wer zuerst kam, konnte zuerst spielen. Diese tägliche Ausarbeitung tat gut, es war ein nötiger Kontrast zu unserer sitzenden Arbeit und es tat auch unseren Köpfen gut, an etwas anderes zu denken.

Schnell hatten wir unsere Tischtennisschläger in der Hand und ein paar Bälle in der Hosentasche. Standen zu viele an der Platte und warteten auf ein Zweier-Match wurde ein 'Chinesisch-Turnier' vorgeschlagen und schon rannten wir im Kreis, bis es einen Sieger gab.

Vierzehn Tage später, die Auswahl der Arbeiten war abgeschlossen, hing eine aussagestarke Ausstellung auf beiden Seiten entlang unseres Flures. Alle drei Studienjahre zeigten ihre besten Schöpfungen und ich glaube auch, dass jeder Student mit mindestens einer Arbeit vertreten war.

Ich hatte auf einem türkis-blauen Untergrund einen Traktor gezeichnet, so wie ich im letzten Praktikum auf einem Bauernhof einen solchen gesehen hatte. Von dieser meiner Grafik war ich selbst begeistert, vielleicht etwas mehr als die Jury, aber sie hing für alle sichtbar an der Wand! Ich war zufrieden!

An der Wand hing auch noch eine andere Arbeit, die ich als außergewöhnliche grafische und ideenreiche Leistung empfand und mir vornahm, so einen Stand unbedingt zu erreichen. Doch schon nach zwei Wochen musste ich meine Hochachtung revidieren. Die Arbeit selbst blieb wie sie war: sehr gut, aber die Idee dazu, die ich ebenso bewunderte, hatte nicht der Student. Die war aus einem Buch entnommen!

Einmal im Jahr erschien die deutsche Ausgabe der englischen Publikation des Londoner Studio-Vista-Verlages 'Modern Publicity'. Diese Bücher kaufte ich jedes Jahr in

Dresden, gleich neben der Kreuzkirche im Internationalen Buch. Der Preis war mit 41 Mark 65 angemessen, denn diese jährliche Publikation war die Bibel der Grafiker. Da wurden alle weltweit bedeutenden Arbeiten präsentiert, mit Namen der Grafiker, des Landes, des Entstehungsjahres und des Auftraggebers. Das Außergewöhnliche war auch, dass diese Bücher nicht westlich-ideologisch orientiert waren, sondern auch die osteuropäischen, also sozialistischen Staaten vertreten waren. So entdeckte ich auch viele Verpackungen, Briefmarken oder Signets aus der DDR, die es wert waren, der Welt gezeigt zu werden.

Die Seiten meiner eben erhaltenen neuesten Ausgabe der 'Modern Publicity' von 1968, die mir meine Eltern vor einigen Wochen in Dresden kauften und per Post nach Berlin schickten, ließ ich flüchtig durch die Finger gleiten und stutzte plötzlich. Ich begann wieder zu blättern, aber langsamer, denn ich hatte etwas entdeckt, wovon ich mir einbildete, es schon einmal gesehen zu haben. Und dann blieb ich auf einer Seite stehen und glaubte nicht, was ich da sah: die gleiche Grafik, die in unserer Ausstellung hing, war im Buch zu sehen. Nur der Entwerfer war nicht der Student aus meiner Fachschule, sondern der Grafiker Lars Gustafsson aus Schweden, das Entwurfsjahr war 1967, und als Auftraggeber stand dort eine Speditionsfirma.

Das war das erste Plagiat, das ich bewusst und nicht vom Hörensagen vergleichen konnte. Da fiel mir auch gleich ein Spruch aus meiner Konfirmandenzeit wieder ein: «Es ist nichts zu fein gesponnen, es kommt doch an das Licht der Sonnen.»

Der Plagiator hatte in meinen Augen wirklich Mut bewiesen, denn er gehörte zu den für seine guten Arbeiten bekannten Studenten. Ihn darauf anzusprechen traute ich mich nicht, ich hoffte aber, dass auch andere Studenten oder Dozenten irgendwann dahinter kommen werden. Ab diesem Tag vermutete ich bei allem, was ich von ihm sah, dass er die Idee dafür irgendwoher geklaut hat.

Mein Traktor und die grafische Umsetzung dazu war allein meine Idee. Ich fühlte mich gut bei diesem Gedanken, dass ich, ohne die Angst entdeckt werden zu können, mein baldiges Grafikerleben genießen konnte. Etwas 'abzukupfern' war für mich kein Thema.

DIE LANDUNG AUF DEM MOND

Zu meinem Bekanntenkreis gehörten inzwischen außer meinen Kommilitonen auch einige junge Leute aus der Nachbarschaft. Meine Nachbarschaft, das waren die Dimitroffstraße, die Stargarder Straße, die Raumerstraße und die Lychener Straße. Viele lernte ich im Laufe der Zeit kennen und schon am Äußeren erblickten wir unsere politische Gesinnung und damit unsere Zusammengehörigkeit.

Zu meinen ersten Freunden gehörte bald ein Ehepaar – er, Klaus, war ein echter Berliner, was übrigens sehr selten vorkam, meist waren die sogenannten Berliner Zugezogene aus allen Teilen der DDR – und seine Frau, Bibby, kam aus Thüringen.

«Kommt doch mal vorbei, einen Likör hab ich immer zu Hause und drei Gläser auch», sagte ich an einem Sonnabendvormittag im kleinen privaten Lebensmittelgeschäft in der Lychener Straße zu den beiden, als wir unseren Einkauf fürs Wochenende verstauten. Und schon am gleichen Abend hatte ich Besuch! Da standen die beiden vor meiner Tür mit einer Flasche Weinbrand und zwei Schachteln Zigaretten – Semper – im Arm.

Der Abend war lang, der Heimweg meiner neuen Freunde aber kurz, denn bis zur Lychener Straße waren es nur ein paar hundert Meter. Wir versprachen, uns bald wiederzusehen, spätestens zur Landung der Amerikaner auf dem Mond, denn das sollte schon bald sein!

Aber erst einmal begannen Anfang Juli die Semesterferien, die Ferien, die eigentlich schon mit ihrem Beginn das letzte Studienjahr einläuteten. Noch ein Jahr musste vergehen und ich hatte den Traumberuf meines Lebens.

Die zweite Etappe meines Lebensziels wäre dann erreicht. Die dritte war die Arbeit als freischaffender Grafiker im eigenen Atelier, in Dresden natürlich. Für eine vierte Etappe hatte ich noch keine Vorstellung, die dritte war eigentlich schon das Ziel, aber mal sehen, was das Leben so noch vorhat mit mir!

Die ersten Ferientage vergingen schnell. Ein Besuch in Dresden – Abschlussbericht für die Familie über meine bisherige Studienzeit gehörte zur Pflichtkür – und ein Urlaub in Ungarn am Plattensee waren für diesen Sommer in der Planung.

«Wie siehts bei euch aus, am Sonntag landen die Amerikaner auf dem Mond. Das wird eine besondere Fernsehnacht, die übertragen bis früh! Ihr könnt schon am zeitigen Abend bei uns sein. Wir machen uns ein schönes Abendbrot und dann gibts ein Weltereignis!», sagten Klaus und Bibby zu mir, als wir uns an Mittwoch im gleichen Laden wiedertrafen.

Der kommende Sonntag war der 20. Juli 1969, und ich sagte sofort zu. Einen Fernseher hatten wir zwar auch, aber meine Freunde hatten einen besseren, einen neuen. Unserer war schon älter und hatte eine 43er Bildröhre und sie hatten einen Fernseher mit einer 56er Bildröhre. Größeres Bild – größerer Mond!

«Was sollen wir noch mitbringen? Getränke übernehme ich, Zigaretten auch, und irgendwas zum Knabbern – das braucht ihr auch nicht zu kaufen. Außerdem bringe ich meinen Fotoapparat mit, diese Landung werde ich vom Bildschirm fotografieren», erklärte ich den beiden und freute mich plötzlich sehr auf diesen Sonntag. Meine

Freude war auch deshalb so groß, weil ich Ferien hatte und es mir vollkommen egal war, wann die Amerikaner auf dem Mond ankamen. Ich hatte endlos Zeit und konnte am nächsten Tag ausschlafen. Bis zum Nachmittag, wenn mir danach war!

«Was habt ihr denn hier gemacht», fragte ich meine Freunde, als wir mit unseren Leckereien im Beutel am Sonntag gegen 17 Uhr das Wohnzimmer betraten.

«Nicht schlecht, wird das hier eine Sexparty? Ihr habt doch hoffentlich noch mehr Frauen eingeladen?», sagte ich lachend, denn die Wohnzimmercouch gegenüber dem Fernseher war voll ausgezogen und mit einem großen weißen Laken belegt.

«Also mehr Frauen kommen nicht, aber wir wollen doch beim Fernsehen genussvoll essen und die Nacht bequem vor der Röhre genießen, wenn die Amis auf dem Mond rumhüpfen. Die haben schon in der gestrigen Tagesschau angekündigt, dass sich die Sendung vom Mond bis zum frühen Morgen hinziehen kann. Die Landung soll so gegen 22 Uhr 15 sein. Mal sehen, ob das auch so ist», klärte Klaus mich auf.

Na, für dieses volle Programm, war die ausgezogene Couch schon richtig. Bibby hatte Kartoffelsalat mit Würstchen vorbereitet, dazu gab es eine Käseplatte mit Weißbrot, kleine saure Gurken, geräucherten Heilbutt und Sardinen mit Zitronenscheiben. Mit meinen Knabbereien und dem alkoholischen Angebot waren wir sehr gut versorgt für eine spannende Nacht!

Apollo 11 war unterwegs, war fast am Ziel. Die kühlen Köpfe der drei Astronauten rauchten bestimmt schon, während wir hier auf unserer Erde es uns so bequem wie möglich machten in der besonderen Erwartung, ob die erste Mondlandung in der Geschichte der Menschheit in Erfüllung gehen wird. Die Amerikaner hatten das bemannte Rennen um unseren Trabanten gewonnen, sie hatten eine große Leistung erbracht, aber ich hätte es der Sowjetunion etwas mehr gegönnt, den ersten Fuß in den Mondstaub zu setzen. Die, die immer unter dem Druck standen, nachziehen zu müssen, auf jede neue US-amerikanische Kriegstechnologie mit einer eigenen antworten zu müssen und dadurch kaum Zeit und Geld hatten, ihr eigenes Land aufzubauen und ihren Völkern ein besseres Leben zu bieten. Doch etwas zufrieden war ich trotzdem, denn die Sowjetunion hatte mit Luna 9 schon 1966 die erste weiche Landung auf dem Mond vollbracht!

Der Kalte Krieg war in meinen Augen nur geringfügig besser als ein heißer Krieg, denn er brachte die Menschen auch an den Rand einer endgültigen Auslöschung unserer Zivilisation und verschlang dabei unendliche Mittel.

Dann war da noch der Vietnam-Krieg! Ich konnte es nicht fassen, dass eine Weltmacht, die ständig nur von Freiheit und Demokratie für alle redet, in einem kleinen Land weitab von den USA selbst, einen Feind sieht und ihre sogenannten Interessen verteidigen muss.

Die in den Zeitungen und im Fernsehen gezeigten Bilder und Berichte dieses Krieges, waren an Menschenverachtung und unbeschreiblicher Brutalität, auch gegenüber dar Natur, nicht zu übertreffen. Diese Gewalttaten, ausgeführt von einem angeblich zivilisierten Volk konnte ich nicht ertragen und wünschte mir nichts mehr, als die totale Niederlage der USA in Vietnam.

So kam es auch, nur leider erst viele Jahre später, nachdem drei Millionen Menschen für nichts ihr Leben lassen mussten und viele Millionen auch heute noch unter den grausamen Waffen der USA leiden.

Aber heute wurde erst einmal außerhalb unseres eigenen geschundenen Planeten gelandet!

Ich schraubte meinen Fotoapparat, eine Praktika, auf das Stativ, stellte die Blende, die Belichtungszeit und die Schärfe ein und schraubte den extralangen Drahtauslöser auf. Dieses Ereignis wollte ich festhalten und eigene Aufnahmen vom Bildschirm machen. Es war der Beginn meiner Fernsehfotografie – Moderatoren, aktuelle Ereignisse, Sänger und Sängerinnen...

Wir lümmelten uns auf die Couch, das leckere Essen immer in Reichweite und erwarteten eine spannende Nacht. Die Tagesschau brachte fast nur diese eine Meldung und ging auch nahtlos zum Ablauf und zum Stand des Apollofluges über. Viele Kommentatoren in aller Welt wechselten sich ständig ab, die Flugroute wurde auf einer großen Grafiktafel dargestellt und der Funkverkehr zwischen den Astronauten und der Zentrale in Houston war zu hören. Mal etwas besser, mal etwas schlechter.

Dann kam die Landung! Aber vorher gab es eine Verzögerung wegen des Landegebietes, das von großen Gesteinsbrocken übersät war, weswegen die Astronauten mit Handsteuerung eine ebenere Fläche suchen mussten. Das ging, wie wir alle wissen, auf Kosten des Treibstoffs, der schon fast verbraucht war!

Da stand sie dann, die Landefähre, im Mare Tranquillitatis! Ich kann mir gut vorstellen, wie aufregend das für die Astronauten gewesen sein muss, wenn wieder harter, fester Boden unter den Landefährenfüßen liegt, die Männer sich abschnallen, aufstehen und zur Türe gehen.

Die Außenkamera filmte das Aufsetzen und wir Fernsehzuschauer warteten geduldig, bis sich die Türe öffnete. Wer würde als erster Mensch den Mond betreten? Neil Armstrong oder Edwin Aldrin? Michael Collins hatte bei diesem Unternehmen die Arschkarte gezogen: er war nach dieser langen Reise kurz vor der Mondoberfläche, musste aber in seinem Raumschiff bleiben.

Dann öffnete sich die Tür. Das sah man zwar nicht aber man sah Neil Armstrong die Leiter hinuntersteigen. Die letzte Stufe ignorierte er und sprang auf den Mondboden. Geschafft! Und schon sagte er seinen berühmten Satz:

«Das ist ein kleiner Schritt für einen Menschen, aber ein riesiger Schritt für die Menschheit».

Das war er wirklich, dieser Schritt!

Als dann auch gleich Edwin Aldrin den Mond betrat, beide lange Hopser machten und sich dabei unterhielten, mussten wir etwas essen und auch einen kräftigen Schluck nehmen. Die Erde hatte drei Menschen und etwas Metall weniger zu tragen und der Mond wurde geringfügig schwerer, das war schon eine Sensation!

Wir sahen alle drei noch gebannt zu, bis die Übertragung unterbrochen wurde und der erste Western lief. Der Moderator erklärte, der Mond wird gleich wieder gezeigt, aber die NASA bestimmt, wann. Dann gab es wieder etwas zu fotografieren für mich, denn die Astronauten bewegten sich weiter weg von der Landefähre und kurz darauf kam der zweite Western. Ich lag immer noch wach auf der Couch, denn Western sah ich ebenso gerne wie Mondlandungen. Klaus, Bibby und meine Freundin schliefen inzwischen fest und ich schob mir die Chipsreste in den Mund – bis zum frühen Morgen, als nur noch das Testbild zu sehen war.

«Los, aufstehen», rief ich kurz nach sechs Uhr zu meinen selig schlummernden Nachbarn auf der Couch. Klaus sprang als erster auf, er hatte eigentlich schon verschlafen, denn in einer Stunde war er bei einem Bäcker angekündigt, um ihm ein neues Telefon zu verlegen. Klaus war Telefontechniker bei der Deutschen Post.

Bibby und meine Freundin drehten sich noch einmal auf die andere Seite und Bibby murmelte nur: «Die erste Kundin kommt um zehn, ich schlaf noch zwei Stunden, lasst mich in Ruhe.»

Sie war selbstständige Kosmetikerin.

Ich war der einzige, der den aufgehenden Tag entspannt genießen konnte. Das Stativ mit meiner Kleinbildkamera baute ich wieder ab, räumte leise das Geschirr und die Reste des Essens in die Küche, wusch alles ab und zog leise die Wohnungstür hinter mir zu.

Zu Hause legte ich mich wieder ins Bett, schaltete aber vorher meinen Fernseher ein, um immer auf dem Laufenden zu sein, denn der Mond wollte seinen irdischen Besuch bald wieder los werden und den Astronauten stand nun noch die letzte gefährliche Phase bevor: der Rückflug. Da wollte ich die aktuellen Meldungen im Fernsehen nicht verpassen.

ICH, DER SCHWEIZER

Bevor das letzte Studienjahr beginnt, wollte meine Freundin mit mir nach Ungarn fahren. An den Plattensee natürlich. Da waren wir beide noch nicht gewesen und es ergab sich die gute Gelegenheit, über Jugendtourist sehr preisgünstig zu reisen.

Der August begann, die Urlaubsreisezeit war in vollem Gange und wir stiegen in Dresden in einen der wie immer übervollen Züge nach Budapest, aber mit Platzkarte. Die Fahrzeit für die rund 800 Kilometer war laut Fahrplan für einen Tag und fast eine Nacht angegeben. Endlose Stunden für das Leben in einem engen, heißen Abteil, und den Schlaf auf rüttelnden Sitzen. Aber wir waren noch jung und das Ziel war verlockend: Zwei Wochen in einem Bungalow mit abendlicher Verpflegung am Plattensee und einem zweitägigen Aufenthalt in Budapest, mit einer Stadtbesichtigung auf der Rückreise.

Durchgeschwitzt und ein wenig übermüdet kamen wir mit unseren beiden Koffern nach fast 20stündiger Fahrt in einem kleinen Ort am Plattensee an. Kaum aus dem Zubringerbus gestiegen, empfing uns ohrenbetäubender Diskolärm und tanzende Jugendliche hüpften am grasbewachsenen Strand wild umher. So hatten wir uns den ersten Urlaubstag nicht vorgestellt, aber wir sind ja über Jugendtourist gefahren und da waren die Jugendlichen, losgelöst vom Alltag, laut und wild.

Meiner Freundin verschlug es die Sprache, sie hatte sich auch die Bungalows etwas komfortabler gewünscht und zum Abendbrot mussten wir einige hundert Meter laufen und wie in einer Betriebskantine das Essen fassen.

«Egal, jetzt sind wir hier, der Strand ist lang, bestimmt gibt es hier auch ein besseres, leiseres Plätzchen zum Sonnen. Wir müssen auch nicht in die Disko gehen, wenn wir nicht wollen», tröstete ich sie, glaubte aber selbst nicht wirklich daran, was ich eben sagte.

Am nächsten Tag packten wir unsere Badesachen und wollten uns auf den Weg machen, um uns am so gut gepriesenen Plattensee in die Sonne zu legen. Tiefe Stille empfing uns in der schon am Morgen glühenden Hitze. Vereinzelt waren ein paar Menschen zu sehen, aber von Jugendlichen keine Spur!

An dem kleinen pförtnerähnlichen Häuschen, da wo wir uns am Vorabend bei unserer Ankunft auch anmelden mussten und vor lärmender Musik kaum ein Wort verstanden, saß eine ältere Frau auf einem Klappstuhl und grüßte uns freundlich, aber auf Ungarisch. Wir grüßten freundlich zurück, in ihrer Sprache natürlich, denn die gängigsten Worte hatten wir schon im Zug gelernt.

«Verstehen Sie Deutsch?», fragte ich sie, um mich gleich etwas zu informieren, in welche Richtung wir am besten gehen sollten. Sie beherrschte ganz gut unsere Sprache und als erstes fragte ich, ob denn diese Disko hier jeden Abend stattfindet.

«Das war nicht Disko, das war Abschied und nach Hause heute zeitig von Schüler. Jetzt alle weg, auch Musik weg. Nur die Bungalows sind mit Menschen ruhig», erklärte sie uns und zeigte dabei auf die in einer Reihe stehenden fünf Holzhäuser. Eines davon hatten wir.

«Na bitte, wir sind fast allein hier am Plattensee. So schnell kann sich auf der Welt etwas ändern. Von einem Moment zum anderen», sagte ich stolz zu meiner Freundin.

Und es blieb auch so. Kein hemmungsloser Jugendlicher störte unsere Nächte, der Strand gehörte fast uns allein und beim Abendbrot nahmen wir das Tablett mit ans Wasser und genossen den Sonnenuntergang.

Nur der Plattensee selbst erschien mir nicht so, wie ich ihn mir vorgestellt hatte. So eine Strecke hierher zu fahren, für so eine dunkle warme Brühe, das verstand ich nicht. Wo war hier das Besondere? Jeder See in der Umgebung Dresdens oder Berlins wäre die bessere Wahl gewesen! Dazu kam noch, dass es kaum möglich war, im See zu stehen und dabei bis zum Hals im Wasser zu sein. Ich lief eine endlose Strecke im kniehohen Wasser und es wurde nicht tiefer. Dazu kam, dass es kaum eine Möglichkeit gab, im Schatten zu liegen. Der einzige Baum im Umfeld zeigte seine knorrigen freigespülten Wurzeln und die dürren Sträucher boten auch keinen Schutz vor der knalligen Sonne. Einen Sonnenschirm hatten wir nicht mitgenommen und ich konnte hier auch keinen ausleihen.

Schon am nächsten Tag hatte ich einen Sonnenbrand und setzte mich lieber auf die schöne hölzerne Terrasse an unserem Bungalow, las in einem Buch oder machte ein paar Skizzen in meinem Zeichenblock, der auf keiner Reise fehlen durfte.

Unsere Nachbarn hatten wir schon flüchtig gesehen, die wohnten Wand an Wand mit uns und diese Terrasse mussten wir uns teilen, die gehörte zu beiden Wohnungen. Der Mann des Ehepaars war mir sehr unangenehm, er war zwar schlank, sah aber aus wie ein dicker Genosse, der vom Kollektiv eine Reise für seine gute gesellschaftliche Arbeit bekommen hatte. Seine Frau war klein und zierlich, aber nicht so unangenehm wie er.

«Ich setz mich noch raus», sagte ich zu meiner Freundin, nahm wieder mein Buch, das mein Freund aus München mir in Berlin in der Apfelsinentüte mitgebracht hatte, griff auch meine neue Menthol-Zigarettenschachtel, die ich in Budapest beim Umsteigen auf dem Bahnhof kaufte, und machte es mir in der kühleren Abendluft bequem.

«Guten Abend, Sie deutsch?», fragte mich eine Stimme aus dem Bungalow und vor mir stand der Mann aus der Nachbarwohnung.

Ich hörte einen mir bekannten Akzent, den ich aber nicht gleich einordnen konnte und antwortete kurz: «Ja, ja, ich spreche deutsch.»

Diese Störung hatte ich nicht erwartet und wollte eigentlich in Ruhe lesen und so musste ich, egal wie, versuchen, ihn schnell abzuservieren, bevor er auch noch seine Frau nachholt.

«Wo sind Sie denn her?», kam seine nächste aufdringliche Frage, «etwa auch aus Rostock?»

Ich klappte mein dickes Buch zu, ließ aber meinen Daumen zwischen den Seiten, in denen ich gerade las und sagte zu ihm in übel gekünsteltem Ton: «I komm' aus der Schwiez.»

«Ach, wir haben uns gleich gedacht, dass Sie beide nicht aus der DDR sind, aber woher Sie kommen, dass hätten wir nicht erraten. Na, da wird sich meine Frau aber freuen, dass wir wenigsten ein bisschen Recht hatten!», redete er los und setzte fort: «In der Schweiz, haben Sie da auch solche Seen, da sind doch nur Berge, oder? Ich war ja noch nie da, geht eben nicht. Vielleicht später mal, wir sind aus der DDR, aus Rostock. Das liegt an der Ostsee, ganz oben im Norden», setzte er mit verhaltener Stimme fort und schien dabei zu überlegen, ob er das, was er mir eben erzählte, auch sagen darf.

Hier hatte ich mir was eingebrockt! Wie soll ich aus diesem Schwiez-Dilemma wieder rauskommen? Der Rostocker von ganz oben aus dem Norden machte keine Anstalten wieder zu gehen, sondern setzte sich auf einen der sechs Stühle und drückte mir wieder sein Gespräch auf: «Hier, das sind Zigaretten aus der DDR, die rauche ich am liebsten, die Warnow. Ich sehe gerade, Sie haben Mentholzigaretten. Sind die aus der Schweiz?»

Meine Ahnung war richtig, er wollte mal eine von meinen Zigaretten rauchen und vielleicht auch etwas über die Schweiz erfahren, von einem echten Schweizer eben!

Meine Stimme musste ich verstellen und krampfhaft versuchen, keinen Fehler zu machen, damit dieses ganze von mir eingerührte und als Witz gedachte Theater nicht peinlich auffliegt!

«Ja, bitte, nehm's Sie sich eine, die hab' i' aber in Budapescht gekauft, sind nicht aus der Schwiez», sprach ich in eben erfundenem albernen Schweizer-Deutsch und reichte ihm die Schachtel. Er bot mir im Tausch eine Warnow an, die ich aber ablehnte, weil ich angeblich wegen meiner Frau nicht so viel rauchen soll.

Jetzt bekam ich es aber mit der Angst zu tun. Was wäre, wenn er mich nach der Schweizer Regierungsform fragen würde, oder mein Schweizer Geld sehen möchte und über den Umtauschkurs etwas wissen will – oder wissen will, in welcher Stadt ich lebe und ob alle Kühe auch im Winter ihre Glocken um den Hals zu hängen haben?

Von all dem hatte ich auch keine Ahnung und hätte nur Unsinn erzählen können. Über die Schweiz wusste ich so gut wie nichts. Außer das, was alle wissen: Berge, Schnee, Alm, gesunde Kühe und staatliche Neutralität.

Ich musste unsere Bekanntschaft für diesen Tag abrupt beenden, bevor ich in eine Falle tappte! Am besten geht das, wenn ich ihm die angefangene Packung Menthol-Zigaretten schenke, und mich davon mache, dachte ich.

«So, i mus' jetzt rei', das war schön, mit Ihnen zu rede. Möchtens die Zigaretten haben, i hab' noch welche im Zimmer», sagte ich, stand auf und verabschiedete mich mit einem freundlich-falschen Wink.

Wieder im Zimmer erklärte ich hastig, was mir da so passiert war und meine Freundin begann schallend laut zu lachen. Sie malte sich unter Tränen aus, wie ich das in den nächsten Tagen weiter durchstehen will, das mit meiner neuen Staatsangehörigkeit.

«Denk dran, du bist ab heute auch aus der Schweiz und hast das gleiche Problem wie ich. Aber vielleicht fahren die auch bald nach Hause und wir treffen die beiden im nächsten Jahr zufällig in Rostock wieder, bei einem FKK-Urlaub», musste ich noch klarstellen und da kullerten auch mir die Lachtränen übers Gesicht.

DER KAMMERJÄGER

«Gestalten Sie eine Tetrapack-Milchtüte für Schokomilch oder Vanillemilch. Plastisch, so wie das Produkt dann im Laden zum Verkauf angeboten wird. Diese Verpackung kennen Sie ja schon. Die Maße dafür habe ich Ihnen hier aufgeschrieben. Inhalt: ein viertel Liter, Zeit dafür haben Sie vier Wochen», mit diesen Worten verließ unser Dozent am frühen Morgen den Raum und unseren Köpfen ließ er freien Lauf!

Wir Studenten quasselten erst einmal, erzählten uns das Wichtigste des letzten Abends – wer, was, warum gemacht oder erlebt hat. Eilig hatten wir es nicht, denn die Fertigstellung des Entwurfs hatte vier Wochen Zeit. Ich empfand es als eine sehr interessante Aufgabe, so einen Milchbehälter, den es – außer den Schläuchen aus Folie – schon lange in der DDR für verschiedene Milchsorten oder auch für Kaffeesahne im Handel gab, zu entwickeln.

Bei den verschiedenen Aufgabenstellungen in meinem Studium hatte ich mit der vorgegebenen Zeit ein Problem, denn ich kannte einen älteren Grafiker aus Dresden, der immer nur von engen Terminen sprach: kaum hatte er den Auftrag bekommen, wollten die Auftraggeber auch schon sehen, was er zu bieten hatte. Und jetzt bekamen wir vier Wochen Zeit, ein Tetrapacktüte zu kreieren! Für eine Entwurfsarbeit vor einiger Zeit – einen Verpackungsbogen für Kaufhäuser – waren sogar sechs Wochen vorgegeben. Ob da die Praxis der Realität nahe kommt? Diesen Gedanken zu Ende zu denken war jetzt nicht nötig. Wenn ich dann im nächsten Jahr eine feste Stelle habe, werde ich schon alle Termine einhalten. Darüber war ich mir sicher!

Doch heute nahm ich wieder meinen A3-Block und begann ein paar Ideen für die Tüte zu skizzieren. Dabei überlegte ich, ob es nicht sinnvoller wäre, erst eine Tüte zu kaufen, auszutrinken, sauber an den Klebestellen zu trennen um mir über das Prinzip dieser Verpackung ein eindimensionales Bild zu machen. Und so holte ich am Abend in der Kaufhalle in der Schönhauser Allee einen viertel Liter Vanillemilch und einen viertel Liter Schokomilch. Nicht zum Vergnügen, sondern zu Studienzwecken!

Ein paar Skizzen machte ich doch schon, nur damit mir keine spontanen Ideen verloren gehen. Als das erste Blatt fast voll war mit kleinen Skizzen, da juckte es mir am Knöchel des rechten Fußes und gedankenversunken fasste ich in die Socke und kratzte, um den Juckreiz zu stillen. Aber je mehr ich kratzte, desto wilder juckte meine Haut und ich spürte, dass da an meinem Fuß schon alles ziemlich wund sein musste! Da half nur noch nachzusehen.

Im Studienraum wollte ich das nicht machen, das war nicht der Ort, um anderen meine geschundene Haut zu zeigen. Ich ging auf den leeren Flur in Richtung Tischtennisplatte, stellte meinen Fuß auf den Heizkörper am Fenster, schob mein Hosenbein etwas hoch, die Socke rollte ich nach unten und da sah ich schon das wunde Gelenk! Überall hatte ich große rote pickelartige Stellen, die jetzt alle gleichzeitig anfingen zu jucken.

Die nach unten gerollte Socke zog ich am Rand etwas vom Fuß weg und ein kleiner dunkler Punkt sprang in hohem Bogen in den Flur. Gleich darauf sprang der nächste, aber der landete auf meinem Hemd. Wer konnte so weit und so schnell springen? Was hatte ich in Biologie gelernt? Wenn ein Mensch im Verhältnis zur Größe eines Flohs springen könnte, dann wäre die Flugbahn eines Menschen fast einen Kilometer lang! So oder so ähnlich wars, konnte ich mich trübe erinnern.

Dann waren das eben Flöhe! Was sonst? Bei diesem Gedanken wurde mir komisch, denn ich konnte mir nicht vorstellen, woher diese Flöhe kamen. Hatte nur ich die am Fuß? Oder hatte jeder meiner Kommilitonen einige und sagte nur nichts? Vermehren Flöhe sich eigentlich schnell? Gibt es ein Mittel dagegen, das man kaufen kann ohne gleich in eine Siechenstation eingeliefert zu werden?

Der linke Knöchel begann nun ebenfalls zu jucken und am Bauch spürte ich plötzlich auch, dass sich da etwas bewegt unter meinem Hemd. Trotzdem, ich musste wieder zurück ins Zimmer, egal wie das ausgeht. Vielleicht waren es auch nur die drei Flöhe die ich gesehen hatte, und die sind in der S-Bahn auf mich gesprungen, weil ihnen meine Socken so gut gefallen haben und sind dann hinterhältig auf meine Kosten ein Stückchen mitgefahren.

Egal, was ich vermutete, nur schnell nach Hause und meinen Körper ganz penibel von oben bis unten absuchen. Eine Drogerie war um die Ecke in der Stargarder Straße, vielleicht könnten die mir später helfen, für Hunde gab's ja auch ein Mittel gegen Flöhe.

Unruhig und zügig fuhr ich schon am frühen Nachmittag mit einer fadenscheinigen Entschuldigung nach Hause, überquerte meine beiden Höfe hastig und hatte das Gefühl, jeder, der aus dem Fenster sieht weiß, dass ich voller Flöhe bin und schadenfroh über mich lacht.

Wohnungstüre zu, Küchentüre zu und auch die immer ein wenig klemmende Wohnzimmertür zog ich fest ins Schloss. Dann schlug ich die Bettdecke zurück, stellte mich auf das weiße Laken um die dunklen Flöhe besser sehen und fangen zu können und begann mich auszuziehen.

Schon als ich meine Hosen runterzog und dann mein Hemd aufknöpfte, sprangen einige Flöhe aufs Laken. Die waren aber nicht so klein, wie ich sie schon gesehen hatte, die waren groß wie eine Streichholzkuppe und tiefbraun. Einen konnte ich fangen, zerdrückte ihn mit den Fingernägeln und hatte mein eigenes Blut an den Fingern. Die waren prall gefüllt, meine Flöhe!

Ich schmiss hastig die Decke von der Bettkante, zog mich schnell ganz aus, schüttelte meine Sachen, sprang herunter und schlug das Laken zu einem engen Knäuel, verknotete die Enden fest um keinen einzigen Floh entfliehen zu lassen!

In der Küche wusch ich mich von oben bis unten und schmierte auf die zerkratzten Stellen an den Füßen und am Bauch meine Lieblingssalbe, die ich schon vor vielen Jahren in Dresden erfolgreich gegen meine Pubertätspickel eingesetzt hatte: Pyolisin. Zurück im Wohnzimmer, nahm ich frische Wäsche aus meinem Schrank, zog mich an und fühlte schon wieder den nächsten Floh am Körper. Meine Wohnung war voller Flöhe! Egal wohin ich sah, überall sprang so ein munteres saugfreudiges Kerlchen durch die Luft und wollte mein Blut. Ich war fassungslos!

Soll ich das Fenster öffnen? Springen die dann eventuell raus in mein Gärtchen oder kommen einige von draußen rein in die gute Stube? Ich ließ es geschlossen.

Als es dunkel wurde, nahm ich mein Lakenbündel, legte es auf meine Rasenfläche, wickelte meine Sachen aus und schlug sie gegen die Teppichklopfstange, in der Hoffnung die Flöhe schlagen sich die Köpfe ein oder verschwinden für immer. Sehen konnte ich nichts, aber ich hoffte auf einen guten Erfolg.

Zwei Tage später, ich hatte mehr Flöhe als ich verkraften konnte, war an den Beinen bis zu den Knien und am Bauch vollkommen zerbissen, da klingelte es an meiner Wohnungstüre. Bekannte würde ich mit einer Ausrede schnell wieder nach Hause schicken, Fremde mussten nicht reinkommen, also öffnete ich.

«Guten Abend, Herr Schwalbe. Ich muss Sie mal kurz sprechen. Sie wissen bestimmt, was hier im Haus los ist, vielleicht hat Sie es auch schon erwischt. Keine Wohnung ist verschont geblieben, wir haben alle Flöhe!», sagte meine Hausbesitzerin in tragischem Tonfall zu mir.

Sie stand ziemlich missmutig vor meiner Tür und fragte auch gleich nach: «Haben Sie auch welche? Die Parterrewohnungen hat es als erste erwischt. Ihre Nachbarn gegenüber sind völlig verwanzt und verfloht. Und das nicht zum ersten Mal! Über alles andere in dieser Wohnung will ich gar nicht sprechen. Ich habe für Morgen einen Kammerjäger bestellt. Der sprüht auch die Wände außen ab. Lassen Sie die Fenster zu, wenn Sie nicht da sein sollten», erklärte sie mir diese üble Situation.

«Ja, ja, ich hatte auch schon einen Floh, eigentlich mehrere, aber dass die von gegenüber kommen, das habe ich nicht geahnt», sagte ich erleichtert, weil ich jetzt als Verursacher ausschied, ich gehörte zur Gruppe der vielen Auserwählten.

Meine Hausbesitzerin verabschiedete sich und ich nahm mir vor, am nächsten Tag sicherheitshalber zu Hause zu bleiben, vielleicht muss in meiner Wohnung auch gesprüht werden.

Aber erst einmal nahm ich mein Lexikon aus dem Bücherregal und schlug nach unter 'Kammerjäger'. Was ein Kammerkonzert ist, wusste ich schon, was Kammerdiener und Kammerzofen sind auch. 'Kammerjäger' hatte ich noch nie gehört, jetzt wusste ich es genau. In Berlin lernt man eben immer eine Kleinigkeit fürs Leben dazu! Da habe ich in Dresden wieder was zu erzählen, dachte ich – oder lieber doch nicht, das könnte meinem Ansehen schaden!

Die Wohnung mir gegenüber wurde von einem alten Ehepaar bewohnt. Die hatten auch nur Stube und Küche, aber eine Innentoilette. Die Wohnungstür war im Durchgang vom ersten zum zweiten Hinterhof, sodass jeder, der in meinen Hof ging, an der Tür der mit Flöhen und Läusen versauten und auch sonst verwahrlosten Wohnung nah vorbei gehen musste. Und wer nicht rannte, wurde als Landepiste für die kleinen hartnäckigen Beißer benutzt!

Dass diese beiden Mieter nicht die saubersten waren, das wusste ich schon, es war nicht zu übersehen. Fast jeden Tag hängte die Frau die vollgepinkelten uralten Trainingshosen ihres Mannes zum Trocknen auf. Die waren aber nicht gewaschen, die trockneten nur den Urin ab. Und diesen Anblick genoss ich ungefragt fast jeden Tag vor meinem Fenster!

Der Kammerjäger kam mit einem Gehilfen und sprühte erst in der Wohnung der beiden und anschließend die Hausfassaden aller Höfe bis zum ersten Stock. Meine Flöhe waren erst am übernächsten Tag verschwunden und schon eine Woche später war auch meine Haut fast so glatt wie vorher. Ich konnte mich wieder entspannt und ungezieferfrei unter meine Mitmenschen mischen.

BESUCH AUS NIEDERLEHME

Den Ortsnamen Niederlehme hatte ich vorher noch nie gehört, aber jetzt wurde er mir sehr vertraut, denn mein Bruder machte dort seinen dreijährigen NVA-Dienst in der Abteilung Nachrichten-KFZ – er ging zur 'Fahne', wie wir sagten. Anschließend, wieder ins zivile Leben zurückgekehrt, wollte er unbedingt in die Auto-Branche einsteigen, aber jetzt erst einmal einen Haufen Geld in kurzer aber nicht so einfacher Zeit verdienen. Beides hatte er nach den drei Jahren auch tatsächlich erreicht: ein dickes Konto und eine Stelle als KFZ-Sachverständiger!

Niederlehme ist von Berlin nicht weit entfernt, fast mit der S-Bahn zu erreichen. So hatte mein Bruder öfter mal Ausgang nach Berlin beantragt, zu mir. Er kam immer in Uniform – so war es Pflicht und deshalb war das Erscheinungsbild der DDR ein Land voller Uniformierter – ihm war das egel, Hauptsache er konnte ab und zu die Kaserne verlassen und die zivile Luft schnuppern.

«Ich komme am Freitag so gegen 18 Uhr zu dir, muss aber pünktlich früh um sieben zum Dienst wieder in der Kaserne sein», das schrieb mir mein Bruder auf einer Postkarte. Die Rückfahrt nach Niederlehme abgezogen, hatten wir elf Stunden Zeit zu reden, zu trinken, zu essen. Über ein Wiedersehen außerhalb der üblichen Feiertage in Dresden freuten wir Geschwister uns immer!

Einzukaufen gab es viel, denn ich hatte keinen Kühlschrank und mein Leben wurde ohne große Vorratswirtschaft betrieben. Konserven natürlich ausgenommen, davon lagerten ausreichend viele in meiner 'Speisekammer' unter dem Küchenfenster. Dafür sorgten meine Eltern bei jedem Besuch in Dresden liebevoll. Im Winter übernahm sie die Funktion eines Kühlschranks, da drin war es dann nur etwas wärmer als draußen.

Mein Bruder sollte eine kleine Abwechslung zum Armeefutter bekommen. Also führte mich mein erster Gang zum Fleischer. Ich kaufte Fleischsalat, Jagdwurst, etwas gekochten Schinken und vier Schnitzel. Wie Schnitzel zubereitet werden, das hatte ich früher bei meiner Mutter ausreichend beobachtet, Schnitzel gab es oft bei uns.

Im großen HO-Selbstbedienungs-Laden in der Schönhauser Allee an der Ecke zur Stargarder Straße bekam ich alles weitere für einen satten Abend: ein Weißbrot, Vita-Cola, Eier und geriebene Semmeln für die Panade der Schnitzel, Butter, Ketchup, Halberstädter Würstchen im Glas, Worchester-Sauce und natürlich auch den Alkohol.

Ich hatte den gleichen Geschmack wie mein Bruder, wenn es um Alkoholisches ging. Eigentlich hatten alle den gleichen Geschmack in dieser Zeit, mit kleinen Abweichungen von Mensch zu Mensch.

In meinen Einkaufskorb legte ich zwei feuchtfröhliche Flaschen KiWi – das war der süße, klebrige Kirsch-Whisky-Likör aus der noch bis 1972 privaten Berliner Spirituosenfabrik Schilkin. Eine Flasche davon hätte bestimmt auch gereicht, aber sicher ist sicher!

Immer, wenn ich in dieser großen Kaufhalle meine Lebensmittel besorgte, musste ich beim Rausgehen einen Blick von außen auf die Fassade werfen. Dieses Haus war ein zurückgesetzter Neubau in einer Bombenlücke und die Wohnungen in den einzelnen Etagen hatten es mir angetan! Ich hatte zwar noch keine von innen gesehen, aber ich wusste, dass die zwei Zimmer hatten, mit Balkon zur Südseite, Küche und Bad. Besonders hatte es mir der Blick von den Balkons angetan, von dem ich nur vermuten konnte, wie grandios der war, denn direkt davor, in der Mitte der Schönhauser, fuhr ja die U-Bahn auf dem berühmten Viadukt. So stellte ich mir eine Großstadt vor, in der ich leben wollte – unten auf breiten Straßen die vielen Autos, daneben die Menschenmassen und die Geschäfte, in der Mitte die U-Bahn, ganz oben die Flugzeuge! Heute bin ich froh, wenn vor meinen Fenstern oder meinem Balkon nichts von alldem zu sehen und zu hören ist!

Nach meinem Einkauf wieder zu Hause angekommen, machte ich mich als erstes an die Eier. Dafür kannte ich ein wunderbares Rezept, das ich vor kurzem auf einem Besuch bei Bekannten entdeckte: da lagen in einer Schale fast zwanzig Eierhälften und die schmeckten mir vorzüglich. Die Gastgeberin klärte mich auf meinen Wunsch hin auf, wie die Dinger gemacht werden. So mussten die mir heute auch gelingen!

Ich legte acht Eier zum Hartkochen in einen Topf, kühlte sie anschließend in kaltem Wasser und dann musste ich sehr vorsichtig die kalten Eier mit einem Messer der Länge nach halbieren, nur die Schale durfte dabei nicht zerbrechen. Dann nahm ich – wieder sehr vorsichtig – die gekochten Hälften aus den Halbschalen und legte sie in eine kleine Schüssel. Dazu kamen einige Spritzer Worchester-Sauce, etwas Salz, Pfeffer und einen Esslöffel Tomatenketchup. Das Ganze zerdrückte ich erst mit einer Gabel in grobe Stücke, zog meinen Zauberstab aus dem Wandhalter und zerkleinerte die gewürzten Eier zu einem Mus.

Das Mus füllte ich mit einem Teelöffel – wieder sehr vorsichtig – in die Eierschalenhälften und legte die Eier mit der gefüllten Seite auf die Pfanne zum Braten.

Ich muss zugeben, ich habe nur so viel genascht bei dieser Aktion, dass die Menge, die sich durch die Zutaten etwas erhöhte, wieder die Eierhälften füllte. Ehrlich!

Schnell war der Nachmittag vorbei, ich hatte alles angerichtet, und bald würde mein Bruder vor der Türe stehen und sich auf einen schönen Abend freuen. Zu erzählen gab es viel, sein Armeeleben war bestimmt in jeder Beziehung facettenreicher, aber auch trister als mein Studentenleben, oder auch nicht, das würden wir sehen!

Pünktlich wie immer kam er auch schon über den Hof gelaufen. Langsam, die Schirmmütze etwas nach hinten geschoben, und als die Türe zum Haus zuschlug, klingelte es auch schon an meiner Wohnung. Die Wiedersehensfreude war groß und als erstes drückte mein Bruder mir eine Flasche in die Hand: jetzt hatten wir beide es mit drei Flaschen KiWi zu tun, zwei hatte ich ja schon gekauft.

«Das kann ja ein schöner Abend werden», sagte ich lachend und stellte die Flasche zu den anderen beiden auf den Tisch.

«Na, wie gehts so bei der Fahne, was gibts Neues, wir haben uns lange nicht gesehen, ich glaube zu Ostern das letzte Mal bei den Eltern», fragte ich interessiert und mein Bruder begann zu erzählen. Aber erst füllte ich die Gläser, wir stießen an und der süße KiWi klebte uns auf der Zunge.

«Was meinst du, was ich schon für Geld gespart habe, mein Sparbuch wird immer dicker. Ich brauch doch nichts, kein Geld fürs Essen, keins für die Kleidung und keine Miete. Wenn ich wieder Zivilist bin, kaufe ich mir ein Auto, am liebsten einen 52er Opel Kapitän, den mit dem Buckel, da hab ich schon mal einen in einer Zeitungsanzeige gesehen», erklärte mein Bruder freudig und erzählte weiter: «Der hat ein 3-Gang-Getriebe und dieses Getriebe haben die Russen für ihren GAS-Jeep nachgebaut, das passt also auch beim Opel, wenn es mal seinen Geist aufgeben sollte».

Ich wollte bald einen VW-Käfer haben, aber dass unsere Wünsche auch wahr werden könnten, ahnten wir beide an diesem Tage nicht.

Zum Trinken soll man viel essen, das wussten wir Geschwister schon aus Polen. Dort lassen die Gastgeber das Essen auf dem Tisch und jeder schiebt sich im Laufe des Abends etwas in den Mund, sodass der Alkohol nie allein im Magen ist. In Deutschland ist das bis heute etwas anders: da wird schnell gegessen, alles abgeräumt und dann wird der Alkohol serviert. Obwohl sich langsam auch hier die Sitten zugunsten einer besseren Ess- und Trinkkultur verändern. Nur, wie man das Besteck hält, das Messer und die Gabel in der rechten oder linken Hand, das ist vielen im Zeitalter des Fastfood heute nicht mehr ganz klar!

Wir aßen genussvoll meine leckeren Sachen, besonders die halben Eier sind mir so gelungen, wie ich sie kannte und wir tranken dazu den KiWi-Alleskleber. Mein Bruder hatte mit vollem Mund viele Begebenheiten aus seinem Funker-Auto-Soldatenleben zu erzählen, die er in Dresden bei unseren Eltern sicherlich nicht erzählt hätte, und ich rühmte mich mit dem blutenden Betrunkenen vor meiner Türe, meiner Ratte in der Küche, mit der plötzlichen Flohinvasion und meinen neuen Erkenntnissen zum perfekten Ofenheizen.

Uns rollten unaufhörlich vor Lachen die Tränen – so wie früher, als wir noch Kinder waren und meist nicht wussten, worüber wir eigentlich lachten. Das ging den ganzen Abend so und immer wieder fiel einem von uns ein neuer politischer Witz ein.

Obwohl die Hausfassaden grau waren, das Angebot in den Kaufhallen nicht so üppig wie im Westen, obwohl ich 'nur' nach Polen, Ungarn, Bulgarien, Rumänien, in die Tschechoslowakei und in die Sowjetunion fahren durfte, hatte ich nie trübe Gedanken an die Zukunft oder an eine finanzielle Not im Kopf! Ich lachte sehr, sehr viel!

Erst nach der 'Wende' verging mir schnell das Lachen, trotz voller Läden, trotz offen stehender restlicher Welt. Und wenn die mir zustehenden Zahlungseingänge nicht eingingen, die Abbuchungen aber pünktlich erfolgten und wenn verschiedene selbsternannte Verbände mir ihre Zwangsmitgliedschaft überhalfen, um zu kassieren, dann gab es nur wenig zu Lachen in meinem neuen Leben!

«Du, ich muss noch die letzte S-Bahn nach Königs Wusterhausen bekommen, wann fährt die eigentlich?», fragte mein Bruder so gegen ein Uhr nachts.

«Keine Ahnung, aber ich glaube die letzte fährt so gegen 4 Uhr früh», meinte ich unsicher und mein Bruder, der pünktlich um sieben zum Dienst in Niederlehme antreten musste, stand langsam auf. Das heißt, er versuchte aufzustehen. Ich versuchte es auch, aber der KiWi hatte sich in unseren Köpfen eingenistet und an die Beine den Befehl erteilt, jede anstrengende Tätigkeit strikt abzulehnen.

Je schwerer es uns fiel gerade zu stehen, umso mehr mussten wir wieder lachen. Meinem Bruder gelang es aber, auf allen vieren zur Wohnungstür zu kriechen, sich dort an der Klinke hochzuziehen, seine Uniformjacke anzuziehen und, nach vielen Dankes- und Lobesworten für den schönen Abend, schwankend auf die Dunckerstraße zu gelangen. Ich schlief sofort ein, nachdem ich alles noch Essbare schwankend in den kühlen Unterschrank in der Küche gelegt hatte.

Das Wochenende begann für mich bedeutend ruhiger als sonst, der KiWi verabschiedete sich nur sehr langsam aus meinem Körper und schon bald startete eine neue Woche, mit neuen Herausforderungen und neuen Erlebnissen.

Einige Tage später bekam ich einen Brief von meinem Bruder. Er beschrieb darin seinen langen Weg von mir zurück in die Kaserne: «Früh um fünf kam der Zug in KW an, ich stieg aus, setzte mich auf die Bank auf dem Bahnsteig, denn ich sah das Schild Königs Wusterhausen vor mir und wollte auf den Zug dahin warten. Das war früh um vier. Nach einer Stunde begann ich mich zu wundern, warum kein Zug nach Königs Wusterhausen kommt und fragte dann im Bahnpersonalhäuschen auf dem Bahnsteig nach. Die meinten zu mir, sie hätten sich schon gewundert, warum ich so lange hier sitze und nicht nach Niederlehme laufe, wie alle anderen Soldaten auch. Da bekam ich erst mit, dass ich schon in Königs Wusterhausen war und nur noch eine knappe Stunde – sechs Kilometer – zu laufen hatte. Ich kam fast nüchtern und pünktlich zum Dienst in der Kaserne an, so wie sich das gehört, denn Schnaps ist Schnaps und Dienst ist Dienst!»

3. OKTOBER 1969

Das Jahr 1969 war für mich voller historischer Ereignisse: Erst die Mondlandung im Juli, im September mein 26. Geburtstag und im Oktober die Eröffnung des Berliner Fernsehturms! Also, ein Jahr voller Höhepunkte!

Die Menschen vom Mond waren wieder zu Hause, meinen Geburtstag hatte ich ausgiebig gefeiert und jetzt stand nur noch die Eröffnung des Fernsehturms an. Das war schon eine Sensation – ein riesiger schlanker Turm mit einer silbernen Kugel in der Mitte einer Großstadt! Ich glaube, so etwas hatte es bis dahin noch nicht gegeben, dass ein solches Bauwerk mitten in eine Stadt gesetzt wurde. Heute wundert sich darüber keiner mehr, die meisten Türme werden in die Zentren des Lebens gesetzt.

Ich sah seit meinem Studienbeginn 1967 den Turm am Alexanderplatz unaufhörlich in die Höhe wachsen und heute – am 3. Oktober 1969 – war die Inbetriebnahme und vier Tage später, am 7. Oktober die feierliche Eröffnung. Ich wurde zwar nicht eingeladen, aber die gewaltige Höhe von 365 Metern war auch von außen sehr imposant. Er ist bis heute das höchste Bauwerk Deutschlands und das vierthöchste in Europa. Da hat es sich die DDR einiges kosten lassen, das Image des Landes zu polieren.

Mit dem Bau des Fernsehturms wurde auch das Umfeld zum Roten Rathaus, zum Alexanderplatz, der Karl-Liebknecht-Straße und der Mollstraße großzügig ausgebaut. Breite Straßen mit vielen Läden entstanden, Springbrunnen und Parks umgaben diesen Turm.

Die silberne Kugel hatte es mir angetan! Ich fand diese Idee grandios, denn alle anderen Fernsehtürme, die ich von

Abbildungen her kannte, hatten immer ähnliche konische Formen für ihre Restaurant- und Aussichtsebenen. Hier in Berlin zeigten die Architekten, dass es noch andere Möglichkeiten gibt, und dass auch die Außenhülle interessant gestaltet werden konnte.

Mein Besuch in der Kugel des Turms war also bald fällig! Den musste ich auch von innen sehen und vor allem wollte ich mal einen Blick in den West-Berliner Teil dieser Stadt werfen. Wie sah es dort aus? Wie liefen die West-Berliner durch ihre Stadt? Wie hell war es dort in der Nacht? Wie voll waren die Straßen in der Mittagszeit? Wie stellte Ulbricht sich das eigentlich vor, wenn jeder DDR-Bürger für ein paar Mark Eintritt in den Turm plötzlich freie Sicht in den Westen hat? Konnte man überhaupt etwas erkennen aus dieser Höhe?

Mein erster Versuch an einem Sonnabendnachmittag Ende Oktober, in die Höhe zu fahren, scheiterte an den Menschenmassen, die schon vor mir da waren. Aus der ganzen Republik kamen sie angereist, alle Zeit der Welt brachten sie mit und den festen Willen, ohne einen Blick vom Telecafè aus 203 Metern, oder aus 207 Metern von der Aussichtsplattform auf die Stadt, nicht nach Hause zu fahren. Diese Schlange vor dem Eingang wird wohl immer so bleiben, vermutete ich und nahm mir vor, an irgendeinem Tag ohne Zeitdruck auch anzustehen – und wenn der ganze Tag dafür geopfert werden musste! Wie sollte ich wieder nach Dresden fahren und als letzter Sachse nicht auf dem Fernsehturm gewesen sein.

Dieser Tag kam. Die Sonne schien schon am Morgen, aber es war trotzdem etwas diesig, nicht optimal für einen Fernblick, dachte ich mir. Doch schon nach drei Stunden

Wartezeit, die schnell verging, weil ich den Nichtberlinern vor und hinter mir viel über diese Stadt erzählen sollte, obwohl ich selbst nicht viel wusste, hatte ich den großen Innenraum betreten und von da aus ging es langsam zu den Fahrstühlen. Schon die Fahrt nach oben war ein Genuss. Der Fahrstuhlführer erzählte kurz die wichtigsten technischen Daten, während alle Besucher mehrmals schlucken mussten, um den Druck in den Ohren auszugleichen. Dann stand ich endlich im Aussichtsgeschoss!

Das Bild, das sich mir bot, war umwerfend. Ich musste mich erst kurz orientieren, wo welches Stück Berlins lag und nahm mir vor, im Osten anzufangen und mich dann langsam im Kreis überraschen zu lassen.

Der Prenzlauer Berg und Weißensee zeigten sich als ein Häusermeer, unterbrochen von großen grünen Flächen und direkt unter mir auf dem Alex sah ich eine Menge ameisenähnlicher schwarzer oder farbiger Punkte, die sich anscheinend unkontrolliert in alle Richtungen bewegten. Zum ersten Mal bemerkte ich auch, dass da ein großes spiralförmiges Ornament am Boden war, das ich als Fußgänger aus meiner Augenhöhe so nicht wahrnehmen konnte.

Über die Karl-Marx-Allee ging mein Blick zum Haus des Lehrers und von der Kongresshalle weiter zur Jannowitzbrücke und dann wollte ich auch schon schnell den Westen sehen. Bis dahin war es nicht mehr weit – ein kleines Stück Mauer blitzte ab und zu durch eine Häuserlücke und dann war ich in Kreuzberg!

Zu meiner Überraschung sah ich dort auch nur Altbauten und konnte nichts Aufregendes entdecken. Schon zwei Fenster weiter in der Kugel lag unter mir die breite Straße Unter den Linden. Das Brandenburger Tor und die weit entfernte Siegessäule in der Verlängerung als Straße des 17. Juni waren schon nicht mehr so klar zu erkennen. Ringsum sah ich nur viel Grün: das war der Tiergarten.

Den Kurfürstendamm wollte ich unbedingt sehen, suchte ihn aber vergeblich. Nur der Mercedesstern auf dem Europacenter – der drehte sich in unscharfer Ferne – und die Gedächtniskirche waren zu sehen, zwei markante Punkte. Den Funkturm konnte ich nur erahnen, denn dort war im milchigen Dunst die Welt schon zu Ende.

Die Aussicht insgesamt war berauschend, aber für Ulbricht und seine Bürger, so schien es mir, war diese Aussicht keine Gefahr. Nachts wird es sicher in westlicher Richtung etwas heller sein, das wollte ich später einmal, vielleicht mit meinen Eltern, eine Etage höher im Café erleben. Dieses Café drehte sich in einer Stunde einmal um 360°, sodass die Besucher bei Kaffee und Kuchen einen einmaligen Rundblick genießen konnten.

Ich hatte alles gesehen und wollte mich schon an den vielen Menschen vorbei wieder zum Fahrstuhl begeben, da kam eine junge schöne Frau mit ihrem kleinen, vielleicht fünfjährigen Mädchen an der Hand zu einem der schrägen Fenster und das Mädchen rief laut, aufgeregt und ein wenig fordernd: «Na Mutti, wo ist denn nun eigentlich der Westen?»

Alle Köpfe der in die Weite starrenden Besucher drehten sich jetzt auf das Kind und sie schmunzelten oder lachten laut. Die Mutti musste jetzt den geografisch-politischen Wissensdurst ihrer Tochter stillen!

MANNIX

Immer öfter war ich nicht allein in der Wohnung. Meiner Freundin gefiel Berlin bei jedem Besuch besser und sie kündigte an, sich hier um eine Stelle als Kosmetikerin zu kümmern. Na ja!

Die Arbeitsstelle war schneller gefunden als ich vermutete: In der Schönhauser Allee, dort, wo ich meiner ersten Vermieterin aus der Bornholmer Straße selbstlos die Türe aufgehalten hatte, konnte sie schon einen Monat später anfangen – im Kosmetiksalon. Jetzt wohnten zwei Erwachsene im Stube-Küche-Hinterhof-Parterre.

Wir verstanden uns gut mit unseren neuen Bekannten Bibby und Klaus aus der Lychener Straße. Das begann ja schon mit der langen Nacht der Mondlandung! So ein Treffen sollte also aus gutem Grund öfter mal stattfinden, auch wenn nichts auf dem Mond oder der Erde los ist, schlugen die beiden vor und luden uns für den kommenden Freitag zum Abendbrot ein.

Auf diesen Freitag freute ich mich sehr und besonders auf das gute Essen! Mitbringen sollten wir nichts, vielleicht etwas Alkoholisches oder einfach nur Bier. Ich trank kein Bier und konnte die Leute auch nicht verstehen, die sich eins nach dem anderen reinschütteten und es sofort auf der Toilette wieder ins Freie ließen. Aber – jeder sollte bekanntlich nach seiner Fasson selig werden!

In meinen Kachelofen heizte ich kräftig ein, es war der 12. Dezember 1969, ein besonders kalter Tag und es konnte noch kälter werden in den nächsten Tagen, das prophezeiten die Wetterfrösche der Tagesschau. Wenn wir dann weit nach Mitternacht wieder nach Hause kommen, sollte es angenehm warm sein und eigentlich auch bis zur Mitte des Sonnabends anhalten. Wie man heizen muss, das hatte ich inzwischen schon perfekt begriffen.

Das Abendbrot bei Bibby und Klaus war so gut, wie ich es vermutete. Der Eierlikör auch. Wir lehnten uns satt zurück und die Tagesschau der ARD läutete mit ihrem Gong den Abend ein. Die Nachrichten begannen gleich mit einer schlimmen Meldung, die so gar nicht in unser harmonisches Treffen passte: Vor der Geschäftsstelle der Landwirtschaftsbank an der Piazza Fontana in Mailand explodierte eine Bombe. Vierzehn Menschen starben sofort, über einhundert Menschen wurden dabei verletzt. Das war ein Teil einer Anschlagsserie, die schon am 25. April 1969 begonnen hatte – am Tag der Befreiung Italiens vom Faschismus.

Wir waren entsetzt und gleichzeitig auch glücklich darüber, dass sich so eine Tat in der DDR sicherlich nicht ereignen konnte, das alles war ganz weit weg von uns, es passierte immer in anderen Ländern – in der Welt des Kapitalismus. Dann klärte der Sprecher die Fernsehzuschauer noch über die üblichen Differenzen zwischen Ost und West, die der Kalte Krieg so mit sich brachte, auf und zum Abschluss folgte der kalte Wetterbericht.

Die nächste Stunde konnten wir beim Fernsehen ungezwungen Plaudern, denn beim folgenden 'Bericht aus Bonn' war das Zuhörinteresse bei uns gering, der politische Bericht mit dem sehr ernsten Gesicht des Günter Müggenburg lief im Hintergrund ab.

«Meine sehr verehrten Damen und Herren, in den nächsten 48 Minuten sehen Sie Privatdetektiv Mannix, gespielt von Mike Connors. Der erste Film der erfolgreichen Serie aus den USA, ab heute in Ihrem 1. Programm», meinte die freundliche Ansagerin zu uns.

Na, das hörte sich doch gut an! Alle Gräuel der Welt waren schnell vergessen, denn jetzt kam Mannix! Lassen wir uns überraschen, wie anders er ist als die üblichen austauschbaren Serienhelden in den vielen Krimis oder den harten Western.

Mannix war anders. Er sah symphatisch aus, war ein flinker Bursche und arbeitete in Los Angeles für eine Computerfirma, obwohl Computer ihn nicht so sehr interessierten. Er redete wenig und wenn es doch mal sein musste, endete das Gespräch meist in einer handfesten Prügelei, zu seinem Vorteil, versteht sich. Diese oft brutalen Szenen waren perfekt gemacht, wir hatte unsere Fernsehfreude daran, geprügelt wurde ja doch wieder ganz woanders, auf der anderen Seite der Welt. Wir waren nur die Zuschauer übler Machenschaften, die uns ziemlich egal, weil sehr fremd waren.

So ging es mir auch mit den späteren Tatortserien. Vor der 'Wende' sah ich fast alle Folgen dieser spannenden, gut gemachten Krimis, denn alles Blut, das da floss, floss nicht in meiner Welt und alle Toten, die in den Villen der Reichen herumlagen, lagen auch nicht in meiner Welt. Ich war der Zuschauer aus einem Land, in dem nicht für oder wegen Geld gemordet wurde und in dem nicht jeder im Schlafzimmer eine Waffe hatte, wofür auch immer.

Nach der 'Wende' waren die vielen Toten dann meine Nachbarn, ich wohnte plötzlich auch in ihrem Land, und ich musste achtsam sein, nicht selbst in eine blutige Tatortfalle zu geraten...

Doch leider sahen wir Mannix nur alle vierzehn Tage auf dem schwarzweißen Bildschirm, und da wir unsere Freitagsbesuche in Zukunft abwechselnd machten – einmal bei Bibby und Klaus und in der nächsten Woche bei uns, hatte unser Hauptdarsteller immer einen größeren Bildschirm, auf dem er sich prügeln konnte. Mannix machte sich bald beruflich selbstständig, wie sich das gehört, er wollte unabhängig von einer Firma sein und selbst entscheiden, welche Fälle er lösen will und welche nicht.

Unsere Abende an allen Freitagen endeten meist erst weit nach Mitternacht. Nach Mannix kam der Wilde Westen angeritten oder eine Schwarzwaldschnulze aus den 50er Jahren. Wir Männer liebten mehr die selbstgerechten Reiter mit ihren treffsicheren Colts, die meist, wenn alles Böse in der harten Farmerwelt gerächt war, leider auch ihr Leben lassen mussten obwohl die schöne Witwe sich maßlos in sie verliebt hatte und in ihrem einsamen Blockhaus mit den beiden halbreifen Söhnen vergeblich wartete.

Diese rührigen Szenen ließen uns die Tränen aus den Augen laufen – nicht vor Rührung – wir lachten über die immer gleichen Inhalte, egal ob aus dem Schwarzwald oder dem bleiernen Wilden Westen.

Aus dieser Fernsehfreundschaft am Freitagabend wurde eine herzliche Freundschaft auch für die anderen Tage der Woche. Wir banden uns gegenseitig in die täglichen Geschehnisse ein und planten auch gemeinsame Fahrten ins Berliner Umland, denn Klaus hatte einen Skoda bestellt und die Auslieferung stand bevor. Da musste ich nachziehen, ein VW-Käfer sollte vor meiner Türe stehen!

DIE ZURÜCKGELASSENEN

Mein letztes Studienjahr hatte im September begonnen und schon im nächsten Herbst würde ich in meinem neuen Beruf arbeiten! Das war ein sehr gutes Gefühl, das bei diesem Gedanken in mir aufstieg. Mein Lebensziel hätte ich damit erreicht, vorerst jedenfalls, denn ob sich später noch weitere Ziele in den Weg legen und verfolgt werden wollen, das wusste ich noch nicht.

Etwas stolz war ich also auch, als ich einige Tage vor Weihnachten wieder in Dresden meinen großen Rundgang machte: bei Freunden klingeln, der Gemäldegalerie im Zwinger einen meiner ständigen Besuche abstatten und ich nahm mir vor, meine alten Kollegen in der Werbeabteilung in der Zwickauer Straße zu fragen, wie sie es so aushalten ohne mich. Eigentlich hatte mich die HO zum Studium delegiert, um danach einen richtigen Grafiker mit frischen Ideen in ihren Reihen zu haben. Was sie aber nicht wussten war: ich hatte nie die Absicht, wieder dahin zurückzukehren, wo ich hergekommen bin.

Meine Entwicklung im Kopf und besonders die in meinem neuen Umfeld Berlin, hatten mich so geprägt, dass ich keinen Ansatz mehr sah, dort meine grafischen Kenntnisse einzubringen. Die Dresdner Dewag-Werbung wäre eine Möglichkeit für eine gute Anstellung im nächsten Jahr, aber lieber abwarten – das Leben hat auch so seine eigene Planung, die nicht immer mit unserer identisch ist.

Für meinen unangemeldeten Besuch in der Werbeabteilung kaufte ich eine große Packung mit Keksen und Waffeln, eine Tüte gemahlenen Kaffee, eine Flasche Immergut-Kaffeesahne und eine Flasche Weinbrand. Das sollte als Mitbringsel genügen, ich wusste ja auch nicht, wer an diesem Tag überhaupt anwesend ist und ich wusste nicht, ob noch alle meiner früheren Kollegen arbeiteten.

Etwas aufgeregt stieg ich die hölzerne Treppe rauf, klopfte anstandshalber an die Tür und stand in meinem ehemaligen großen Arbeitsraum. Keiner scherte sich um mich, alle hingen über ihrer Arbeit und ich rief laut: «Los, aufstehen, oder soll ich wieder gehen?»

«Na, die Stimme kennen wir doch», sagte ein älterer Plakatmaler, als er sich träge umdrehte und mich lächelnd ansah. Dann kam aus allen Richtungen eine freudige Begrüßung, jeder legte seinen Pinsel oder seinen Stift aus der Hand und kam auf mich zu.

«Hier habt ihr was zu Naschen und einer von euch muss Kaffee machen, für mich bitte, wie immer, einen Tee. Trinkt ihr noch am hellerlichten Tag Alkohol? Dann noch ein paar Gläser dafür», sagte ich, und drückte einer Kollegin meinen Beutel mit den Einkäufen in die Hand. Die verschwand sofort in der türlosen Küche, es klapperte eine Weile und schon standen die Tassen, ein Teller mit den Keksen und die Schnapsgläser auf dem Frühstückstisch.

Etwas erstaunt sah ich mich um in meinem Arbeitsraum, in dem ich fast sieben Jahre gearbeitet habe und hatte plötzlich das Gefühl, hier nie gewesen zu sein. Alles erschien mir unwirklich: die Tische wie aus Kindertagen, die Arbeit meiner alten Kollegen, die nach frischer Farbe schreienden Wände, die alten Vorhänge an den Fenstern und der rotbraune Fußboden mit den Farbspritzern.

Plötzlich hatte ich auch einen unüberbrückbaren Abstand zur Werbeabteilung der HO bekommen und konnte mir nicht mehr vorstellen, jemals wieder hierher zurückzukehren, auch nicht für viel Geld. Meine fast drei Studienjahre hatten aus mir einen anderen Menschen gemacht, mit neuer Sicht auf die Dinge und auf die Kollegen. Das ließe sich nie mehr zurückdrehen. Auch die Stadt Berlin hatte meinen Blick auf Dresden verändert, ich hatte hier das Gefühl, dass sich die Welt langsamer dreht.

«Kommt, der Kaffee ist fertig! Mal sehen, was uns unser Abtrünniger so zu erzählen hat», rief Eva laut durch den Raum», und die anderen Kollegen setzten sich erwartungsvoll an den Tisch. Ich aber konnte plötzlich nichts Aufregendes erzählen, es war eine eigenartige Stimmung aufgekommen. Alle rührten ruhig und ein wenig zurückhaltend in ihren Kaffeetassen, nahmen unsicher eine Waffel vom Teller und sahen mich erwartungsvoll von der Seite an. Ich musste etwas sagen, und so plapperte ich los, dass es schön ist, wieder in Dresden zu sein, und dass meine Prüfung bald bevorsteht, und wo denn die Chefin geblieben ist. Die hatte ich noch nicht gesehen und bekam auch schon die Antwort: «Die ist wieder mal zur Sitzung, die wird ganz schön sauer sein, dass sie dich hier nicht getroffen hat.»

«Kommst du dann im September wieder zu uns?», fragte ein älterer Plakatmaler und schlürfte dabei ungläubig seinen Kaffee. Die Kollegen sahen auf, diese Frage brannte, so schien es mir, allen auf der Seele. Welche Antwort wäre jetzt die richtige? Wollen die mich wieder haben, oder lieber nicht?

«Ja, eigentlich müsste ich zurückkommen, mal sehen, was die Schule dazu sagt, es gibt da neue Verordnungen wegen Grafikermangel in Berlin. Da muss ich mich aber noch genau erkundigen. Hat ja noch viel Zeit, bis zum nächsten Herbst. Ich sag euch aber vorher Bescheid und einen Einstand gebe ich auch, wenn es sich nicht vermeiden lässt», log ich etwas und lenkte meine Antwort in die lustige Richtung. Keiner lachte darüber. Was hatte das zu bedeuten? Wir haben uns doch alle bis zu meinem Studienbeginn bestens verstanden.

«So, und jetzt trinken wir einen aus Micha's Flasche», nahm Eva wieder das Wort an sich und goss die Gläser voll.

«Also Prost, und viel Glück noch in deinem letzten Studienjahr. Nach Berlin würde ich auch gern mal fahren, das muss toll sein dort, oder? Der Westen gleich nebenan und ihr habt bestimmt auch mehr zu kaufen, als wir hier in Dresden», fragte mich Eva, sah dabei aber ihre Kollegen an und erwartete von allen ein zustimmendes Kopfnicken.

Nur ich nickte und bestätigte ihren Satz in allen Punkten. Dann ging der erste Kollege wieder zu seinem Arbeitstisch, er hatte noch einiges zu erledigen, bis die Chefin wiederkommt und somit löste sich die Kaffeerunde langsam auf. Ich verabschiedete mich betont herzlich von jedem einzeln mit ein paar Floskeln und dem üblichen Satz: «Lasst es euch gut gehen, ich komm mal wieder vorbei, wenn ich in Dresden bin.»

Eva begleitete mich zur Treppe und das war die Gelegenheit, sie zu fragen, warum da so eine ruhige Spannung in der Luft lag und eigentlich keiner etwas sagte oder mich fragte. Mit Eva hatte ich mich immer sehr gut verstanden, ich hatte mit ihr schon gelernt und so einigen Blödsinn verzapft. Eva kannte ich am längsten von allen. Wir küssten uns vor vielen Jahren zum Werbeabteilungs-Fasching intensiv und wir hatten auch den fast gleichen Geschmack in vielen ähnlichen Dingen. Und hatte einer von uns Geburtstag, feierten wir den zusammen.

«Sag mal, was haben die mit mir für ein Problem. Ist irgendwas falsch angekommen oder bin ich in ein ausgelegtes Fettnäpfchen getreten. Die waren alle so eigenartig ruhig», sagte ich ein wenig irritiert.

«Na, wunderst du dich da? Du kommst schließlich aus Berlin und bist eigentlich schon ein richtiger Grafiker. Da traut sich keiner etwas zu sagen. Berlin ist was Besonderes und du weißt ja auch, was Grafiker verdienen: vielleicht das Fünffache von uns. Die sind einfach nur platt vor Ehrfurcht und haben Angst, etwas Falsches zu sagen. Denk bloß nicht, mir geht's anders, aber wir kennen uns besser. Und über deine mitgebrachten Sachen hat sich jeder gefreut. Überhaupt: dass du an uns noch gedacht hast, hätte niemand vermutet.»

Da war ich platt, auf so eine Idee wäre ich nie gekommen. Erstens war ich noch kein Grafiker – trotzdem im Voraus und heimlich etwas stolz auf meinen zukünftigen Beruf – und zweitens hatte ich nicht vermutet, dass Berlin so eine magische Ausstrahlung auf die Daheimgebliebenen ausübt.

Ich war sehr beruhigt über Evas Erklärungen und nahm mir vor, bei nächster Gelegenheit wieder meine alten Kollegen zu besuchen mit dem Wissen darüber, was und wer ich bin und wo ich wohne!

DER BAUHAUSSESSEL

An einem sonnigen aber kühlen Tag lief ich von der S-Bahn-Station Prenzlauer Allee nach Hause und wollte auch ganz schnell wieder los, denn ich hatte am Vortag bei Möbel-Eck Lenz in der Stargarder Straße einen traumhaften Sessel im Schaufenster gesehen. Den musste ich mir genauer ansehen!

Doch so schnell wie ich es geplant hatte, war ich nicht zu Hause, denn auf den letzten fünfzig Metern zu meiner Wohnung sah ich direkt vor meiner Haustüre ein ungewöhnliches Auto stehen – grün lackiert und mit West-Berliner Kennzeichen. Von vorn hatte es zwar auf den ersten Blick die übliche Autoform, aber doch nicht ganz, denn die Front war von der Vorderachse aus hochgezogen. Es sah aus wie ein kleiner Ponton. Ich lief schneller und da stand ich auch schon vor diesem eigenartigen aber schönen Fahrzeug. Den Schriftzug 'Amphicar' las ich am vorderen Kotflügel und entdeckte auch die beiden Schiffsschrauben unter dem ebenfalls hochgezogenen Heck. War das Auto mit den vier Rädern jetzt auch ein Boot?

Während ich noch staunte und das Fahrzeug mehrmals interessiert umrundete, kam der Besitzer auf mich zu und plapperte los: «Ist ungewöhnlich, stimmts? Das ist ein Auto, mit dem ich auch gleich von der Straße ins Wasser fahren kann, dann schalte ich auf Schraubenantrieb und es geht los auf den Wellen, die die Welt bedeuten. Und so wie ich auf der Straße mit den Rädern lenke, so lenke ich auch im Wasser mit den Rädern», erzählte er mir ungefragt.

Das war schon eine Sensation! Das Autoboot war zwar nicht groß, aber ein Viersitzer. Die hinteren Kotflügel liefen in langgezogenen Heckflossen aus und vorne – in der Mitte der Motorhaube – waren ein Positionslicht und ein Signalhorn, wie es ein Wasserfahrzeug eben braucht!

Ich unterhielt mich interessiert mit dem Besitzer, der auch ein kleiner Angeber war und sehr stolz darauf, hier in Ost-Berlin einem jungen Mann seinen außergewöhnlichen und auch sehr teuren Besitz präsentieren zu können. Eine Probefahrt auf einem Gewässer hätte ich gern gemacht, aber in Prenzlauer Berg gab es keinen See und keinen Fluss – bis heute nicht.

«Und das Besondere ist auch, es wird hier in Berlin gebaut, also in West-Berlin, meine ich damit», erklärte er mir ausführlich und sagte dann noch: «Setzen Sie sich doch mal rein, ich klapp das Verdeck auf, so wie es auf dem Wasser auch gefahren wird, natürlich nur wenn die Sonne auf dem Wannsee scheint.»

Da ließ ich mich nicht zweimal bitten, stieg ein und er klappte das Verdeck auf. Inzwischen standen ein Ehepaar und ein junger Mann um uns herum und ich hatte das Gefühl, so richtig begafft zu werden. Der Mann, der mit seiner untergehakten Frau zusah, wollte noch vom Besitzer wissen, was für ein Baujahr das ist und ob das Auto aus England kommt, wegen des Namens auf dem Kotflügel.

«Also, das Baujahr ist 1962 und es wird in West-Berlin gebaut. Ein paar Zulieferer kommen noch woanders her, aber das weiß ich auch nicht so genau», antwortete er eifrig und freute sich sichtlich über das allgemeine Interesse an seinem Autoboot.

«So, ich muss jetzt los, herzlichen Dank für ihre Erklärungen und vielleicht sehen wir uns hier auf der Straße mal wieder», sagte ich, stieg aus und verabschiedete mich mit einem Händedruck bei ihm. Ich wollte doch eigentlich schnell zu Möbel-Eck Lenz wegen des Sessels!

In der DDR hatten wir schon ab und zu die Befürchtung, wenn wir uns nicht schnell genug für den Kauf irgendeiner Sache entschließen, später diese nicht mehr zu bekommen. Und dieser Sessel war so aufregend modern, dass ich es als eine Katastrophe werten würde, wenn jetzt jemand im Laden vor mir stehen und dieses Einzelstück eben bezahlen würde.

«Guten Tag, Sie wünschen?», fragte mich der Verkäufer und ich glaube, es war auch der Besitzer dieses privaten Möbelgeschäftes.

«Ich interessiere mich für diesen Sessel da», antwortete ich und schlängelte mich mit dem Verkäufer zwischen den vielen verschiedenen Stühlen und Beistelltischchen vorbei zum Ziel meiner Wünsche.

Da stand er vor mir! Ein breiter schwarzer Sessel mit hoher Lehne, breiten Armlehen und aus echtem Leder. Die kubistische Form begeisterte mich, nur das vierbeinige verchromte Drehgestell passte nicht so richtig zu meinen Vorstellungen. Irgendetwas ist immer, einen Haken hat jede Sache, redete ich mir ein und fragte nach dem Preis, obwohl ich ihn schon im Schaufenster gelesen hatte.

«Der kostet 650 Mark, ist aber auch aus Leder und das ist ein Einzelstück. Den werden Sie kein zweites Mal finden», offerierte der emsige Verkäufer mir diesen Sessel.

Eigentlich wusste ich schon, dass ich den kaufen werde, aber ich ließ mir etwas Zeit – ich wusste noch nicht, wo dieses wuchtige Ding in meinem kleinen Zimmer eigentlich einen Platz finden sollte. Und um meine aufkeimende kleine Unsicherheit etwas zu beruhigen, versetzte ich mit saloppem Schwung den Sessel in eine schnelle Rotation. Mal sehen, ob er sich auch so dreht, wie er aussieht, dachte ich mir. Doch schon nach einer halben Umdrehung gab es einen Knall: die Armlehne berührte eine freistehende, nah am Sessel aufgebaute Garderobe. Die fiel natürlich um – erst auf ein Tischchen und dann, wie im Film – auf die Seite zwischen zwei Stühle. Die einzige Schublade polterte auf den Fußboden, aber der Spiegel blieb unversehrt. Das war zwar keine angenehme Situation, aber man stellt doch auch die Möbelstücke nicht so eng nebeneinander. Und außerdem war diese Garderobe eine gestalterische Katastrophe, sie hatte es nicht anders verdient!

Während der Verkäufer wortlos, aber trotzdem freundlich – es war ja ein Privatgeschäft – versuchte, diesen Krempel wieder aufzurichten, wusste ich, was ich wollte.

«Ich habe mich entschieden, den können Sie mir einpacken», sagte ich lustig zum Verkäufer und ergänzte: «Ich geh jetzt zur Sparkasse, ich bin in einer halben Stude wieder da. Bitte machen Sie einen Zettel drauf, dass der verkauft ist. Noch eine Frage habe ich, wie kommt der in meine Wohnung in die Dunckerstraße 17, also gleich hier um die Ecke?»

«Den müssen Sie leider selbst abholen. Das wird allein nicht gehen, aber zu zweit lässt er sich ganz gut tragen», war die Antwort des Verkäufers.

Gut, ich muss morgen einen aus meinem Studienjahr fragen, ob er mit zu mir fährt und sich für ein kühles Bier bei mir als Möbeltransporteur einsetzen lässt.

Als ich wieder im Laden stand und das viele Geld auf den Tisch blätterte, kamen wieder Zweifel hoch, ob diese große Ausgabe und diese Möbelgröße wirklich mit meinem spontanen Wunsch unter einen Hut zu bringen waren. Aber ich bezahlte und lief beschwingt nach Hause. Sollte ich einen Fehler gemacht haben, dann machte ich den bestimmt nur deshalb, um mir einen nächsten dieser Art im Leben zu ersparen. Schließlich hat keiner mit knapp 27 Jahren schon ausgelernt!

Mein Kommilitone T. sagte auf meine Frage hin sofort zu, mir beim Tragen zu helfen. Das mit dem Bier gefiel ihm auch und er wollte außer in Schöneweide, wo er wohnte, auch mal im Prenzlauer Berg durch die Straßen laufen.

Wir trugen am nächsten Tag das große und schwere bauhausähnliche Möbelstück in meine Wohnung, und ich war froh, nicht im vierten Stock zu wohnen. Einen Platz hatte ich mir schon ausgesucht: gleich hinter der Wohnzimmertüre, neben dem Ofen.

Wir setzten ab und ich sah erschrocken, dass er nicht nur räumlich, sondern auch optisch weit mehr Platz wegnahm, als ich eingeplant hatte, außerdem wirkte er durch das schwarze Leder noch schwerer und passte eigentlich überhaupt nicht zu meiner restlichen Einrichtung. Und die wichtigste Frage stellte sich mir jetzt: wann sitzt wer eigentlich da drin? Und warum? Der Fernseher stand an der falschen Wand um das Neueste aus aller Welt vom Sessel aus zu sehen, meine Stehlampe zum Lesen hatte ich in dieser Zimmerecke nicht vorgesehen und um es mir einfach nur mit einem Kissen im Rücken gemütlich zu machen, dafür war ich noch zu jung.

Fast eine Woche stand mein immer weniger geliebter und vollkommen unbenutzter Sessel schon an seinem Platz neben dem Ofen und in meinem Kopf ratterte es schon, wie ich das Ding wieder los werden könnte. Und oftmals, wenn man sich etwas ernsthaft wünscht, kann der Wunsch auch in Erfüllung gehen!

«Suche für meine alte und gehschwache Mutter einen großen und bequemen Fernsehsessel. Möglichst drehbar. Angebote mit Preisangabe bitte an: ...», und dann folgte die Adresse und der Name.

So stand es im Park auf dem Helmholtzplatz auf einem Zettel an einem Baum. Nur zwei Bäume weiter hatte ich vor fast zwei Jahren meinen Fernseher 'gekauft'.

Ich ging am Abend zur angegebenen Adresse in der Raumerstraße und schon am kommenden Sonntagmorgen kam die junge Frau, die diese Anzeige an den Baum geheftet hatte, zu mir und eine Stunde später hatte ich wieder einen freien Platz in meinem Zimmer. Allerdings musste ich vorher kräftig anfassen und mit ihr den Sessel in das dreihundert Meter entfernte Haus zur Wohnung der gehschwachen Mutter in die zweite Etage schleppen.

In meinem Zimmer fühlte ich mich wieder wohl, dafür hatte ich in sehr kurzer Zeit einen Verlust von 350 Mark eingefahren, denn die junge Frau, für deren Mutter dieser Sessel sein sollte, hatte ein Limit von 250 Mark. Aber weil der Sessel für ihren Zweck so geeignet erschien, legte sie noch einen Fünfziger drauf. Ich hätte zu diesem Geschäft auch NEIN sagen können. Aber es gibt Dinge im Leben, die müssen sofort gelöst werden oder sie bleiben für immer festgenagelt!

Das war mein erster Schnellkurs in Finanz-, Lebens- und Einrichtungskunde.

WARUM MACHEN DIE DAS NUR?

Mein Studium ging langsam in die letzte Runde. Ich freute mich schon sehr, bald ein neues, anderes Leben zu führen beziehungsweise führen zu müssen. Erst einmal als Angestellter in einem staatlichen Betrieb und später dann – losgelöst von den allgemeinen Regeln des üblichen Arbeitslebens – zu Hause.

Der Unterricht in meiner Fachschule wurde immer lockerer und die gestellten Aufgaben konnten wir in unseren eigenen vier Wänden oder auch in unseren Studienräumen erledigen – Hauptsache, sie wurden erledigt. Also schlenderte ich oftmals in den schönen Park am Helmholtzplatz, der von der Dunckerstraße, der Raumer-, der Lychener- und der Lettestraße umgeben war, setzte mich auf eine freie Bank, packte meinen Skizzenblock aus und entwarf die ersten Gedanken für die anstehenden Arbeiten. Nicht immer war eine Bank frei, denn oft saßen schon am Morgen ein paar Rentner mit ihren Bierflaschen in der Hand da und erzählten sich zum x-ten Mal ihre Lebensgeschichten oder vom Krieg oder schimpften auf den Staat. Das ist in allen Ländern so üblich: beim Bier auf der Bank mit viel Zeit im Rücken und den Gleichgesinnten nebenan, da lässt es sich vorzüglich alles besser wissen. Und 'die da oben' behalten immer die schlechten Karten, auch wenn sie ausnahmsweise mal etwas richtig gemacht haben sollten.

«Na, guten Morgen, Micha», sagte mein junger Nachbar vom gleichen Hof zu mir, als wir uns im Durchgang begegneten, «ich bin heute spät dran, aber hast du schon gehört, die Beatles haben sich getrennt. Das ist doch kaum zu glauben, was», redete er hastig und lief dabei schon rückwärts auf den Fußweg.

Das war ja eine unglaubliche Information, die ich an diesem Morgen bekommen hatte! Die Beatles haben sich getrennt! Ja, warum denn eigentlich? Wieso trennt man sich, wenn man so erfolgreich ist? Diese Frage konnte ich mir nicht selbst beatworten, aber einer wird es wohl wissen und mir bald erklären!

Ich machte an diesem Morgen etwas, was ich sonst bestimmt nie gemacht hätte, weil meine Sensationsgier sich immer im Rahmen hielt und mich vieles in der westlichen Promi-Welt entweder nicht interessierte oder ich es einfach nicht glaubte: ich ging zurück in meine Wohnung, schaltete das Radio ein und wartete auf die nächsten Nachrichten. Doch denen schien diese Meldung nicht so wichtig zu sein, ich musste mich auf den Abend vertrösten und hoffte, in der Tagesschau Genaueres zu erfahren.

So war es dann auch. In der Tagesschau des 10. April 1970 kam dann die Information, dass die Beatles sich nach soundsovielen Jahren nun endgültig getrennt hatten. Für die vielen Fans in der ganzen Welt war das eine einmalige Katastrophe, für mich nur eine mittlere, aber ich konnte mir als junger Mann trotzdem nicht vorstellen, warum die vier berühmten Musiker so einen Schritt taten.

Ich hatte da so meine ganz persönliche Lebenseinstellung, und die riet mir, eine Sache gut und mit Freude zu beginnen und sie auch fast ein Leben lang fortzusetzen.

Dass ich mit dieser Vorstellung etwas abwegig lag und es vollkommen unrealistisch war, etwas ein Leben lang zu tun, das wusste ich damals noch nicht. Aber die Zeit ist der Lehrmeister und ich bin der Lehrling!

Am Abend dieses Tages holte ich meine Beatles-LP aus dem Regal und spielte beide Seiten mehrmals rauf und runter, so als wäre es die letzte Möglichkeit, die vier genialen Musiker zu hören. Auf diese Schallplatte war ich sehr stolz, die habe ich 1965 in Dresden – im 'Internationalen Buch' am Altmarkt – gekauft. Ohne anzustehen, denn dort hatte ich eine nette junge Verkäuferin, die mich mit allen knappen Kulturgütern der DDR und dem westlichen Ausland liebevoll versorgte und mit mir flirtete. Ich wartete damals einige Male ab 18 Uhr vor dem Laden auf sie und wir gingen in die Milch-Eisbar in die Weiße Gasse – gleich um die Ecke.

Der Titel dieser Amiga-Lizenz war einfach nur 'THE BEATLES'. Sie kostete damals 16 Mark 10, wie alle Lizenzplatten von Amiga. Die Hülle gestaltete Christoph Ehbets. Das war ein bekannter und guter Berliner Grafiker, der sein grafisches Werk auf vielen Plattenhüllen der Nachwelt hinterlassen hatte. So im Stillen dachte ich mir, vielleicht kann ich auch mal für Amiga oder Eterna das Drumherum – heute schlicht Cover genannt – grafisch umsetzen. Das wäre ein Erfolg, der durch viele Hände geht und bestimmt auch Nachfolgeaufträge auslösen könnte.

Geklappt hat das nicht so, wie ich es mir damals vorstellte. Erst 1992, also schon im wiedervereinigten Deutschland, bekam ich den Auftrag, für die bekannte Sängerin Bettina Wegner das Cover für ihre LP 'Sie hat's gewußt' zu entwerfen. Dazu kamen auch die Gestaltung der Musikkassette und der CD – alles unter dem Label 'Nebelhorn'.

Auch für Hannes Zerbe, den wunderbaren Jazzmusiker, Pianisten und Komponisten, den ich schon aus meiner

Kinderzeit in Dresden kannte, dann lange Jahre aus den Augen verlor, gestaltete ich für seine Hannes-Zerbe-Blech-Band das Cover für die Musikkassette und die CD, die den Titel trugen: 'Alles wandelt sich'.

Ja, warum hatten sich die Beatles nun eigentlich getrennt? Ich, mit meinem unverfälschten Glauben an das Gute und an das friedliche Zusammenleben der Menschen, konnte mir nicht vorstellen, dass vier im Rampenlicht der ganzen Welt stehende junge Männer sich nicht mehr verstehen oder sogar verstreiten und dann jeder seine eigenen Wege geht. Da hatte ich noch eine Menge dazuzulernen, denn so harmonisch, wie ich sie mir vorstellte und auch wünschte, war die Menschheit leider nicht. Und sie ist es auch bis heute nicht.

Lügen, Betrug, Macht, Krieg und Not beherrschten die Welt, die nicht meine war, denn ich lebte in der DDR ziemlich behütet und frei von Zukunftsängsten. Das politische System der DDR in dieser Zeit nahm ich nicht als Druck oder Unfreiheit wahr. Und wenn ich mich doch immer wieder über vieles ärgerte, war es mir trotzdem klar: in jedem Land der Welt kommt man in Situationen, in denen man sich widerwillig anpassen oder eben auch verbiegen muss. Und wenn es nur um Arbeit geht. In der abendlichen Tagesschau wurde mir das täglich vor Augen geführt.

Heute begegnen mir ständig Menschen, die sich auch verbiegen und den Mund halten müssen, entweder weil sie keine Arbeit haben oder bei Widerwort entlassen werden. Oder weil sie ihren Protest gegen den Wind reden und ihnen keiner zuhört. Und: wer kein Geld hat, für den ist auch die große Freiheit weniger wichtig.

Da fiel mir auch Joan Baez wieder ein, die ein Jahr zuvor, 1969, auf dem Woodstock-Festival auftrat und gegen den Krieg in Vietnam und die Rassendiskriminierung in den USA protestierte. Bei diesen Gedanken hatte ich nicht das Gefühl, selbst in einem unfreien Land zu leben. Außerdem wusste ich genau, dass ich nach meinem Studium in ein paar Monaten mit hundertprozentiger Sicherheit eine Stelle als Grafiker bekommen werde, und, wenn ich mein Handwerk gut machte, in den Verband Bildender Künstler der DDR aufgenommen werde und damit freischaffend arbeiten konnte. Das war ein sehr beruhigendes Gefühl, aber ein anderes Gefühl kannte ich auch nicht. Das kam erst zwanzig Jahre später.

Also, dann sollen die sich eben trennen, wenn sie unbedingt müssen und einzeln musizieren, die Beatles, sagte ich mir. Andere Gruppen trennten sich auch, kamen wieder für eine Platte zusammen, wenn ihnen das Geld ausging und trennten sich wieder. Das geht auch manchen Ehepaaren so, trotz anfänglicher lebenslanger Treueversprechen.

Die Beatles hatten in den vielen Jahren nach ihrer Trennung noch einiges zu bieten. Ich war begeistert von den Soloprojekten der einzelnen Pilzköpfe, die musikalisch vollkommen anders waren, als zuvor. Es schien so, als ob die Trennung ein Ventil geöffnet hatte und jeder seine eigene künstlerische Lust ablassen konnte.

Da musste ich im Laufe der Jahre einige meiner Vorstellungen vom Leben dann doch revidieren – es war nicht alles so, wie es in der etwas weltfernen Sicht eines jungen Dresdners in Berlin festgefahren war.

AUF DER SUCHE

«Du kommst doch wieder nach Dresden, wenn du das Studium beendet hast?», fragte mich meine Mutter mit einem etwas ängstlichen Blick, so, als würde sie schon etwas ahnen, als ich wieder mal zu Hause war.

«Ja klar, warum denn nicht», antwortete ich und ergänzte: «in der nächsten Woche schicke ich eine Bewerbung hier an die Dewag, mal sehen ob das was wird.»

In dem Moment, als ich diesen Satz aussprach, war ich mir nicht mehr ganz sicher, ob ich auch die Wahrheit gesagt hatte. Es war nur so ein Gefühl, und meine Gefühle hatten mich noch nie getrogen, ich musste nur offen genug sein, um die zarten Meldungen auch zu verstehen.

«Haben Sie sich alle schon für eine Stelle beworben? Wenn nicht, dann wird's Zeit, in einem Vierteljahr ist es aus mit dem Studieren, dann wird gearbeitet und verdient», sagte schmunzelnd ein Dozent zu uns und verließ schwungvoll den Raum.

Jetzt begann unter uns Studenten eine rege Diskussion über unsere Wünsche ab September. Über die Heimatorte, in die jeder einzelne wieder ziehen wollte oder sollte oder musste, und über Berlin – das war ja auch ein heißes Pflaster mit noch ungeahnten Möglichkeiten.

Ich schrieb einen Bewerbungsbrief an die Dresdner Dewag, legte ein paar Arbeiten dazu und schon beim Adressieren des großen und dicken Umschlags kam wieder diese unterschwellige Skepsis, ob ich wirklich zurück nach Dresden wollte. Ich hatte mich unfreiwillig ein wenig in die Stadt Berlin verliebt, sie war so anders als Dresden!

So verschwand mein erster Bewerbungsbrief im gelben Briefkasten – ich hatte meine Pflicht getan und musste nur noch auf die Antwort mit der Zusage und der Bekanntgabe des zu erwartenden Gehalts warten. Meine Kommilitonen hatten fast alle ihre Bewerbungen auch schon verschickt und außer unserer Abschlussarbeit hatten wir noch ein anderes Thema im Hinterkopf: wann und wo machen wir unsere Abschlussfeier?

Das Thema meiner Abschlussarbeit hatte ich von meiner Fachschule bekommen und es schien mir ein gutes Thema zu sein. Es ging um Mode für die anstehende Herbstsaison, die die neuen kontakt-Warenhäuser mit erfrischenden Kollektionen von staatlicher Seite aus einläuten wollten – oder mussten.

1968 gab es, wenn ich mich an meine Abschlussarbeit richtig erinnere, in der DDR fast 100 Warenhäuser, die unter dem Namen 'kontakt' firmierten. Das waren Häuser ausschließlich von mittlerer Größe – die ganz großen hießen 'konsument' und 'Centrum' und waren meist auch in Städten wie Berlin, Leipzig oder Rostock präsent.

Nach langem Überlegen, Verwerfen, Ändern und wieder Überlegen und wieder Ändern hatte ich nach drei Tagen für meine schriftliche Abschlussarbeit und damit für die Herbstsaison der kontakt-Warenhäuser einen – wie mir schien – aussagefähigen Slogan gefunden: 'Kontakt mit dem Herbst'. In diesem Satz war der Name der Warenhäuser vertreten und die Jahreszeit, um die es ging, auch. Ich war sehr zufrieden mit dieser Eingebung, dieser Satz sagte alles aus und begeisterte später ebenso meine Mentorin vom Modeinstitut.

Als Verkettungsmotiv zum Slogan zeichnete ich eine Herbstblume – natürlich eine Aster - und nun begann die eigentliche Arbeit: Die Konzeption, das Grundlayout für alle Werbeträger, die Festlegung der Farben und die inhaltliche Bearbeitung mit den Modemachern: das war das Modeinstitut der DDR in der Berliner Brunnenstraße. Von den Mitarbeitern dort wollte ich genau wissen, was als neue Kollektion in die Läden kommen soll, wieviel es davon wirklich geben wird, wofür nicht geworben werden kann, weil die Produktion zu gering ausfällt und so weiter...

Meinen wenig getragenen dunkelblauen Maßanzug, den ich mir vor einigen Jahren in Dresden hatte machen lassen, holte ich nach Berlin, zog dazu einen ebenfalls dunkelblauen dünnen Rollkragenpullover unter das Jacket und war mir ziemlich sicher, nur so kann ich den schmucken Frauen im Zentrum der DDR-Mode unter die schönen Augen kommen.

Damit hatte ich auch Recht: eine Frau sah besser aus als die andere, aber ich hatte trotzdem das Gefühl, die meisten Kleidungsstücke, die sie trugen, waren nicht aus der volkseigenen Produktion der DDR, sondern aus dem Westen oder selbstentworfen und genäht. Warum auch nicht, ich trug ja auch meistens das, was meine Tante Käthe aus Wuppertal schickte und außer den Unterhosen und den Socken war das fast alles an meinem Körper!

Bei jeder weiteren Besprechung zu meinem Konzept im Modeinstitut bemerkte ich das zaghafte Vorgehen der für meine Abschlussarbeit zuständigen Mentorin und Modemacherin Frau P. Immer, wenn ich genau wissen wollte, welches neuentwickelte herbstliche Kleidungsstück mein Modell für die Fotos anziehen soll oder wofür ich eine

Zeichnung in einer Anzeige präsentieren wollte, meinte Frau P., dass ich nicht so eindeutig werben muss, jedenfalls nicht mit konkreten Kleidungsstücken, die unsere werktätigen Frauen dann auch kaufen und tragen wollen.

«Es soll mehr symbolisch sein, diese Herbstaktion. Verkauft wird ja doch fast alles in ganz kurzer Zeit. Die Produktion kommt so schnell nicht hinterher, manchmal gibt es Engpässe», klärte mich Frau P. bei jeder weiteren Konsultation auf. Wie sollte sie mir nur erklären, dass meine Arbeit für mich persönlich zwar sehr wichtig, aber die reale wirtschaftliche Umsetzung viel schwieriger war.

Die Diskrepanz zwischen der entworfenen Mode in ihrem Haus, die ohne Frage auch international hätte bestehen können, und den Produktionsmöglichkeiten für die Frühlings-, Sommer-, Herbst- und Winterwünsche der so eigensinnigen, meist weiblichen Bevölkerung, war groß. Das schien mir ein gespanntes Dreiecksverhältnis zu sein – Entwurf – Herstellung – Wünsche. Und aus Spielfilmen weiß man genau, dass solche Verhältnisse immer dazu neigen, in einem Dilemma zu enden.

Also, alles mehr symbolisch! So machte ich es auch und dadurch kam meine gezeichnete Aster in vielen herbstlichen Farben und zeichnerischen Varianten in den Vordergrund, anstatt nur als Beiwerk zur Modekollektion ihr herbstliches Dasein zu fristen. Meine Konzeption für die Abschlussarbeit war also das Eine – die staatliche Realisierung das Andere.

Trotzdem wurde meine Abschlussarbeit eine gelungene Sache, auch wenn sie in den Archiven der Fachschule und des Modeinstituts verschwand. Ich aber wurde nach diesen drei Studienjahren zum Gebrauchsgrafiker ernannt und das war der wichtigste Schritt in meinem Leben!

1990 erhielt ich nachträglich das Diplom (FH) und ließ schnell meine Visitenkarten neu drucken – ein Dipl. ist eben ein Titel und ohne Titel ist ein ganzer Mensch nur ein halber, besonders nach 1990! Gut, ich hätte mir auch einen Grafentitel kaufen können, doch meine ehrliche Haut und das nicht vorhandene Geld sprachen dagegen!

Ich klopfte zwei Wochen später wie gewohnt an meinen Briefkasten in der Dunckerstraße bevor ich ihn öffnete, denn mit dem Anklopfen konnte ich schon am Klang erkennen, ob die Post etwas für mich reingeworfen hatte oder nicht. Es war ein tieferer Ton an diesem Tag und ich hatte tatsächlich einen Brief aus Dresden in der Hand – von der Dewag. Betont langsam lief ich durch die beiden Höfe in meine Wohnung, das erhöhte die Spannung. Nahmen die mich oder lieber doch nicht? Dann las ich es schwarz auf weiß:

«Werter Herr Schwalbe,
hiermit teilen wir Ihnen mit, dass wir Ihre Bewerbung annehmen und Sie am 1. September 1970 in der Dewag Dresden als Gebrauchsgrafiker Ihre Arbeit aufnehmen können... Über einen persönlichen Vorstellungstermin in nächster Zeit werden wir Sie noch informieren... Das Gehalt beträgt nach... 480 Mark...
Mit sozialistischem Gruß! ...

Mit dieser Zusage half die Dewag Dresden mir bei meiner Entscheidung in Berlin zu bleiben, denn ich hatte meine HO-Werbeabteilung vor fast drei Jahren mit einem Gehalt von 460 Mark verlassen, drei Jahre studiert und soll dann mit läppischen 20 Mark mehr im Monat wieder zurückkommen?

Das schien mir unmöglich und ich sah es als einen Wink des Schicksals, meine weitere Zukunft doch in Berlin zu planen. Über die Formulierung einer Absage musste ich noch nachdenken, das wenige Gehalt wollte ich nicht zum Anlass nehmen, sonst kommen die Genossen in der Kaderabteilung womöglich noch auf die Idee, mir aus lauter Liebe 100 Mark draufzulegen. Dann wären mir die Argumente ausgegangen.

Meine Antwort war einfach: ich bedauerte zutiefst, diese schöne Stelle nicht annehmen zu können, da sich plötzlich familiär bei mir etwas ändern wird und ich eventuell noch ein Zusatzstudium beginnen könne. Die zweite Hälfte des Satzes war nicht richtig, also gelogen. Die erste Hälfte stimmte, denn ich hatte vor, am Jahresende meine Freundin zu heiraten.

Eine Antwort aus Dresden bekam ich nicht mehr. Die Sache war erledigt.

Aber eine neue Tür tat sich bei der Suche auf eine Anstellung in Berlin plötzlich vor mir auf: der Deutsche Fernsehfunk. Exakt hieß er 'DDR Deutscher Fernsehfunk'. Der saß in Adlershof, nicht weit entfernt von meiner Schule und da hatte ich an einem Donnerstag telefonisch ein Vorstellungsgespräch vereinbart. Nur so, zur Probe.

Die Idee dazu, mich beim Fernsehen zu bewerben, war zwar etwas abwegig, denn ich vermutete, dass eine Unmenge studierter und guter Grafiker dort ihr Geld verdienen möchten und auch gleichzeitig damit ihr berufliches Image polieren können. Der Fernsehfunk war schon eine der besten Arbeitsadressen, die man sich wünschen konnte. Das hat sich bis heute nicht verändert. Im Gegenteil! Wer arbeitet nicht gern beim Fernsehen oder beim Film oder beim Theater?

Auf diese Vorstellung musste ich mich aber etwas besser vorbereiten als für die Dewag in Dresden, hier ging es um Konversation von Mensch zu Mensch und um das Wissen über das Medium Fernsehen! Ein Bewerbungsschreiben musste ich noch nicht entwerfen, das kam eventuell anschließend, denn die Kaderabteilung wollte mit Sicherheit erst einmal genau wissen, wer, was und warum ich bin.

Der Donnerstagmorgen war aufregend. Ich hatte mich selbst noch nie in so einer innerlich gespannten Situation erlebt, es schien mir, als ginge es diesmal um alles. Mein Anzug musste wieder herhalten, der Rollkragenpulli ebenfalls und die Schuhe putzte ich auch. Zu spät gekommen bin ich noch nirgendwo, also stand ich auch an diesem Tag schon zwanzig Minuten früher vor der Pförtnerloge in Adlershof, schob meinen Ausweis durch den unteren bogenförmigen Ausschnitt in der Glasscheibe und sagte dem allmächtigen Pförtner, dass ich einen Termin bei einem Herren sowieso in der Abteilung sowieso habe.

Gelassen griff der Pförtner meinen zwölfseitigen Personalausweis, blätterte darin, nahm den Telefonhörer ab, wählte drei Ziffern und sprach anscheinend mit meiner Verabredung. Dann erklärte er mir gönnerhaft den Weg durch das weitläufige Areal und ich musste mir nur noch die Gebäude- und die Zimmernummer merken.

«Herr Schwalbe, ah, ja, nehmen Sie Platz», begrüßte mich der Leiter der Abteilung Öffentlichkeitsarbeit. Ich erschrak schon, als er mir die Türe öffnete, denn er trug einen dunkelblauen Anzug und unter seinem Jackett einen dunkelblauen Rollkragenpullover! Wir hätten auch verwand sein können oder diese Show abgesprochen haben! An seinem Gesicht sah ich auch, dass er überlegte, ob ich seine Kleidungsgewohnheiten schon lange kenne und ihn jetzt nur verarschen will oder ob wirklich der Zufall – den es eigentlich gar nicht gibt – hier das Sagen hatte.

Mit einem schmalen Lächeln setzte er seine magere Begrüßung ohne jeden Übergang fort: «Was wissen Sie denn vom Fernsehen? Haben Sie sich damit schon mal auseinandergesetzt? Ich meine die technischen Abläufe und die Möglichkeiten, auf dem Bildschirm ihre Gestaltung nutzungsgerecht rüberzubringen?»

Das waren einige Fragen auf einmal, die ich nicht aus dem Stegreif beantworten konnte. Ich war in dem Glauben gekommen, er redet mit mir erst einmal ein paar Worte über mich, meine Vorstellungen, meine Wünsche und dann über die Wünsche des Deutschen Fernsehens der DDR und vielleicht ganz am Schluss über die technischen Details, die ich noch gar nicht kennen konnte und auch nicht musste. Dafür fängt man als Berufsneuling unbeleckt an und hat in einem halben Jahr oder weniger alles verstanden, fast alles jedenfalls.

Ich war noch dabei einen Satz im Kopf zu formulieren, da setzte er hastig wieder an und fragte mich: «Welche Schriften kann man denn nicht im Fernsehen verwenden? Und warum nicht?»

Diese Frage war nicht schwer zu beantworten und ich sagte kurz: «Also, serifenbetonte Schriften sind nicht so gut für die Mattscheibe, das hängt mit der Auflösung zusammen. Es ist bedingt schon machbar, aber dann sollte die Schriftgröße auf dem Bildschirm auch entsprechend sein.»

Auf meine Antwort ging er nicht mehr ein und sagte kurz: «Sie gehen bitte gleich zur Kaderabteilung, zur Türe raus, rechts mit dem Fahrstuhl eine tiefer, Zimmer 383 und klären alles. Ich ruf dort jetzt an und sage, dass Sie kommen.»

Das war der letzte Satz, den ich hörte. Wir schüttelten uns die Hände und ich stand ratlos und grübelnd auf dem langen Flur, versuchte mich angestrengt zu erinnern, was hier in so kurzer Zeit abgelaufen war. Lag das kurze nichtssagende Gespräch an meinem Anzug, von dem er ein Duplikat besitzt oder an meinem Rollkragenpulli von dem ich ein Duplikat hatte oder war es meine banale Antwort auf seine banale Frage, oder alles zu sammen? Egal, auf in die Kaderabteilung, mal sehen was die mir zu sagen haben.

Zwei Wochen später hatte ich es wieder schwarz auf weiß in der Hand: Der 'DDR Deutscher Fernsehfunk' hatte einen neuen Grafiker und ich ein Gehalt von 620 Mark in Aussicht! Das war doch schon eine Menge mehr, als ich in Dresden bekommen hätte und dazu kam noch die neue repräsentative Arbeitsstelle überhaupt. Mit diesem Namen im Rücken öffneten sich alle Türen für meine spätere freischaffende Tätigkeit. Das vermutete ich jedenfalls.

Noch ein gutes Vierteljahr hatte ich Zeit, mich darauf zu freuen und dann würde der 'Ernst des Lebens' beginnen – wie die Erwachsenen zu sagen pflegen, wenn sie ihre Kinder einschüchtern wollen.

«BIST DU BLÖD?»

«Ihre Zuzugsgenehmigung für Berlin können Sie nur bekommen, wenn Sie eine Arbeitsstelle nachweisen können», sagte mir die dicke unfreundliche Frau hinter dem Schalter in der Meldestelle der Polizei in der Pappelallee.

«Und wie bekomme ich die, wenn ich für meine Arbeitsstelle eine Zuzugsgenehmigung von Ihnen vorlegen muss, weil ich sonst die Stelle nicht bekommen kann?», fragte ich innerlich etwas wütend zurück, weil mir dieses Katze-in-den-Schwanz-beißen sehr absonderlich erschien. Dabei musste ich noch freundlich lächeln, um die unangenehme aber mit viel bürokratischer Macht ausgestattete Frau nicht zu verärgern und dann womöglich doch völlig unschuldig in der Dresdner Dewag zu landen.

«Ja, da brauchen Sie mich nicht zu argumentieren, so sind die Gesetze. Wenn Sie alles zusammen haben, dann kommen Sie wieder», das waren ihre anteilnahmelosen Worte. Ich drehte mich zur Tür und machte ein mieses Gesicht, als ich an den vielen Wartenden in den Fluren vorbei auf die Pappelallee trat.

Um meinen Ärger etwas zu mildern und dabei auch meinen Hunger zu stillen, lief ich über die Kreuzung zu Konnopkes berühmtem Currywurst-Stand unter dem U-Bahnviadukt, verlangte zwei Würste – die damals noch nicht für zahnlose Esser mundhappengerecht geschnitten wurden, wir hatten noch die Kraft, selbst abbeißen zu können – dazu ein Brötchen und ein Margonwasser.

Mit meinem satten Bauch verschwand auch schnell die Wut, aber ich musste trotzdem bald eine Lösung finden, wenigstens auf dem Papier ein Berliner werden zu dürfen!

Irgend einen genialen Trick musste es doch geben, zu meiner Zuzugsgenehmigung zu kommen, nur welchen?

«Also», fasste ich für mich noch einmal zusammen, «der Fernsehfunk brauchte für meine Anstellung die Zuzugsgenehmigung nach Berlin und die Meldestelle brauchte – um mir diese auszustellen – die Bescheinigung, dass ich beim Fernsehfunk angestellt bin oder in nächster Zeit sein werde.»

Es gab und gibt sie also wirklich: die Katze, die in ihren Schwanz beißt oder die Frage nach Huhn und Ei – wer war zuerst da?

Und wie das in meinem Leben so war und auch heute noch ist, regelte sich dieses Problem auf eine Weise, an die ich nicht im Traum gedacht hatte.

«Sag mal, wie siehts denn bei dir mit einer Stelle aus? Hast du schon eine? Ich hätte sonst einen guten Vorschlag für dich», sagte Dieter, ein ehemaliger Kommilitone zu mir, als wir uns in der Dimitroffstraße fast vor seinem Haus trafen. Dieter war in der Fachschule ein Jahr über mir und hatte im vorigen Jahr seinen Abschluss gemacht. Da wir sehr nah beieinander wohnten und uns auch gut verstanden, gab es immer mal etwas zu bereden oder zusammen einen Schnaps zu trinken oder uns über die grafischen Möglichkeiten im Druck zu unterhalten.

«Na, leg mal los, wie sieht dein Vorschlag aus? Ich habe zwar schon eine Stelle, aber nichts ist endgültig», sagte ich interessiert und bekam dabei ein Kribbeln im Bauch, ein positives Kribbeln. Denn wenn Dieter einen Vorschlag machte, dann hatte der auch Hand und Fuß, das wusste ich genau.

«Du, ich will doch freischaffend arbeiten, und jetzt bin ich seit fast einem Jahr fest angestellt. Und irgendwie tut es mir auch leid, meinem Chef N. zu sagen, dass ich gehen will. Wenn ich aber einen Grafiker, den ich gut kenne, als meinen Nachfolger präsentiere, wäre der Schmerz nur halb so schlimm», erzählte Dieter weiter und machte bei dem Wort Schmerz mit beiden Händen das Zeichen für Gänsefüßchen, es war also nicht so traurig gemeint, wie gesagt.

«Und ich muss dir sagen, diese Grafikerstelle ist Gold wert!», ergänzte Dieter überzeugend.

Jetzt begann mich diese verrückte Idee, den Fernsehfunk eventuell sausen zu lassen und doch woanders anzufangen, zu interessieren und ich fragte nach: «Und wo ist das, was für ein Betrieb, was machen die?»

«Du hast doch bestimmt schon von Robotron gehört, ein großer Elektronikbetrieb, und der Hauptsitz ist auch noch in Dresden. Da könntest du eine Dienstfahrt gleich mit dem Besuch deiner Familie verbinden. Aber das beste daran ist, der Berliner Sitz der Werbeabteilung ist in Wilhelmsruh in der alten Villa von Borsig, dein Arbeitszimmer wäre sehr groß und alles mitten im Grünen. Die neueste Technik einschließlich einer Dunkelkammer für den Fotokram steht dir dann ebenfalls zur Verfügung. Außerdem ist auch die Mauer gleich um die Ecke, und den S-Bahnhof Wilhelmsruh kannst du vom Fenster aus sehen – der liegt aber in West-Berlin. Du musst doch besser mit dem 58er Bus ab Pankow fahren. Ich rede schon so, als wärst du einverstanden...», sagte Dieter in seiner lustigen, humorvollen Art.

Bevor ich noch weiter fragen konnte, erzählte mir Dieter, das sein Chef N. inzwischen ein guter Bekannter von ihm und ein sehr angenehmer Mann ist, mit dem er über alles reden kann und der auch von Werbung und Grafik allgemein viel versteht. Das ist für einen Chef sehr wichtig, denn sonst hat man es schwer, seine guten oder weniger gelungenen Ideen durchzubringen.

«Und was verdienst du dort?», fragte ich nach, weil dieser Punkt auch eine nicht unbedeutende Sache war.

«Ich habe 680 Mark, und nach einem Jahr gibts schon mehr, also gar nicht so übel, wenn ich an meine ehemaligen Kommilitonen denke, die mit viel weniger angefangen haben.»

Da hatte er recht! Also noch mehr als beim DDR Fernsehfunk jeden Monat in der Tasche zu haben, machte mir plötzlich richtige Lust auf eine vielleicht fahrlässige Entscheidung! Und nach einem Jahr wird das Gehalt noch erhöht, so, so. Aber, überlegte ich, freischaffend zu arbeiten war doch auch mein Ziel, nur eben nicht sofort. Dann wäre ich der nächste, der dem netten Chef Tschüss sagen müsste, oder ich stelle ebenfalls einen Nachfolger.

Dieter schien zu ahnen, woran ich dachte und sagte: «Wenn du erst mal angestellt bist, kannst du in Ruhe nach Kunden suchen und in dieser Zeit auch nebenberuflich arbeiten, die Genehmigung bekommst du von N., wenn alles gut läuft. Das habe ich auch so gemacht.»

Mein Schicksal oder was auch immer es war, stieß mir zustimmend in die Seite und ich gab diesen Stoß an Dieter weiter und sagte: «Du, ich mach das. Wann soll ich mich dort vorstellen – oder am besten – du redest erst mal mit ihm und drohst mein Kommen an. Ich habe ein gutes Gefühl, obwohl ich schon beim Fernsehfunk ab 1. September meine Stelle fest habe. Ich mach das, mein Bauch bestätigt das ebenfalls», wiederholte ich noch mal und nickte freudig mit dem Kopf.

Schon für die nächste Woche hatte ich einen Termin in Wilhelmsruh beim Chef bekommen. Schon von außen begeisterte mich diese Villa, ebenso mein eventueller 40 m^2 großer Atelierraum, die komplett eingerichtete Dunkelkammer mit einem Kleinbild- und einem 6 x 9 Vergrößerungsapparat mit ausklappbarer Reproanlage und jeder Menge großformatigen Fotopapiers und entspechender Filme. Da lachte mein Grafikerherz und ich wusste an diesem Tag genau, dass meine Vorstellung hier die beste Wahl gewesen ist, wenn er mich nimmt.

Herr N. war mir auch gleich symphatisch, er redete nicht groß drumherum, sondern fragte mich einfach nur, ob ich Dieters Nachfolger werden möchte und ob mir die technische Ausstattung gefällt.

«Ich verlass mich hier ganz auf Dieter, wenn der Sie empfiehlt, dann wird es sicher auch gut sein. Und wenn noch etwas fehlen sollte, was ein Grafiker so braucht, wir bestellen es. Außerdem muss in den nächsten Wochen eine neue Schreibmaschine geliefert werden mit der sich textliche tiefschwarze Reprovorlagen erstellen lassen. Das ist eine Kugelkopfmaschine von IBM, die gibt's seit 1961», sagte N. in ruhigem Ton zu mir und ich hatte plötzlich das Gefühl, mit dem Bus versehentlich etwas zu weit gefahren und im Westen gelandet zu sein. Nichts schien unmöglich, so etwas hatte ich nicht vermutet!

«Eine Sache habe ich noch», sagte ich etwas unsicher zu N., «ich habe noch keine Zuzugsgenehmigung für Berlin, die erhalte ich nur, wenn ich eine feste Anstellung nachweisen kann. Wie wird das geregelt, kann ich trotzdem von

Ihnen einen Arbeitsvertrag bekommen und damit dann die Zuzugsgenehmigung beantragen?»

Seine Antwort war einfach und überzeugend: «Sie sind doch Dresdner und arbeiten dann hier in der Außenstelle Berlin für Robotron in Dresden, da gibts den Wisch automatisch. Ich mach das schon.»

Verstanden hatte ich diesen Satz mit dem 'automatisch' nicht direkt, war mir auch egal, es wird schon klappen dachte ich, denn die Dresden-Berlin-Robotron-Konstellation erschien mir einleuchtend und besonders günstig für meine Zuzugsgenehmigung. Die bekam ich auch wirklich schnell und ohne Verrenkungen. Schon Ende August 1970 war ich ein Berliner – nur sieben Jahre nach Kennedy.

Ich musste noch schnell einen Termin beim Fernsehfunk vereinbaren, dort dankend für das uneingeschränkte Vertrauen absagen und mich wohlfühlen...

Meinen Komilitonen erzählte ich sofort, dass ich mich anders entschieden habe und einen Wechsel vom Fernsehen zur Elektronik machen will. Dafür bekam ich von Detlef O. eine deftige Antwort: «Bist du blöd? Ich habe noch keine Stelle und du lässt deine sausen?»

Blöd war ich bestimmt nicht, aber ein Problem kam auf mich zu: so ohne Weiteres wie in Dresden die Dewag ließ sich der Fernsehfunk der DDR in Adlershof nicht von mir abspeisen.

«Das geht so nicht, Herr Schwalbe. Wir haben einen Vertrag und wenn Sie den nicht einhalten können oder wollen, dann müssen Sie uns Ersatz stellen. Wir brauchen einen Grafiker ab September, das ist so geplant. Also schicken Sie uns einen entsprechenden Abgänger Ihres Jahrgangs und dann sehen wir weiter», das war die klare Ansage der Kaderabteilung.

«Sag mal Detlef, du hast doch noch keine Stelle gefunden und ich muss schnell einen Ersatz liefern. Willst du beim Fernsehfunk anfangen? Mir machst du damit eine große Freude und dir bestimmt auch, oder?», fragte ich in der nächsten Woche meinen Kommilitonen.

«Ist das ernst gemeint? Du musst einen Nachfolger stellen bevor du dort angefangen hast? Ich nehm die sofort. Mach das klar! Von Potsdam nach Adlershof ist das ein Katzensprung, da fahr ich gern jeden Tag hin und zurück!», antwortete Detlef begeistert.

Kurze Zeit später kam Detlef auf mich zu und wedelte freudig mit einem Stück Papier: «Hier, mein Vertrag. Ab September bin ich beim Fernsehfunk und wir beide gehen heute einen trinken. Ich lade dich ein!»

FLUSEN IN DER TASCHE

Ich wollte vor meinem richtigen Arbeitsleben wieder einmal nach Polen fahren - nach Łódz, meiner Geburtsstadt. Dort hatte ich genügend Freunde und Verwandte, die schon auf einen Besuch warteten, weil sie mich wieder sehen wollten. Da waren meine Oma, mein Onkel, mein Cousin und die Söhne und Töchter der Bekannten meiner Eltern - alle in meinem Alter. In Warschau hatte ich ebenfalls noch einen Onkel und eine Cousine, vielleicht machen die einen Sprung nach Łódz und so wäre die Familie fast vollständig beisammen.

Gedacht - geplant - gefahren.

Der Zug nach Łódz war wie immer völlig überfüllt, aber ich hatte eine Platzkarte. Umsteigen musste ich in Kutno, aber vorher kam noch die Grenzkontrolle in Görlitz, die ich gelassen über mich ergehen lassen würde. Doch stets vor der Grenze begann mein Herz etwas heftiger zu schlagen, auch wenn ich mir keiner vorsätzlichen Schmuggelschuld von einem befreundeten Bruderland ins andere bewusst war. Mein Koffer war zwar voll wie immer, wenn ich nach Polen fuhr. Diesmal waren es aber nur Kleinigkeiten, die ich als Geschenke eingepackt hatte, denn irgend etwas - außer Alkohol, den gab es auch in Łódz ausreichend - musste ich doch mitbringen.

Ein Nachbar meiner Oma, den wir immer nur Ciesniak nannten und der auch in meinem Alter war, wünschte sich bei meinem letzten Besuch in Łódz, und das war schon zwei Jahre her, Abziehbilder für Fahrräder. Eine banale Sache, diese Abziehbilder. Da ging es um verschiedenfarbige Streifen oder Muster, die als Ringe über den Rahmen, die Gabel oder sonst wohin geklebt wurden. Mit diesen Verzierungen sahen die Fahrräder dann sportlicher, lustiger und schneller aus.

Mein Bekannter war Mitglied in einem Fahrradclub und bestellte bei mir gleich für seine Sportskollegen mit. Ich kaufte achtzig dieser Abziehbilder zu 8 Pfennig das Stück und konnte so mit 6 Mark 40 Gesamtausgabe ihm und seinen Radlern einen großen Wunsch erfüllen. So dachte ich, bis der Zug in den Görlitzer Bahnhof quietschend einrollte.

Die Abziehbilder hatte ich im Koffer gleich obenauf gelegt, vorher meinen A6-Zollformularzettel aus sehr holzhaltigem Papier ausgefüllt und wartete geduldig auf die Ausweis- und Zollkontrolle. Der Zug hatte an der Grenze immer einen Aufenthalt von über einer Stunde, also genug Zeit für die Uniformierten, uns gehörig zu filzen.

«Wo fahren Sie hin und warum», fragte der Grenzer, als er meinen Ausweis und die ebenfalls A6-große Reiseanlage in der Hand hielt. Diese Frage war dämlich, denn auf der Reiseanlage stand der Zielort drauf. Aber ich gab lieber eine freundliche Antwort zu viel als mit diesem unfreundlichen Gesicht Ärger zu bekommen.

«Ich fahre nach Łódz zu meiner Großmutter», antwortete ich wahrheitsgemäß und bekam wortlos meinen Stempel auf die Rückseite gedrückt. Er hatte die Abteiltüre eben geschlossen, da ging sie auch schon wieder auf und der Mann vom Zoll nahm ebenfalls meine Papiere, las sich aufmerksam den Zollzettel durch und fragte mich das Gleiche wie sein Kollege. Meine Antwort war auch die gleiche und darauf meinte er nur kurz: «Welches ist ihr Gepäck? Bitte öffnen Sie den Koffer.»

Ich tat, was er von mir wollte, hob meinen neuen Luftkoffer aus dem Gepäcknetz, legte ihn auf meinen Sitz und öffnete den umlaufenden Reißverschluss. Zu verbergen hatte ich nichts, denn für meine Oma hatte ich ihre Lieblingsbonbons und drei Packungen 'blanka blink' als Geschenk von meiner Mutter, das waren Waschmittel für besonders weiße Wäsche, meine Oma war davon begeistert!

Der Zöllner hob rechts und links meine Klamotten an, nahm dann das kleine obenaufliegende Tütchen mit den Abziehbildern in die Hand und fragte mich, was da drin ist.

«Ach», sagte ich, «das sind Abziehbilder für Fahrräder.»

«Und wo haben Sie die hier eingetragen», fragte er kurz, zeigte dabei auf meinen Zollzettel und setzte fort: «Wieviel sind da drin?»

«Das sind achtzig Stück, so für fünf Fahrräder zum bekleben», versuchte ich diese billigen Dinger besonders wertlos zu machen, denn plötzlich bekam ich einen heißen Kopf und böse Ahnungen.

«Machen Sie den Koffer zu und kommen Sie mit», war seine knappe Antwort.

Wir verließen den Zug, ich mit einem beklemmenden Gefühl, denn mehr als zwanzig Minuten Aufenthalt hatte der Zug hier in Görlitz nicht mehr. Wie soll ich das schaffen, wenn die mich jetzt noch ausfragen wollen?

Da saß ich nun allein in einem kleinem Zimmer mit Tisch, Stuhl, Lampe und dem Portrait von Walter Ulbricht direkt vor mir. Ich hörte die Durchsage, dass mein Zug gleich abfährt und dass die Türen zu schließen sind. Das war plötzlich ein übles Gefühl in meinem Bauch, denn ich wusste nicht, wann der nächste Zug fährt und was sich meine Oma denkt, wenn ich nicht zu der Zeit ankomme, wie ich es im Brief vor zwei Wochen angekündigt hatte.

Ich versuchte gelassen zu bleiben, denn ich hatte noch nichts verbrochen und war mir auch keines Zollvergehens bewusst. Dann, nach vielleicht einer Stunde öffnete sich die Türe, zwei taubenblauuniformierte Zöllner traten an den Tisch, setzten sich wortlos mir gegenüber und lasen in einem Ordner, von dem ich nicht wusste, ob es eine Akte über mich war oder nur Bluff.

Dann legte einer der beiden einen A4-Zettelblock vor sich hin und ich musste alle Angaben zu meiner Person machen. Darunter zog er einen waagerechten Strich mit seinem Kugelschreiber und das Verhör begann.

«Sie haben also in Ihrem Koffer Waren schmuggeln wollen. Diese Waren haben Sie auf der Zollerkärung nicht angegeben. Wofür sind die bestimmt, was für Geld erhalten Sie dafür, wer sind die Abnehmer. Ich will die Namen wissen», sagte er schneidig zu mir.

Es wurde brenzlig für mich. Der Zug war weg, die Abziehbilder waren beschlagnahmt, die Zöllner hatten alle Zeit der Welt und ich war unschuldig!

«Ich habe nicht geschmuggelt. Die Abziehbilder habe ich noch heute früh gekauft und nur vergessen, sie auf der Zollerklärung anzugeben. Ich habe die ja auch nicht versteckt, die lagen obenauf, sofort sichtbar. Damit will ich auch nicht schmuggeln, die kosten 6 Mark 40. Was soll ich denn da schmuggeln? Der Nachbar meiner Großmutter ist in einem polnischen Fahrradclub und die anderen Mitglieder wollen sich ihre Räder etwas verschönern. Das soll nur ein kleines Geschenk sein», erklärte ich den beiden wahrheitsgemäß.

«Wie heißt der Nachbar ihrer Oma und wie alt ist der? In welcher Beziehung stehen Sie zu ihm?...»

Die Fragen häuften sich und ich konnte weder seinen kompletten Namen nennen, noch sein Alter oder seinen Beruf. Wir kannten uns nur so, wie man sich als junge Menschen eben kennt, wenn man sich nur alle zwei Jahr oder weniger sieht.

Nach zweieinhalb langen Stunden hatte der Zöllner fast vier Seiten vollgeschrieben und meinte dann kurz: «Und wo arbeiten Sie? Die Adresse und den Betrieb brauche ich noch. Ein Duplikat über Ihr Zollvergehen wird auch Ihrem Betrieb zugeschickt.»

Das war ein gutes Stichwort für mich: mein Betrieb! Dass ich Student war, in Dresden schon meinen Arbeitsvertrag gelöst hatte und in kurzer Zeit in Berlin mit meiner Arbeit anfange, das musste der nicht wissen, denn er hatte mich danach nicht gefragt! Also nannte ich die HO-Werbeabteilung in Dresden und mit diesem Protokoll sollten die dann machen, was sie wollen.

Ich bekam auch eine Ausfertigung der vier Seiten, musste alles unterschreiben und durfte dann frohen Mutes auf dem Bahnsteig nach dem nächsten Zug suchen. Der kam erst gegen vier Uhr früh hier an und so konnte ich die restlichen fünf Stunden auf dem menschenleeren, zugigen und auch in dieser Sommernacht kalten Bahnsteig zubringen.

Das war mir eine Lehre! Ich hatte zwar das Gefühl, etwas falsch gemacht zu haben, aber etwas so banales, dass es sich nicht lohnte, darüber auch nur einen Gedanken zu verschwenden. Erzählt habe ich es aber allen, die es wissen wollten und ich nahm mir vor, mich zu rächen.

«Euch werd' ich's zeigen», murmelte ich noch auf der Bahnsteigbank und stieg schlaftrunken in den rettenden Zug nach Łódz.

Meinem Bekannten zeigte ich in Łódz das Protokoll und erklärte dazu das Vorgefallene, und dass er seine Abziehbilder sich beim DDR-Zoll abholen kann. Im Gegenzug bekam ich einige gute Tipps, wie ich bestimmte Sachen ohne Probleme am Zoll vorbei bekam.

«Wenn du dir zum Beispiel eine Lederjacke kaufst und die nicht offiziell mitnehmen darfst, dann wird es eben eine Jacke aus der DDR. Du musst nur aus anderen Jacken- oder Hosentaschen die in der Naht liegenden Flusen rauspopeln, in deine neuen Jackentaschen legen und auch mal den Rest eines abgebrannten Streichholzes dazu. Und das Etikett muss raus – fein raustrennen. Wenn du noch einen alten Fahrschein aus Dresden im Portemonnaise hast, der gehört auch – völlig zerknittert – in die neue Jackentasche. So geht das», klärte mich der Nachbar meiner Oma auf und ich merkte mir diese Tipps.

Doch diese Abziehbilder-Protokollkontrolle gab es nur dieses eine Mal. Bei meinen weiteren Reisen in die befreundeten Bruderländer – Tschechoslowakei, Rumänien, Bulgarien oder Ungarn – war ich gewieft genug, keinen Anlass für üble Urlaubsstunden zu geben.

Die HO schickte mir einen Monat später ein Schreiben an meine Dresdner Adresse, dass sie von meiner Schandtat informiert wurden und ich mich besser an die Regeln des sozialistischen Reiseverkehrs halten sollte.

An die habe ich mich später auch gehalten, aber es waren meine eigenen Regeln!

BIETE – SUCHE

«Ich brauch eine größere Wohnung, und wenn möglich nicht im Erdgeschoss. Also, wenn du was hörst oder siehst, bitte gleich Bescheid sagen.»

Diesen Satz sagte ich allen, die ich kannte oder kennen lernte. Jeder sollte von meinem Wunsch erfahren, dass ich nach drei Jahren im Hinterhoferdgeschoss nun den starken Wunsch verspürte, etwas mehr Luft, Licht und ein besseres Wohngefühl zu bekommen.

Aber keiner konnte mir helfen. Von jedem bekam ich einen heißen Tipp, mit Informationen über leerstehende größere Wohnungen oder gute Bekannte, die wieder gute Bekannte hatten, die etwas wissen könnten. Ich musste selbst etwas unternehmen! Bis jetzt hatte ich viel Glück mit meinen Berliner Wohnungen gehabt und ich bestand darauf, dass das so weitergehen sollte!

Im August 1970 – ich war kein Student mehr und hatte verdiente Ferien – lief ich in der Dimitroffstraße zur U-Bahn und entdeckte fast an der Ecke zur Dunckerstraße einen kleinen Anzeigenladen mit einer fast das gesamte Schaufenster füllenden Holztafel. Darauf hingen A6-große beigefarbene Kartonzettelchen an den dafür vorgesehenen Haken und boten so Allerlei an.

Da blieb ich stehen und las die verschiedenen Rubriken: An- und Verkauf, entlaufene Tiere, Wohnungstausch, Helfen im Haushalt oder Verkauf und Gesuche für Kraftfahrzeuge. Mich interessierte der Wohnungstausch, doch was auf unzähligen Kärtchen stand, war genau das, was ich auch wollte: eine kleine Stube-Küche-Wohnung gegen eine größere zu tauschen.

In diese Rubrik könnte ich mich auch einreihen, aber das wäre mit Sicherheit völlig sinnlos – das wollten alle! Aber eine Chance erhoffte ich mir doch, wenn mir der richtige Text einfallen würde, oder das richtige Angebot!

Auf dem Weg zur U-Bahn kam mir dann der Gedanke, vielleicht klappts mit etwas Geld. Noch vor der Schönhauser Allee machte ich kehrt, begrüßte freundlich die junge Frau, die die Anzeigen aufnahm und sagte zu ihr, dass ich eine Wohnung tauschen möchte.

«Ja, sagen Sie mal den Text, den Sie im Aushang haben möchten. Ich schreib das dann mit Maschine auf Ihr Karteikärtchen und hänge das noch heute ins Fenster», erklärte sie mir den Vorgang.

«Also, da soll folgendes draufstehen», sagte ich und fuhr fort: «Biete Stube-Küche, 2. Hinterhof, parterre. Miete 19 Mark. Suche größere Wohnung. Zahle 500 Mark Abstand.»

«Das macht 5 Mark für eine Woche, Sie können auch noch verlängern, wenn Sie möchten. Ich häng es heute noch ans Brett. Sie können jeden Tag mal nachfragen, ob sich jemand auf Ihre Anzeige gemeldet hat. Das geht nur über Chiffre, die Adresse des Interessenten bekommen Sie in einem verschlossenen Umschlag.»

Ich bezahlte die 5 Mark und dabei bekam ich wieder ein wohliges Gefühl im Bauch, so als hätte sich da etwas in meine Richtung bewegt. Fröhlich ging ich zur U-Bahn – ich hatte mir vorgenommen, im Bahnhof Friedrichstraße einem neueröffneten Intershop meinen Besuch abzustatten und mal zu sehen, was es da so gab und was es kostet und wer da einkaufen kann. Da ich damals ein Raucher war, interessierten mich die Preise für Zigaretten, und ich war erstaunt darüber, dass zum Beispiel eine Schachtel HB nur 1 Mark 75 kostete. Westgeld hatte ich keins und ich hätte bestimmt auch nicht einkaufen können, denn die Verkäuferinnen fragten stichprobenartig die Kunden nach ihren Ausweisen. Nur Westberliner oder Westdeutsche kamen also in den Genuss, ihre Suchtmittel sehr preiswert zu bekommen.

Ich hatte alles gesehen, den etwas anderen Duft der großen weiten Welt gerochen und machte mich, nachdem ich mir ein großes Eis gegönnt und den polnischen Pavillon nebenan durchstöbert hatte, auf den Weg nach Hause. In der Dimitroffstraße bekam ich plötzlich Herzklopfen, verlangsamte meinen eigentlich immer schnellen Schritt und blieb vor dem Schaufenster der Anzeigenannahme stehen. Und da hing schon mein kleines Kärtchen unter der Rubrik -Wohnungstausch-. Sie hatte es also wirklich sofort geschrieben und an seinen Platz gehängt. Ich war zufrieden.

Eigentlich wollte ich erst in einer Woche nachfragen, ob sich etwas getan hat und ob ein Dummer meine Wohnung gegen eine größere tauschen will, aber ich hielt es nicht länger aus, und schon am übernächsten Tag sah ich wieder ins Fenster doch mein Kärtchen hing nicht mehr an seinem Platz und war auch sonst nirgendwo zu finden.

Sehr zaghaft aber mit einem wie immer freundlichen Gruß betrat ich den Laden. Die nette Frau erkannte mich sofort wieder und fing gleich an aufgeregt zu reden: «Na, Sie haben mir da ein schönes Ding verpasst. Ich musste schon gestern Ihre Karte vom Brett nehmen. Da kam eine Kontrolle und die wiesen mich darauf hin, dass ein Wohnungstausch für Geld nicht gestattet ist. Da könnten ja alle mit einem Batzen Geld zu großen Wohnungen kommen. Ich habe eins auf den Deckel bekommen. Aber am gleichen Tag, als Sie Ihre Anzeige aufgegeben haben, kam ein junger Mann und gab für Ihre Chiffre einen Umschlag ab. Hier ist er, vielleicht haben Sie Glück.»

«Oh», antwortete ich theatralisch, «das habe ich nicht gewusst. Ich habs ja nur gut gemeint, wenn schon einer so einen dämlichen Tausch machen will, hat er wenigstens gleich das Geld für den Umzug.»

Mit großen Dankesworten für ihre Unannehmlichkeiten mit meiner Anzeige verabschiedete ich mich von der netten Frau und riss gleich auf der Straße den einzigen Umschlag auf, den mir die Sache eingebrockt hatte. Und was ich da las, verschlug mir den Atem: «Ich habe eine große Zweizimmerwohnung mit langem Flur und Küche in der Husemannstraße 12, 3. Stock, Quergebäude, leider mit Außentoilette, halbe Treppe. Ihre Wohnung brauch ich nicht, ich brauch aber das Geld für meinen Umzug nach Anklam. Alles andere besprechen wir mündlich, wenn Sie mit meinem Tauschvorschlag einverstanden sein sollten. Am Sonnabend ab 18 Uhr in obengenannter Adresse.»

Sonnabend! Das war schon morgen und ich konnte es noch nicht fassen, was da in klaren Druckbuchstaben blau auf weiß stand.

Punkt 18 Uhr öffnete ich die schwere Eingangstür zur Husemannstraße, lief über den Hof und im Quergebäude drei Etagen nach oben. Mit jeder weiteren Etage wurde es erfreulich heller im Treppenhaus. Dann stand ich vor der Wohnungstür, sah den üblichen Zettelbock mit angehängtem Kugelschreiber für die Nachrichten von Bekannten und Freunden, wenn man wieder einmal nicht zu Hause war – das wäre heute eine Einladung zum Wohnungseinbruch – und klingelte aufgeregt.

Er hatte die Wahrheit auf seinem Zettelchen geschrieben: der Flur war lang, das große Zimmer hatte 20, das kleine 12 Quadratmeter und die Küche war mit 10 Quadratmetern ebenfalls annehmbar. Und als Miete verlangte die KWV – die Kommunale Wohnungsverwaltung – nur 28 Mark.

«Das mit Ihrer Anzeige passt mir gut in den Kram. Ich bin mit meinem Studium fertig und habe in Anklam eine Stelle bekommen. Ich zieh nach Anklam, dort wohnen seit einem Jahr auch meine Eltern. Der Umzug ist auch nicht umsonst und wenn Sie die Wohnung hier haben wollen, das Geld nehm ich gern. Ihre Wohnung brauch ich nicht, mit der können Sie machen, was Sie wollen», erklärte er mir seine guten Gründe für einen vorgetäuschten Wohnungstausch.

Ich war wie in einem Rausch, sagte sofort zu und versprach, alles Notwendige für dieses Geschäft zum beiderseitigen Vorteil sofort in die Wege zu leiten.

«Einfach wird das nicht sein, dass ich mit meiner Fast-Frau diese große Wohnung im Tausch bekommen kann, aber einen gezinkten Schwangerschaftsnachweis könnte ich schon besorgen. Das muss einfach klappen», sagte ich euphorisch.

Und es klappte auch, so wie mein Bauch es mir wieder einmal vorhergesagt hatte: In der Wohnungstauschkommission saß ein älterer ehrenamtlicher, aber für mich wichtiger Genosse, der anscheinend auch das Sagen hatte und den ich vom Sehen her schon lange kannte. Es schien mir so, als wär er mir, warum auch immer 'gut gesonnen', und als ich dann auch noch einen ärztlichen Nachweis erbrachte, dass meine Frau Freundin schwanger ist – was sie natürlich nicht war – und auch sonst überall gesundheitliche Probleme hat, war der Tausch von staatlicher Seite genehmigt! Ich hatte jetzt zwei Wohnungen, war um 500 Mark ärmer und musste nur noch umziehen!

HUSEMANN 12

Das war ein Ausblick! Aus der dritten Etage des Quergebäudes in der Husemannstraße 12 sah ich jetzt nicht nur direkt vor meinen Fenstern eine wunderschöne Linde, ich sah auch den Himmel – sonnig blau oder grau, wolkenverhangen oder regnerisch oder voller blinkender Sterne.

Das war schon ein erhebendes Gefühl, nicht mehr gegen abfallenden Putz zu ebener Erde die Augen zu richten, sondern weit über meinen Hof und einen angrenzenden weiteren Hof zu den Häusern in der Kollwitzstraße blicken zu können!

Das Umfeld war das gleiche wie das in der Dunckerstraße. Gleich nebenan war eine Drogerie, an der Ecke gegenüber ein Zeitungs- und Tabakladen, in der Sredzkistraße gab es einen Fleischer und ein Fischgeschäft. An den Ecken zur Dimitroffstraße waren ein Lebensmittel- und ein Haushaltwarenladen und gleich nebenan ein guter Bäcker mit den guten Brötchen für fünf Pfennig, die ich heute sehr vermisse.

Auch die U-Bahn war ebensoweit entfernt wie von der Dunckerstraße. Also passte alles perfekt!

Nur die Toilette – die war halbe Treppe, wie der Berliner sich auszudrücken pflegt, wenn etwas zwischen zwei Etagen liegt. Das war mir nicht angenehm, denn das ständige 'fürs kleine oder große Geschäft' aus der Wohnung zu gehen und den Schlüssel dabei nicht zu vergessen, ärgerte mich sehr. Ich baute mir also als erstes ein Innensicherheitsschloss ein, da konnte ich beim kurzen Verlassen der Wohnung innen den Riegel rausschieben, so dass die Türe nicht versehentlich zufallen konnte. Und es gab etwas mehr Sicherheit. Ich hatte dadurch jetzt zwei Schlüssel am Bund – einen eisernen schweren Bartschlüssel und den flachen, allgemein üblichen Sicherheitschlüssel.

Eine Woche später entdeckte ich im Haushaltwarenladen einen eigenartigen Sicherheitssteckschlüssel. Der hatte es mir angetan, den empfand ich als eine geniale Lösung, ein normales Schloss für einen Bartschlüssel zusätzlich zu sichern. Der geringe Preis von 2 Mark 70 stand im großen Widerspruch zu seiner Effektivität, denn er bestand nur aus einem Zylinder, der zur Hälfte drehbar geteilt war, zwei ausragende Bartteile hatte und in dem ein flaches schlüsselartiges Stück Metall steckte. Zu Hause angekommen schob ich probeweise dieses Stück Sicherheit in das alte Schloss, drehte um 90° und zog das Minischlüsselchen heraus. Der Zylinder blieb in sich verdreht im Schloss stecken und so konnte niemand mit einem Dietrich oder einem sonstigen krummen Ding meine Türe öffnen.

Das war außen, jetzt musste ich mich nur noch um die Einrichtung innen kümmern, denn den alten Kram aus der Dunckerstraße wollte ich plötzlich nicht mehr haben. Für den Fußboden plante ich einen naturfarbenen Kokosbelag, der war aktuell und sehr preiswert. Und da ich ab September mit einem guten Gehalt rechnen konnte, kaufte ich einen modernen Couchtisch mit einem schwarzen Metallgestell und einer holzimitierten Tischplatte.

Das Metallgestell des Tisches nahm ich auseinander und gab es bei meinem nächsten Dresdenbesuch meinem Bruder. Der hatte einen Bekannten bei dem alle die etwas verchromen lassen wollten, ihre Teile abgeben konnten. Er war auch einer der wenigen Galvaniseure, die Kunststoffe verchromen konnten.

Bald darauf strahlte mein Couchtisch nicht mehr auf einem schwarzen Untergestell, sondern auf einem verchromten. Und die Platte, die ja eine künstliche aufgedruckte Holzmaserung hatte, lackierte ich weiß – mit dem damals aktuellen und üblichen Pur-Lack.

Das Glanzstück aber waren die neuen Sessel! Im Industrieladen für Möbel in der Dimitroffstraße, kurz vor der Kreuzung zur Pappelallee und Schönhauser Allee sah ich einen Sessel stehen, der in mir einen Jubelschrei auslöste! Der sah aus, als hätte ihn der Bauhaus-Designer Mies van der Rohe entworfen. Sein Sessel 'Barcelona' von 1929 stand sicherlich Pate bei diesem DDR-Produkt. Das schwarze Leder und die verchromten schwingenden Flachstahlbeine schalteten mein in diesem Moment wehrloses Hirn ab und ich beschloss, vier dieser traumhaften Sessel zu kaufen obwohl der Preis von 400 Mark für einen Sessel meine augenblickliche Finanzlage sehr ins Wanken brachte.

«Guten Tag, ich interessiere mich für den Sessel da, den schwarzen. Den hätte ich gern vier mal», erklärte ich der Verkäuferin mit einem Kribbeln im Bauch, denn es könnte ja auch sein, dass es den wirklich nur als Einzelstück gibt.

«Davon wollen Sie vier Stück? Der hat ja nicht mal Armlehnen, und das zu diesem Preis!», konterte die ungläubige Verkäuferin und setzte fort: «Nach dem hat noch niemand gefragt, Sie sind der Erste, na ja, die Geschmäcker sind eben verschieden.»

«Wie schnell kann ich die Sessel haben?», fragte ich nach und erfuhr von ihr, dass die Lieferzeit so ungefähr sechs Wochen beträgt und der Hersteller in der Berliner Kopernikusstraße seinen Sitz hat. Dort müsste ich auch meine Bestellung aufgeben und dort werde auch bezahlt.

Ich fuhr ohne zu zögern zum Hersteller in die Kopernikusstraße. Dieser Betrieb lag in einem Hof fast an der Einmündung zur Warschauer Straße. Ich bestellte vier dieser traumhaften Sessel und überlegte auch gleich, wie ich an das viele Geld kommen kann, ohne meine Eltern bitten zu müssen. Die würden mir das Geld sicherlich borgen, aber bestimmt nicht für einen modernen Firlefanz von vier schwarzen Sesseln ohne Armlehnen.

"Da gibt es doch wichtigere Dinge im Leben als so etwas", hörte ich sie sagen und ging noch am gleichen Tag zur Sparkasse, um nach einem Kredit zu fragen.

«In der nächsten Woche können Sie das Geld abholen, drüben am Kassenschalter. Die Raten betragen 400 Mark monatlich, so wollten Sie das. Aber bedenken Sie bitte auch, es gibt jeweils nur einen Kredit für eine Person. Wenn Sie also noch das Geld für einen Kühlschrank brauchen, dann können Sie den erst beantragen, wenn dieser hier abgezahlt ist», erklärte mir die Sparkassenangestellte mit halb mütterlicher, halb strenger Miene in der großen Filiale an der Eberswalder Straße.

Ja, ja, verschulden konnte man sich in der DDR durch zu viele Kredite, die dann nicht mehr bezahlbar waren, nicht. Da wurde staatlich vorgebeugt, nicht schlecht, davon bin ich auch heute noch überzeugt!

Ich lief auf Wolken nach Hause und betrat die neue Wohnung – obwohl sie noch fast leer war – mit ungeheurem Genuss. Ein Lichtblick nach dem anderen tat sich in meiner Phantasie auf und schon nach knapp sechs Wochen war es Wirklichkeit: der erste Besuch konnte kommen und sich in den neuen Sesseln lümmeln!

DIE GALERIE

«Und was hast du eigentlich mit deiner alten Wohnung in der Dunckerstraße gemacht?», fragte mich Jürgen Schweinebraden, als wir uns auf der Straße trafen und ich ihm von meinem perfekten Wohnungstausch erzählte.

Jürgen war ein Freund aus Dresden. Er hatte an der Technischen Hochschule in Dresden Arbeitspsychologie und an der Humboldt-Universität hier in Berlin Industriesoziologie studiert und wohnte in der Nähe der Leninallee – auch im Prenzlauer Berg – also nicht weit weg von mir.

«Bis jetzt noch nichts, die steht leer. Mal sehen, was ich damit mache. Ein paar Bilder muss ich noch rausholen und mich bei Frau O. für die immer verständnisvolle Art bedanken und mich verabschieden», antwortete ich Jürgen.

«Dann hat die schon einen neuen Mieter, wenn dir das egal ist. Ich nehm deine Wohnung sofort und hab da auch schon so meine Vorstellungen. Die Nebenwohnung ist doch immer noch leer, oder?» fragte Jürgen schnell und ich war einverstanden, denn was mit der Wohnung passieren wird, war mir wirklich egal. Ich wusste genau, es wird wieder einen nichtstaatlichen Weg geben, diese Wohnung neu zu belegen.

Ich nahm Jürgen mit zu meiner Vermieterin, um mich zu verabschieden und ihn auch gleich als meinen netten und umsichtigen Nachfolger vorzustellen, so dass sie in ihrem Interesse auch keinen Mietausfall zu fürchten brauchte.

Schon eine Woche später begann Jürgen die Wände zu inspizieren und mir sein geniales Projekt zu präsentieren: «Also, hier in der Diele mache ich einen Durchbruch in die

Diele der Nebenwohnung. Die hat ja auch Stube - Küche, sodass ich dann zwei Zimmer habe. Und aus der Küche der Nebenwohnung mache ich ein Badezimmer, mit Dusche natürlich.»

«Mal sehen, was die Vermieterin zu diesem Durchbruch sagen wird», antwortete ich etwas zögerlich, denn das Projekt schien mir doch etwas gewagt.

«Wenn dann für die Nebenwohnung jemand eine Zuweisung bekommt, kann das schwierig für dich werden. Ich habe das schon selbst erlebt – aber – wer nichts riskiert, kommt nicht nach Waldheim!», so sagt der Volksmund.

Wir lachten beide und waren dann doch überzeugt, hier können wir den staatlichen Stellen ein Schnippchen schlagen. Er muss nur gut eingefädelt werden, der halbkriminelle eigennützige rote Faden! Ich hatte immer mehr das Gefühl, den Westberliner Hausbesetzern, von denen im Fernsehen ständig im Zuge der politischen Unruhen berichtet wurde, ziemlich ebenbürtig zu sein. Nur machten wir in der DDR das ohne viel Krawall, dafür aber mit ausgekochter Schläue und mit viel Durchsetzungskraft. Unsere heimlichen Ziele waren auch mit denen der Westberliner nicht zu vergleichen.

Jürgen zog in meine alte Wohnung, und schon nach kurzer Zeit war sein Projekt keine Vision mehr. In dem zweiten, neu dazugekommenen Zimmer hatten viele Vögel ihr angenehmes Zuhause. Jürgen ließ sie frei fliegen und hatte einige große Äste so im Raum aufgestellt, dass die Vögel es bestimmt besser hatten als in jeder Zoohandlung.

Sein neues Badezimmer, die ehemalige Küche, war inzwischen vollständig gefliest und mit einer Dusche ausgestattet. So ließ es sich auch im Erdgeschoss wohnen! Und außerdem stand zum Wohlfühlen im letzten Hof, zu dem das Bad und das Wohnzimmer ihre Fenster hatten, ein großer Ahornbaum. So ein Baum gab jeder Seele auch in trüben Tagen Farbe und Wärme.

Aber eine Innentoilette hatte Jürgen immer noch nicht. Fürs große und kleine Geschäft musste er – wie ich immer noch – die Wohnung verlassen, einmal nach links in Richtung Ausgang gehen und den unangenehmen engen Sanitärquadratmeter aufsuchen. Das musste sich ändern! Aber wie? Diese Toilette war für alle vier Erdgeschosswohnungen im Quergebäude da. Sie so einfach zu okkupieren ging nicht. Da halfen vielleicht gute, einfühlsame und überzeugende Worte, mit denen Jürgen den einzigen Nachbarn in der Wohnung gegenüber überreden könnte.

«Wenn Sie sich eine Toilette einbauen, dann müssen Sie doch nicht durchs Treppenhaus laufen und Ihr Besuch auch nicht. Und ich mauere die Toilettentüre außen zu, mache einen Durchbruch von meiner Küche und wir haben beide eine Innentoilette. Dann kann auch der Winter kommen, wir frieren uns nichts ab und müssen auch keine Angst haben, dass uns eine Ratte von unten her anknabbert», erklärte Jürgen seinem Gegenübernachbarn, einem Schauspieler und Liedermacher. Und der war schneller mit diesem Projekt einverstanden, als Jürgen erwartete.

Jürgens Freundin Janine wohnte jetzt auch in der immer weiter expandierenden Wohnung. Sie gab privaten Gitarrenunterricht, sodass sich das zweite Quergebäude in der Dunckerstraße 17 langsam aber stetig zu einem kulturellen Kleinod entwickelte.

«Ich hab' ja noch einen Plan», erzählte Jürgen mir, als wir uns wieder einmal auf der Straße trafen.

«Ich versuche, die Wohnung über mir zu bekommen und dort mache ich eine Galerie rein. Das soll die erste private Galerie werden, hier in Ost-Berlin. Einen Namen habe ich auch schon dafür: EP – EinzigPrivat – das ist mein nächstes Ziel», setzte er fort.

Und ich antwortete darauf: «Dann hast du bald das ganze Haus. Warum auch nicht, es kann nur besser werden und etwas mehr Kultur tut gut.»

Dann ging alles wieder sehr schnell. Es wurde gehämmert, genagelt und gesägt und in tiefer Nacht leise und konspirativ eine solide schwere Rabitzwand abgetragen, in einem auf der Straße bereitgestellten Container entsorgt und am frühen Morgen war der Spuk beendet. Die Hausbesitzerin hatte nicht bemerkt, dass wieder eine Wand in ihrem Hause fehlte!

Die alten, einfachen, immer schwitzenden Fenster mussten auch weichen und Jürgen kaufte große und auch doppelt verglaste für die 1. Etage der EP-Galerie. Jetzt fehlten nur noch die Bilder der Künstler und die kunstinteressierten Gäste!

Die Galerieeröffnung war dann am 1. August 1973. Außer den vielen Bekannten und Freunden kamen auch einige, denen jeder schon von weitem ansah, dass sie zwar van Goghs Sonnenblumen oder Womackas 'Am Strand' knapp unter der Decke über ihrer Couch hängen hatten, aber von Kunst weder einen blassen Schimmer noch von den bei Jürgen ausstellenden Künstlern oder ihrem Inhalt die geringste Ahnung hatten. Die konnten sich jetzt weiterbilden und mussten umgehend über ihre Lernerfolge und das anwesende Publikum ausführliche Berichte schreiben.

Über 70 Ausstellungen und 50 Konzerte gab es in den folgenden sieben Jahren. Das war ein einmaliges Kulturprogramm, in dem viele neue Kunstrichtungen aus der westlichen Welt dem interessierten DDR-Publikum präsentiert wurden.

1980 erhielt Jürgen wegen Herstellung illegaler Drucksachen ein Strafverfahren und verließ am Ende des gleichen Jahres die DDR.

AUSSTELLUNGSERÖFFNUNG

Eine satirische Beobachtung

«Schmit's waren da, sie mit *grüner* Hose, ha, ha!»

«Ponteck auch, mit Freundin, was ist denn mit seiner Frau?»
«Quatsch, das war doch seine Tochter.»

«Ottmeiers sind ja schon früh gegangen, sind wohl was Besseres?»

«Die Berger unterhielt sich nur mit einem Glas in der Hand, was die so zusammensäuft – und immer nur Rotwein. Na ja, hier ist der ja auch umsonst!»

«Meint ihr nicht auch, es fehlte einfach an Stühlen, die Steherei geht in die Beine. Und die Brötchen waren auch schon mal frischer. Von dem Belag bekomme ich eine belegte Zunge, mehr nicht.»

«Zwei Bilder hingen schief.»

«Bilder? Waren die auch da?»

DER KUGELKOPF

'VEB Robotron Vertrieb Berlin' – das war die exakte Bezeichnung meines neuen Arbeitgebers, meines volkseigenen Betriebes in dem ich für die nächste Zeit als Grafiker arbeiten würde.

Der erste Arbeitstag begann für mich fast in der Nacht. Ich rechnete kompliziert: Sieben Uhr war Arbeitsbeginn, nicht zu spät kommen: sechs Uhr 45, bis zur U-Bahn laufen: sechs Uhr 30, bis zum 58er Bus, der ab Vinetastraße in Pankow fuhr: sechs Uhr 15 und mit dem Bus bis zur Hielscherstraße in Wilhelmsruh: fünf Uhr 50.

Vorher Aufstehen, auf die Außentoilette halbe Treppe gehen, Waschen, Zähne putzen, Anziehen und tschüß sagen – das hieß für mich: fünf Uhr 30 raus aus dem Bett. Das war ich bis jetzt, während der drei angenehmen Studienjahre, anders gewöhnt. Aber – nicht meckern – eine neue Zeit formt ein neues Leben!

Ich kam überpünktlich ins neue Büro, an diesem ersten Arbeitstag. Anscheinend hatte ich mich zu meinen Ungunsten verrechnet. Das haben gute Pläne so an sich.

Gleich in der ersten halben Stunde machte mein neuer Chef Lutz N. einen Rundgang mit mir, damit ich einen Einblick in die Struktur dieser Abteilung bekam und allen neuen Kolleginnen und Kollegen Guten Tag sagen konnte. Er stellte mich auch noch einem zweiten Lutz vor – das war Lutz H. – und ich ahnte damals noch nicht, dass er später einmal mein nächster Chef sein wird und wir auch so einiges zusammen unternehmen würden, privat und dienstlich. Oftmals vermischte sich das auch denn wir hielten uns gegenseitig den Rücken frei, wenn es nötig war.

Lutz N. zeigte mir anschließend das riesige Arbeitszimmer, das für mich gedacht war. Dieser über 40 Quadratmeter große Raum hatte einen halbrunden Erker und imponierte mir ebenso wie meine acht neuen Kollegen.

«Haben Sie zu Hause eine Dusche oder Badewanne?», fragte er mich, als wir fast am Ende des Rundgangs die Kellerräume betraten. Bevor ich über den Sinn dieser Frage nachdenken konnte, klärte er mich schnell auf: «Hier im Keller habe ich eine Dusche einbauen lassen. Die ist eigentlich für den Hausmeister gedacht, aber wer hier duschen will, kanns machen».

Über dieses Angebot freute ich mich sehr, denn ich hatte in meiner Husemannstraße keine Dusche, Waschen musste ich mich in der Küche. Umständlich war das, zeitraubend und anschließend schwamm der Boden, obwohl ich immer versuchte, mein wohnliches Umfeld trocken zu halten. Mit einem Waschlappen konnte ich mich noch nie waschen. Ich konnte nicht verstehen, wie andere ihren edlen Körper mit so einem Stück Stoff, der immer wieder aus der Hand rutscht, rundum ins Reine bekommen.

Ab heute aber hatte ich ein sanitäres Problem weniger! Dann folgte ich Herrn N. noch einmal vom Keller in die erste Etage dieser repräsentativen ehemaligen Borsig-Villa.

«Heute können Sie sich noch die Dunkelkammer so einrichten, wie Sie es brauchen, jeder hat ja so seine Technik. Dieter, der vor Ihnen hier war, hat auch einige Tage gebraucht, sich den ganzen Fotokram logisch zu platzieren. Sie haben hier die Reproanlage und das 6 mal 9 Vergrößerungsgerät, hier die Trockenpresse und den ganzen Entwicklungstrakt», so erklärte Herr N. mir das komplett eingerichtete Fotolabor.

Ich war sehr zufrieden, hatte aber das ungute Gefühl, dass ich noch heimlich, still und leise sehr viel lernen müsste. Während des Studiums erfuhr ich nicht alles über die Kunst des Entwickelns von Filmen oder Fotos, die verschiedenen Fotopapierarten und die Dunkelkammerbeleuchtung für die unterschiedlichen Filme und ihre unterschiedlichen Zwecke.

«So, und jetzt zeige ich Ihnen unsere Neuanschaffung», sagte Herr N. stolz, als wir die Dunkelkammer wieder verließen und nach unten gingen.

«Also, das hier ist eine Kugelkopfschreibmaschine von IBM. Die haben wir seit einer Woche und die wird Ihnen auch bei der Gestaltung von Drucksachen sehr behilflich sein, besonders, wenn etwas ganz schnell fertig werden muss. So, ich mach sie gleich mal an.»

Er steckte den Stecker rein und schaltete die Schreibmaschine an einer grauen Wippe ein. Mit einem leisen und angenehmen Surren lief sie jetzt und wartete anscheinend auf die weiteren Befehle.

Dann erklärte mein neuer Chef mir die Technik und die besonderen Vorzüge gegenüber einer normalen Schreibmaschine: «Es gibt hier keine Typenhebel mehr und auch keinen Wagen, der beim Schreiben nach links ausfährt und eventuell das volle Limoglas umstürzen könnte. Hier ist der Typenkopf in Kugelform, auf dem alle notwendigen Zeichen drauf sind. Wenn Sie einen Buchstaben antippen, so dreht sich der Kopf in Bruchteilen einer Sekunde auf den Buchstaben, schlägt an und dreht sich ebenso schnell wieder in die Ausgangsposition zurück. Und das Besondere ist: Sie können mitten im Wort den Typenkopf abnehmen, eine andere Schrift aufstecken oder eine andere

Sprache – und weiterschreiben. Ich habe zu dieser Maschine noch elf verschiedene Schriften gekauft und als Fremdsprache Russisch. Unsere Drucksachen machen wir oft zweisprachig. Wir haben auch magere und fette Schriften und auch Schreibschriften in Varianten...», erzählte er sehr detailliert und ich musste jetzt seinen Redeschwall unterbrechen.

«...wie haben Sie denn diese Maschine bekommen, das ist doch eine amerikanische, oder...», fiel ich ihm interessiert ins Wort.

«Ja, das ist richtig. Wir können alles importieren, was wir für unsere Arbeit brauchen. Robotron soll die Möglichkeiten der Elektronik voll nutzen und in die Volkswirtschaft einführen. Und dafür machen wir auch die Drucksachen für unsere Technik– in Deutsch und in Russisch – weil wir die auch in die UdSSR exportieren wollen. Aber noch mal hier zur Maschine: wir schreiben nicht mit den üblichen Farbbändern, sondern mit Plastic-Carbonbändern. Das gibt ein randscharfes und tiefschwarzes Schriftbild. Allerdings ist das Band auch "leer", wenn es abgeschrieben ist. Dann muss ein neues eingelegt werden, also bitte auch sparsam damit umgehen, ein Band kostet 18 Mark West», erklärte Herr N. mir aufschlussreich die neue Technik.

Ich war begeistert! Und ebenso begeistert war ich auch, als nach einem schnell vergangenen Monat mein erstes Gehalt ausgezahlt wurde.

«Gleich kommen die Leute von der Verwaltung und bringen uns das viele und wohlverdiente Geld», rief Evelin – eine meiner Kolleginnen – aus dem Nebenzimmer in den Flur, so, dass es alle hören sollten. Und schon eine knappe Stunde später hielt der hellblaue Wartburg vor dem

Haus. Die beiden Kassenleute trugen einen stabilen braunen Karton in den großen Flur, packten ihre Listen aus, dazu einen Kugelschreiber, zogen nacheinander Tüte für Tüte heraus und riefen die Namen der Kollegen, die auf der Oberkante der Geldtüte standen.

«Ich zähl's Ihnen vor und bitte hier unterschreiben», nuschelte die mobile Kassenfrau zu jedem einzelnen von uns. Dann hielt ich glücklich mein erstes Berliner Gehalt in den Händen: 680 Mark. Ein schönes Gefühl war das, nach den letzten 460 Mark, die ich in Dresden erhalten hatte.

Heute ist das nicht mehr vorstellbar, dass ein geldgefülltes Auto einfach so, ohne jeden gepanzerten oder sonstigen Begleitschutz durch die Stadt fährt und die Gehälter den Mitarbeitern bar auszahlt. Heute würde dieses Auto nicht weit kommen und dann wäre das Geld auch schon in anderen Händen.

Nicht vorstellbar ist heute auch, dass, wie damals, alle Mitarbeiter bei der Auszahlung der einzelnen Gehälter anwesend waren und jeder von jedem neidlos wusste, was er so in seiner Geldtüte nach Hause trug!

Mit diesem ersten Gehalt machte ich nach Arbeitsschluss an der Sparkasse Eberswalder Straße Halt und eröffnete mein erstes Girokonto. Einen Teil des Geldes zahlte ich ein, den Rest teilte ich wieder und legte eine Hälfte zu Hause in eine Schublade und die zweite Hälfte kam – wie bis heute – in meine rechte Hosentasche. Und so vermehrte sich langsam aber stetig ein Teil des Geldes in jedem Monat. Ich brauchte schließlich bald ein Auto. Ein Käfer sollte es sein!

KÄFER 1

Autos waren meine kleine Leidenschaft, schon in Dresden, als ich noch ein junger Jugendlicher war. Jeder Westwagen, der in meiner Nähe parkte, wurde von mir oder von meinen Freunden so lange durch rhytmisches Drücken am Heck in Schwingungen versetzt, bis einer die übliche aber zutreffende Feststellung machte: «Guck mal, was der für eine tolle Federung hat!»

Dieses Schwingen wurde schnell zu unserem Qualitätsmerkmal für besonders gute Autos: wippendes Auto – gute Federung – tolles Auto!

Mein Bruder liebte Autos noch mehr als ich, und er hatte in den späteren Jahren öfter mal einen gebrauchten Westwagen, mit dem er stolz durch die Dresdner Straßen oder auch weit weg fuhr. Eines Tages wollte er mir – da ich ja in Berlin noch kein Auto hatte – etwas Gutes tun, und meinte freudig: «Da ist ein Bekannter, der hat einen alten Käfer zu verkaufen. Das mit der Kaufgenehmigung von der DHZ mache ich schon. Dreieinhalb, willst du den haben?»

Die DHZ war die Deutsche Handels-Zentrale über die alle Fahrzeuge aus westlicher Produktion aber auch firmeneigene DDR-Autos gehandelt werden mussten. Eine Ausnahmegenehmigung für private Käufer war Gold wert und 'dreieinhalb' waren 3500 Mark der DDR.

Das Geld war jetzt da, mein Wunsch, einen Käfer zu besitzen ebenfalls und so sagte ich sofort zu, ohne das Auto überhaupt gesehen zu haben. Das war auch nicht so wichtig, Hauptsache es ist ein Käfer! Und dass es kein fabrikneuer sein kann, das war mir auch klar!

Eine Woche später unterschrieb ich in Dresden den Kaufvertrag für mein erstes Auto: einen dunkelgrünen VW Käfer, Baujahr 1950!

Ich konnte es kaum fassen, als mir der Vorbesitzer auf der Straße die Schlüssel in die Hand drückte, mir gute Fahrt wünschte und mit ziemlich traurigem Blick in sein Haus ging. Diesen traurigen Blick haben bis heute fast alle Autobesitzer, die ihren so heiß geliebten Wagen, der sie 'noch nie im Stich gelassen' hatte, gegen ein anderes, meist aber neueres Auto eintauschten. Irgendwie haben Autos immer so etwas wie einen Familienanschluss und manche bekommen auch einen Namen, je nach ihrer Rasse oder ihrem Aussehen oder ihrem Verbrauch – aber immer voller Herzgefühl!

«Mein liebes Brüderchen», sagte mein Bruder noch auf der Straße zu mir, als er mir erklärte, welcher Schlüssel die Türen und welcher Schlüssel die Motorhaube öffnet, und setzte fort: «mach dir nicht zu viel Illusionen, das ist ein 50er Baujahr, der ist 20 Jahre alt, damit kannst du immer mal liegen bleiben. Aber das ist eben dein erstes Auto. Wenn du ein Ersatzteil brauchst, hier ist eine VW-Werkstatt am Platz der Einheit, den Besitzer kenne ich gut. Der macht aus Scheiße Gold. In Berlin gibt es, glaube ich, in der Pappelallee auch eine VW-Werkstatt.»

Dieser Satz 'aus Scheiße Gold machen' war in der Umgangssprache der DDR-Bevölkerung üblich und damit waren die Handwerker in allen Branchen gemeint, die goldene Hände hatten und oftmals auch ohne Ersatzteile und ohne viel Gerede alles wieder zum Laufen brachten.

Ich war zu euphorisch um mich von meinem Bruder vorsichtig negativ beraten zu lassen. Es wird schon nichts kaputt gehen, da war ich mir sicher – und warum auch: der Käfer läuft und läuft und läuft...

Ein großes Problem hatte ich gleich beim Losfahren, denn dieser Käfer war damals für das westdeutsche Inland zum Verkauf gedacht – die Export-Käfer hatten schon ein synchronisiertes Getriebe und dieses war unsynchronisiert. Ich musste beim Schalten von einem Gang in den anderen Zwischengas geben, im Leerlauf wieder einkuppeln, wieder auskuppeln und den Gang einlegen. Dieser Akt war nötig, um das Getriebe synchron mit den Achsen laufen zu lassen, sonst kracht es im Getriebe! Das war gar nicht so einfach und ich hatte auf den ersten 100 Kilometern Mühe, dafür ein Gefühl – besonders für die Reihenfolge – zu entwickeln. Die vielen Hand- und Fußgriffe gingen mir nicht so schnell und eingespielt von der Hand und so wurde mein Auto bei jedem Schaltvorgang immer langsamer und damit für den nächsten Gang uninteressant!

Erstaunt war ich über das Gaspedal: es bestand aus einer Holzrolle, die an einem Metallbügel befestigt war, und die beim Gasgeben an der Schuhsohle widerstandslos rollte. Die Kilometerleistung meines Käfers war nicht mehr nachvollziehbar und die Beschleunigung nicht messbar. Seine PS allerdings auch nicht. Ich glaube, er hatte 26.

Mein erstes eigenes Auto war also ein 20 Jahre alter VW. Den konnte allerdings keiner in weiche Schwingungen versetzen, dafür war er zu kurz und hatte die falschen Federn für dieses Spiel, besonders hinten, da gab es statt Schrauben- oder Blattfedern Drehstäbe.

Eine Sache an diesem Auto gefiel mir gar nicht: die Heckscheibe war geteilt. Ein Teilearsch, wie der Volksmund sagt. Und mit diesem Teilearsch war ihm auch das Baujahr aufs Blech geschrieben. Das musste schnell geändert werden, denn so altmodisch, wie er wirklich war, sollte mein Käfer nicht aussehen! Also fuhr ich ein paar Wochen später wieder nach Dresden und ließ in einer privaten Karosseriewerkstatt den störenden Steg herausschneiden und eine durchgehende ovale flache Scheibe einsetzen. Nach dieser kosmetischen Operation sah er schon bedeutend moderner aus, aber schneller fuhr er trotzdem nicht.

In den folgenden zwei Jahren erreichte der Ölverbrauch fast den Benzinverbrauch und eine eigentlich nicht mehr lohnende Motorreparatur wäre nicht zu umgehen, meinte der Autoschlosser mit den goldenen Händen. Aber zur Ersatzteilgewinnung würde er mir das Auto gerne abkaufen. Dafür brauchte ich Bedenkzeit, denn auch mir war inzwischen der 90 Stundenkilometer schnelle Käfer zärtlich ans Herz gewachsen, obwohl mir eines Tages mitten in der Stadt die Benzinpumpe versagte, und eine gebrauchte zu bekommen ein aufwändiges Unterfangen wurde!

«Ich melde mich Ende des Monats noch mal», erklärte ich dem Werkstattbesitzer S. «Ich brauch ja dann auch ein neues Auto, am besten wieder einen VW, ohne gehts jetzt nicht mehr», legte ich hartnäckig nach, um ihm meinen Wunsch klar zu machen. Dass mein Wunsch auch in Erfüllung gehen wird, darüber war ich mir absolut sicher!

«Du kannst deinen Schrotthaufen verkaufen, ich habe einen neuen für dich, ...» So stand es auf einer Postkarte, die mir mein Bruder schon eine Woche später schickte.

Also, wieder nach Dresden fahren und in der Werkstatt noch mal nachfragen, ob der Kaufwunsch zur Ersatzteilgewinnung noch aktuell ist.

Er war aktuell! Schnell war der Handel besiegelt und die 2000 Mark, die ich noch für meinen dunkelgrünen Käfer bekam, waren sehr viel Geld für das alte, fast kaputte Auto und ein guter Anteil für den nächsten Käfer, der schon auf mich wartete.

KÄFER 2

Der Neue war ein Schmuckstück: Baujahr 1964 – also erst acht Jahre alt – 1300 ccm, stolze 40 PS, 120 km/h schnell, schwarze Kunstledersitze, ein vollsynchronisiertes Getriebe und eine große Heckscheibe! Das war nicht zu überbieten. Ich war begeistert!

Auch für dieses neue Auto gab es eine schlau zurechtgebogene Genehmigung zum Kauf, denn auch der private Verkäufer – ein Dresdner Arzt – hätte den Käfer der DHZ anbieten müssen. Und die hätten das Angebot mit Sicherheit nicht abgeschlagen, da hatte jeder Mitarbeiter schon so seine guten Bekannten, die nur darauf warteten, einen Westwagen zu bekommen.

Diesmal war die Schlüsselübergabe auf der Straße ziemlich emotionslos. Der Verkäufer hatte kein Problem, sein Schmuckstück loszuwerden und ich erfuhr auch gleich, warum: «Na, heute und morgen muss ich noch als Fußgänger durch Dresden laufen, aber am Dienstag kommt mein neuer, ein Opel Admiral, ein halbes Jahr alt und kaum gefahren», klärte er mich gut gelaunt auf. Wie er zu diesem Auto gekommen ist, erfuhr ich leider nicht.

Noch stolzer als beim ersten Käfer parkte ich in der Berliner Husemannstraße direkt vor der Hausnummer 12 meinen VW. Schnell hatten alle Nachbarn entdeckt, dass der Schwalbe wieder einen Westwagen hat. Wie wird der wohl zu diesem Auto gekommen sein? Da muss doch etwas nicht mit rechten Dingen zugehen, in diesem Alter!

Ab und zu erfuhr ich auch, was für unglaubliche Geschichten sich die Nachbarn zusammenreimten und ständig neue erfanden. Mal hatte ich einen zweiten geheimen Beruf und ein andermal war ich ein undurchsichtiger Typ. Wenn ich denen die banale Wahrheit erzählt hätte, würde mir keiner glauben und so gab es in der Gerüchteküche täglich frische Gerüchte im Angebot! Sollten die doch denken, was sie wollen!

Bei diesem Auto gefiel mir alles, besonders der edel ausgestattete Innenraum – nur die graue unscheinbare Lackierung nicht. Das musste ganz schnell geändert werden, bevor ich mich an das harmlose Grau gewöhnt habe! Einen kurzfristigen Termin in der Lackiererei vermittelte mir mein Bruder und die lustvolle Farbe bestimmte ich!

Und so fuhr ich schon wieder gerne nach Dresden, und aus einem schlichten traurigen Grau wurde in einer knappen Woche ein frühlingshaftes, leuchtendes Grasgrün. Dazu ließ ich die Felgen und die Radmuttern silbern lakkieren und verzichtete auf die Radkappen. Lampenringe und Stoßstangen bekamen ein Mattschwarz und auf die Kofferhaube oben in der Mitte steckte ich ein neues, glänzendes VW-Zeichen.

Bis es aber so weit war, mussten noch viele kleine und größere Schwierigkeiten aus dem Weg geräumt werden. Als die Werkstatt die Karosserie zum Lackieren in ihre Einzelteile zerlegte, waren die Lampenringe die ersten Teile, die ersetzt werden mussten. Nirgendwo fand sich einer, der neue oder fast neue Originallampenringe zu verkaufen hatte. Die Werkstatt sah darin kein Problem. Von Trabantlampenringen wurde mit einer Blechschere unten ein Stück weggeschnitten, etwas Metall umgebogen und sie passten auf den VW, vom Original nicht zu unterscheiden!

Dann waren die zart angebeulten Kotflügel fällig und sollten ebenfalls ersetzt werden. Auch das war anscheinend kein Problem, denn ich bekam eine Adresse von einem Käferliebhaber und -bastler, der die Kotflügel in seiner kleinen privaten Werkstatt originalgetreu – aber aus Kunststoff – herstellte. Abnehmer hatte er genug, denn in der DDR waren noch viele Käfer unterwegs.

Diese, mit einer Grundierung versehenen Kotflügel, lieferte ich in die Werkstatt und jetzt brauchte man zum Zusammenbau nach dem Lackieren nur noch vier sogenannte Keder. Das waren die mit einer Wulst versehenen Kunststoffstreifen, wahlweise in Schwarz oder Grau, die zwischen Karosserie und Kotflügel kamen.

«Woher soll ich die Keder nehmen?», fragte ich etwas enttäuscht. Der Lackierer zuckte mit den Achseln und sagte: «Die gibts bei uns drüben.»

Das war ein typischer Spruch dafür, wenn man etwas aus dem Westen besorgen sollte. Ich überlegte, wer von meinen Familienangehörigen oder Bekannten in Westdeutschland für einen solchen Einkauf kompetent wäre und wer es auch freiwillig bezahlen würde. Das 'Rüberschicken' wäre mit der Paketaufschrift "Geschenksendung – Keine Handelsware" sicher kein Problem. Meine schon über 60-jährige Tante kam in die engere Wahl und, wie es sich zeigte, war sie auch die richtige Wahl!

Mit gut zwei Wochen Verspätung bekam der Lackierer die vier Keder und konnte mein perfekt lackiertes Auto zusammenbauen.

«Ä bissl spät, aber macht nischt, is jetzt gutt ausgehärded, dor Lack», meinte er in perfektem Sächsisch und übergab mir am folgenden Wochenende meinen fröhlichen grasgrünen Käfer. Dieser Käfer in dieser Farbe war in Ostberlin ein Ereignis! Noch über 25 Jahre später erzählte eine Freundin meiner Frau, dass sie in der Schönhauser Allee damals öfter einen grasgrünen Käfer mit mattschwarzen Stoßstangen gesehen hatte, und dass sie gerne den Mann kennengelernt hätte, der so einen tollen Westwagen fährt! Na, also!

Eine Sache verfolgte mich mit diesem Auto ständig und machte mich wütend, ich glaube, nicht nur mich, sondern alle Käferbesitzer in der DDR. Es war das VW-Zeichen auf der Kofferhaube. Dieses Zeichen hatte im unteren Teil drei kleine Stifte mit denen es in drei in der Haube versenkte Kunststoffhülsen gesteckt wurde. Das wussten alle Liebhaber und Sammler solcher Zeichen: einen Schraubenzieher konnte man mit etwas Druck unter das Zeichen schieben, es ein wenig anheben und dann einfach mit der Hand abziehen. Der Schraubenzieher hinterließ natürlich Kratzer auf dem Lack und das begehrte Zeichen aus poliertem Aluminium musste ersetzt werden. Leider gab es in der DDR keinen mir bekannten privaten Hersteller dafür und so musste meine Tante in Wuppertal wieder in eine VW-Werkstatt fahren und ein Westpaket für mich packen.

Nach einigen geklauten Zeichen steigerte sich meine Wut auf die diebischen Sammler und ich verließ mein Auto nur noch, indem ich es abzog und beim Losfahren wieder aufsteckte. Ich glaube, das machten Mercedesfahrer im Westen mit ihrem Stern ähnlich, der wurde vor dem nächtlichen Parken abgezogen, damit ihn keiner 'politisch - oder sammlermotiviert', abbrechen konnte.

DER GEHEIME NACHBAR

Die Mitmieter in meinem Haus in der Husemannstraße waren entweder Uralteingesessene oder sie wohnten wie ich erst seit kurzer Zeit hier, und andere wieder waren zwar in einer der vielen Wohnungen gemeldet, aber nie zu sehen. Es gab auch welche, die nicht gemeldet waren und trotzdem unbehelligt hier wohnten. Das war so üblich.

Verstanden hat sich diese sehr unterschiedlich geprägte Hausgemeinschaft prächtig. Und ich war von allen Berufsgruppen im Hause der Exot: der Künstler, der immer alles anders machte als die anderen und meinen Rat befolgte man, wenn die Frage anstand, ob dieses oder jenes Ding in neue Farbe getaucht werden sollte und dann vor allem: in welche Farbe.

«Was meinst du, ob die Couch besser in der gegenüberliegenden Ecke oder doch am Fenster stehen müsste, wie meine Frau das schon vorgeschlagen hat?»

«Muss das Bild höher hängen oder nicht?», war die am häufigsten gestellte Frage. Dabei hielten meine Nachbarn die bunten Schinken – manchmal waren es auch die Engel von Rafaels Madonna – schon knapp unter die Decke.

1972 gab es wieder einmal einen Plan zu erfüllen, weil die Partei dieses oder jenes Plenum hatte oder ein verdienter Aktivist des Volkes die Arbeitsnorm übererfüllte. Und so kam ein guter Genosse im Haus auf die Idee, wir alle zusammen könnten doch das Treppenhaus des Quergebäudes malern, also renovieren – sozusagen im sozialistischen Kollektiv. Bis jetzt sah es ziemlich beschissen aus, die letzte Renovierung war schon sehr lange her!

Die Wände waren abgegriffen, verschmutzt und matt, überall platzte vom Ölsockel der Anstrich ab und die Wohnungstüren trugen noch das übliche Braun wie vor hundert Jahren.

«Unser Künstler aus der 3. Etage rechts hat da bestimmt eine gute farbige Idee», meinten alle im Chor, als wir uns in einer Wohnung über mir trafen, um das weitere Vorgehen und den Beginn unserer Aktion zu beraten.

Farbe, Pinsel, Bürsten und Eimer für unser Projekt stellte die Kommunale Wohnungsverwaltung zur Verfügung. Jeder bekam außerdem einen auszufüllenden Zettel, als Nachweis für die geleisteten freiwilligen Arbeitsstunden. Und nach einer kurzen – mal spannenden, mal sinnlosen – Diskussion stand der Termin zum Loslegen fest: am nächsten Wochenende wollten wir beginnen!

Den Farbentwurf stellte ich am Donnerstag vor und bekam, bis auf eine Ausnahme, ungeteilte Zustimmung zu meinen Vorschlägen.

Nach dem Frühstück am Sonnabend falteten die ersten Mieter aus ihrer Berliner Zeitung vom Vortag die professionellen Papier-Schiffchen-Mützen, um die Frisur oder die Glatze vor den Farbspritzern zu schützen und sich dafür das Hemd und die Hosen vollzukleckern.

Als Farben hatte ich Karminrot für den Ölsockel und die Wohnungstüren vorgeschlagen, ein kräftiges Gelb für die Wände und dazwischen einen grünen, sechs Zentimeter breiten Streifen als Kontrast und als 'Leitlinie' in Brusthöhe. Für die Decke im Treppenhaus schlug ich Weiß vor, wegen des Lichts.

Ein älterer, alleinstehender Mieter aus dem obersten Stockwerk, der als einziger schon anfangs gegen meinen

Entwurf stimmte, meinte mit schmalen Lippen zu mir: «Wirste sehen, die sind total bescheuert, deine Farben, aber ich maler mit, wegen dem Kollektiv und den Stunden, die mir angerechnet werden.»

Weswegen auch immer, Hauptsache er machte mit.

Zu unserer Anstreicherrunde gehörte auch ein vielleicht Dreißigjähriger, jeden Tag gleich angezogener Mieter: braune Hosen, braune Schuhe, braunes Sakko, beigefarbenes gemustertes altmodisches Campinghemd. Dabei trug er den Hemdkragen immer über dem Sakkokragen. Das sah schon ziemlich dämlich aus, war aber nicht unüblich, so liefen die meisten Genossen durch die Gegend.

Er redete nicht viel, musste dafür in regelmäßigen Abständen telefonieren gehen, trank aber abends nach getaner Arbeit gern ein Bier mit uns. Keiner wusste so richtig, was der macht und ob es da eventuell noch Frau und Kinder gibt. Das Eigenartige war aber, er wohnte nicht in unserem Quergebäude, sondern im Vorderhaus. Wieso er großzügig seine scheinbar uneigennützige Hilfe angeboten hatte, das wusste nur er selbst. Und woher wusste er überhaupt, was wir hier im Quergebäude vorhatten! Eine gute Frage, geheimer Herr Nachbar!

Unser Treppenhaus strahlte nach zwei langen Wochenenden in frischen Farben und der Meckerkopp von ganz oben, der mir schon vorher sagte, dass meine Farbwahl bescheuert sei, meinte nur: «Da ist jetzt richtig die Sonne drin, wa. Da werde ich mir gleich Besuch einladen. Haste gut gemacht, haste gut gemacht!»

Auf diesen schönen gemeinsamen Erfolg tranken wir am gleichen Abend in einer leerstehenden Wohnung im

Erdgeschoss als nettes aktives Kollektiv mehrere Biere und ich mehrere Gotano rot. Jeder brachte etwas zu Essen mit, sodass der Alkohol keine Chance hatte, unsere Köpfe schnell lahmzulegen.

In der Woche darauf kam mir der geheime Nachbar mit dem braunen Sakko im Durchgang des Vorderhauses entgegen. Ich grüßte ihn freundlich und erwartete im gleichen Moment seinen Gegengruß, aber er gab keinen Laut von sich und sah mich auch nicht an. Wie ein Geist zog er an mir vorbei, die Treppen zu seiner Wohnung hinauf.

Die Haustürklinke noch in der Hand, drehte ich mich um und sah ihm nach. Er war es, sicher, der Mitanstreicher. Na, gut, jeder Mensch hat mal so seine Probleme, die er sogar mit nach Hause schleppen muss, dachte ich mir. Da kann man schon mal abwesend sein.

Diese seine Abwesenheit hatte aber nichts mit Problemen zu tun, wie sich später zeigte. Bei allen nächsten zufälligen Treffen im oder vor dem Haus, übersah er mich einfach. Ich grübelte nach einer plausiblen Erklärung und folgende Möglichkeiten kamen in Betracht: er trug keine Brille obwohl er dringend eine brauchen würde, er konnte mich nicht ausstehen oder er war völlig taub.

«Sag mal, der uns damals beim Malern geholfen hat, der aus dem Vorderhaus, ist der blind?» fragte mich zynisch eine Mieterin, die unter mir wohnte. «Meinen Mann grüßt der auch nicht. Was hat der denn gegen uns?»

Jetzt waren wir schon drei, die das Gleiche wissen wollten. Doch schon bald stellte sich allen diese Frage und wir beschlossen, ihn auch nicht mehr zu grüßen.

Es vergingen einige Wochen, inzwischen zog der Herbst in den Prenzlauer Berg und der Geheimnisvolle trug jetzt über seinem braunen Sakko eine braune, in großen Karos gesteppte, langweilige Dederonjoppe.

«So jung und schon so beschissen angezogen», sagte ich zu mir, wenn wir grußlos aneinander vorbei liefen, «hat keinen Geschmack und außerdem niemanden im Westen, der arme Kerl.»

An einem trüben und feuchten Tag ging ich mit einem Bekannten in der Schönhauser Allee, zwischen Wörther Straße und Sredzkistraße in Richtung U-Bahn-Station Dimitroffstraße. Wir unterhielten uns über die auf uns zukommende Weihnachtszeit und die Urlaubsplanungen für den nächsten Sommer. Beim Schlendern hörten wir hinter uns am Geräusch der Reifen eine Fahrzeugkolonne kommen, und bevor wir uns umsehen konnten, war sie auch schon an uns vorbeigezogen. Das erste der sieben Autos war ein LADA mit Blaulicht, ihm folgten viele dunkelblaue große Volvos, dazwischen fuhr ein repräsentativer Citroën und das Schlusslicht bildeten zwei nebeneinander fahrende Polizei-LADA's mit grünen Rundumleuchten.

Wir unterbrachen für einen Moment unser Gespräch und sahen interessiert der Kolonne hinterher. Im Weitergehen meinte mein Bekannter zu mir: «In einem von den Volvos sitzt Honni, ach nee, der fährt ja in dem großen Citroën. Schade, das Auto wollte ich immer schon mal aus der Nähe sehen, ich stehe auf Citroën. Besonders gut gefällt mir der DS 21, das ist ein utopisches Auto. 1959 als DS 19 zum ersten Mal gebaut! Geniales Einspeichenlenkrad!», schwärmte er mir vor.

«Schade, jetzt ist der schon vorbei, hätte ich mich mal eher umgedreht!»

Wir liefen weiter und ein paar Meter vor der Sredzkistraße bemerkte ich dünnen grauen Qualm, der aus einem der Hauseingänge zog. Als wir in Höhe dieses Eingangs waren, sahen wir zwei Männer an der Haustüre lehnen und rauchen. Beide sahen ziemlich gleich aus: braune Jacken, dunkle Hosen, braune Schuhe. Einer hatte eine saudämliche, aber damals modische Mütze auf dem Kopf, aus braunem Kunstfell mit nach oben geklappter Krempe und vorn ein kleines Schirmchen. Den Mann mit der Mütze kannte ich nicht, aber den anderen dafür um so besser: das war mein ewig stummer Mitbewohner aus dem Vorderhaus!

Ich blieb stehen, sah ihm ins Gesicht und hatte auch in diesem Moment schon seinen Beruf erraten. Das Rätsel des geheimen Nachbarn war gelöst!

Eigentlich wollte ich nichts sagen, denn er hatte mich mit Sicherheit auch sofort erkannt, aber es entflog mir im weitergehen der Satz zu meinem Bekannten, so laut, dass es die beiden Geheimen gut hören konnten: «Das ist der, der niemanden kennen darf. Den gibts eigentlich gar nicht, der wohnt aber trotzdem bei mir im Haus, außer, wenn die dunklen Volvos kommen. Aber vielleicht nehm ich ihn auch mal eine Runde in meinem grasgrünen Käfer mit.»

Dieses aufschlussreiche Erlebnis erzählte ich sofort bei mir im Hause weiter. Bis zum Abend wusste jeder, zu welcher Truppe er gehört, dass er für unser aller Sicherheit zu sorgen und deshalb auch unser tägliches Tun und Lassen immer im Blick und im Ohr haben muss.

Nun grüßten wir besonders laut und mit scheinheiliger Freundlichkeit in der Stimme «Guuuuten Taaahaag», blieben aber weiterhin ohne Gegengruß.

SCHÖNER WOHNEN

Das Treppenhaus war nun perfekt. Aber in meiner Wohnung musste noch so einiges passieren! Aus dem langen Flur zum Beispiel, aus dem sich die vier Türen öffneten, ließe sich doch noch etwas Praktisches gestalten, dachte ich mir und holte einen Zollstock, um auf einem Skizzenblatt die genauen Maße zu notieren.

Eigentlich war dieser Flur in den Seitenflügeln und den Quergebäuden der Berliner Gründerzeithäuser so üblich: fast in der Mitte links war in der Wand eine Aussparung mit einem bogenähnlichen oberen Abschluss. Es sah aus, als hätte man eine ehemals vorhandene Flügeltüre ausgebaut und die Öffnung mit einer dünnen Wand wieder zugemauert. Dadurch entstand eine sehr schöne Vertiefung, die ich jetzt als Garderobe nutzen konnte oder – das wünschte ich im Stillen – einen einfachen Durchbruch in die Nebenwohnung machen könnte. Später erfuhr ich von einem bekannten Architekten, dass diese Möglichkeit, zwei benachbarte Wohnungen ohne viel Umbau zusammenlegen zu können, beim Bau der Häuser um 1890 schon so geplant war. Also hatten die Bauleute vor fast hundert Jahren uneigennützig an mich gedacht!

Die vorhandene Nische wurde zur Garderobe. Ich ließ beim Tischler einen Kasten anfertigen, der die Breite der Aussparung hatte aber zehn Zentimeter tiefer war, und so eine herausragende Unterbrechung des langen Flures bildete. Oben, aber in guter Griffhöhe, setzte ich eine Messingstange ein und die Rückwand bespannte ich mit einem Leinenstoff, den ich noch aus meiner Werbeabteilung in Dresden hatte und der eigentlich als Leinwand für meine künstlerischen Ergüsse in Öl dienen sollte. Der Stoff reichte gerade bis zum Kasten den ich auch mit einem schmalen Reststück bespannte. Der Kasten bekam nun eine wichtige Funktion: da lagen die Handschuhe, die Schals und der übliche Kram drin, den man so beim Nachhausekommen aus der Hand legt.

Für die Innenseite der Wohnungstüre hatte ich eine besondere Idee. Da sollte eine Landschaft zu sehen sein, eine grüne Wiese mit ein paar Kühen und einem kleinen klaren Bächlein – eine Idylle!

Also wieder los zum Tischler. Der, so schien es mir – hatte nie so richtig Zeit für seine Kunden. Er hatte aber auch wirklich viel zu tun, wie alle guten und weniger guten Handwerker in der DDR. Und ich wollte von ihm nur eine Kleinigkeit, die zwar die Größe meiner Türe hatte, aber für ihn keinen Arbeitsaufwand und damit auch keinen Verdienst bedeutete: er sollte mir eine Hartfaserplatte zusägen, die ich auf meine Wohnungstürinnenseite nageln und auf der ich die grasgrüne Idylle aufmalen wollte.

Nach vielen Bitten und mit einem kleinen finanziellen Nachdruck hatte er in drei Minuten diese Platte zugeschnitten und ich trug das unhandliche und schon bei geringstem Lüftchen auf der Straße sich wie ein Segel verhaltende Stück nach Hause.

Aufgenagelt und weiß grundiert war es noch am gleichen Abend und am Wochenende sollten mindestens zwei Kühe auf meiner mit Löwenzahn übersäten Wiese friedlich und ohne Aussicht auf spätere Auslagen beim Fleischer, grasen.

Wie geplant, war mein Werk am Sonntagabend fertig und ich genoss mit verklärtem Blick meine lustige Idee.

Die Freunde und Bekannten, die meine Wohnung betraten, sahen die Kühe meist erst beim Nachhausegehen, und dann hatten sie einen guten Grund, etwas länger zu bleiben, über mein Kuhwerk zu philosophieren und noch ein Glas im Stehen zu trinken.

Ein Endstück meines Flures war also fertig und ansehnlich, das andere Ende – die Tür zum Wohnzimmer – hatte noch nichts Aufregendes. Stand sie offen, gab es einen schönen Blick auf ein großes selbstgemaltes Bild an der Wand, war sie aber geschlossen, wurde der Flur in diesem Bereich zur dunklen Sackgasse.

Und wie das so ist, wenn man nach Ideen sucht, sprang mir beim Blättern in einer älteren *'SCHÖNER WOHNEN'* gleich auf der ersten, ausnahmsweise mal werbefreien Seite das Foto eines langen Flurs entgegen, an dessen Ende eine Glastüre zu sehen war. In der nebenstehenden Beschreibung erklärte der Autor dieses Artikels seinen Lesern, wie man aus den alten Türen in alten Häusern lichtdurchlässige Objekte machen kann! Das war genau das, was hier noch fehlte! Eine Glastür.

Dann ging alles wieder sehr schnell, so wie ich es immer machte, wenn eine Idee zum Leben erweckt werden sollte: Türe aushängen (die übrigens sehr schwer war), die drei Etagen hinunter in den Hof tragen und sie auf die Stuhllehnen von zwei alten Stühlen aus dem Keller legen. Dann musste ich nur noch mit einer Stichsäge das Innenfutter der massiven Türe heraussägen.

Wie massiv diese Türe wirklich war und wie umständlich ich versuchte, einen geraden Schnitt zu sägen, ließ mich einen Augenblick lang an meinem Projekt zweifeln. Dazu kam noch, dass ich jetzt ein Werktätiger und kein

Student mehr war, das heißt, meine freie Zeit war nicht sehr üppig, da blieben nur die kurzen Abende oder die Wochenenden für meine Basteleien übrig. Doch nach fast einer Stunde kraftvollen Sägens fiel das Innenteil heraus. In den übrig gebliebenen, fast 20 Zentimeter breiten Türrahmen, der immer noch sehr stabil war, sollte jetzt die Glasscheibe eingesetzt werden, nicht von mir, sondern von einem Glaser. Vorher musste ich mir von einem Nachbarn einen Hobel ausborgen und die Schnittflächen sauber und eben bearbeiten und anschließend mit Sandpapier glätten.

In der Eberswalder Straße, also nur ein paar Minuten von meiner Wohnung entfernt, hatten ein Glaser und ein Holz- und Leistenhandel ihre Läden. Das war für mich sehr gut, denn ich musste die Türe allein zum Glaser tragen, vorher im Leistenladen in den Rahmen umlaufende Leisten einsetzen, auf die dann die Scheibe kam. Die gleichen Leisten gab ich dem Glaser in die Hand, die nagelte er dann an die eingelegte Scheibe. Fertig.

Die Türe zum Glaser zu tragen, war aber eine Aktion, die ich als nicht so schwer vermutet hatte, wie sie dann wirklich war. Meinen großen Türrahmen konnte ich auf zwei verschiedene Arten schleppen: senkrecht in einer Hand liegend und mit der anderen oben über dem Kopf das Gleichgewicht halten, ständig absetzen müssen und die Arme wechseln. Oder so, wie es dann doch am bequemsten war: ich legte den Rahmen auf den Fußweg, stieg hinein, fasste mit beiden Armen die Tür in der Gewichtsmitte, hob sie an und lief los.

Das sah schon ziemlich komisch aus, wie ich inmitten eines hölzernen Rahmens der mich waagerecht umlief, zwischen den Passanten zum Glaser trabte.

Ab und zu musste ich ein scharfes ACHTUNG! rufen, denn ich war entschieden breiter als die übrigen Fußgänger, und beim Überholen wollte ich keinem einen blauen Fleck verpassen.

Für den Rücktransport der drei Tage später fertig verglasten Türe brauchte ich einen zweiten starken Mann. Dass aber eine Glasscheibe in dieser Größe so schwer ist, hatte ich nicht vermutet. Und diese Last mussten wir jetzt hochkant tragen. Das verlängerte unsere Arme ins endlose, alle fünfzig Meter mussten wir absetzen und unsere Handflächen wurden erst blutlos, dann wund. Der letzte Kraftakt waren die drei Etagen im Haus und das Einhängen der Türe. Danach war es geschafft und ich besonders! Ich musste nur noch eine Büchse weiße Ölfarbe kaufen und den Rahmen streichen.

Meine Brust wölbte sich vor Stolz! Die Wohnung bekam ein völlig neues Bild – ich kam jetzt nach Hause und blickte schon im Flur durch die geschlossene Tür ins helle Wohnzimmer. Im Stillen dankte ich der *'SCHÖNER WOHNEN'* für den guten Tipp und erklärte am nächsten Tag die folgende Woche zur 'Woche des gestrigen Tages'!

Der Flur erschien mir perfekt – nur für das Wohnzimmer, in das man jetzt sofort sehen konnte, musste ich mir noch etwas einfallen lassen. Etwas Geniales sollte es sein, etwas um zu arbeiten und gleichzeitig fernsehen zu können. Dafür keimten schon einige diffuse Vorstellungen auf.

DAS BLONDE SCHNEEWITTCHEN

Vor meinen beiden Wohnzimmerfenstern stand eine Linde. Das sagte ich schon. Und auch heute noch, nach fast vierzig Jahren, steht diese Linde immer noch im zweiten Hinterhof der Husemannstraße 12. Ich genoss ihren Anblick, der mir in den Sommermonaten das Gefühl gab, ich bin nah am grünen Wald, fast in der Dresdner Heide. In der blattlosen Jahreszeit sah ich durch die kahlen Äste hindurch die Häuser, die schon zur Kollwitzstraße gehörten, und wenn der Abend kam, erleuchtete ein Fenster nach dem anderen in mattem Licht. Die Menschen kamen von der Arbeit nach Hause, stellten ihre Kinder und die Einkäufe ab, gingen in die Küchen und begannen für die Hungrigen die Bemmen zu schmieren oder Nudeln zu kochen oder das Fleisch in die Pfannen zu legen.

Oft stand ich vor meinem geschlossenen Fenster, sah weit entfernt die sich bewegenden diffusen Gestalten und schon eine Stunde später erloschen die Lichter der Küchen und in den Wohnzimmern begann es von den eingeschalteten Fernsehern gräulich-blau zu flackern.

Ich stellte mir vor, wie die Familien in den meist beengten Wohnungen ihren Tages- und Nachtrhythmus, vielleicht sogar als Schichtarbeiter, bewerkstelligten. Bei mir gab es noch nichts, das mir meinen Tag oder meine Nacht vorschrieb, ich fühlte mich sehr frei, obwohl ich schon ein Jahr verheiratet war – denn zwei Zimmer, ein langer Flur und eine geräumige Küche gaben uns genügend Auslauf.

Außer, dass ich verheiratet war, war ich auch Raucher. Vom Pfeiferauchen bin ich schnell abgekommen, das passte zwar nach Dresden, als ich noch Malerei studierte und ein Künstler werden wollte, aber jetzt musste ich schneller zum Genuss kommen. Das ging nur mit Zigaretten: Warnow, Semper, Orient oval ohne Mundstück oder ab und zu mal eine Schachtel HB – warum denn gleich in die Luft gehen – von West-Berliner Bekannten.

Wer raucht, muss auch lüften! Ich hasste den abgestandenen Zigarettendunst in Kneipen und versuchte, in meiner Wohnung immer für saubere Luft zu sorgen. Das hieß: Durchzug vom Treppenhaus durchs Wohnzimmer an meiner Linde vorbei in den Nachbarhof. Gardinen, die gelb werden könnten, hatte ich keine, das war nicht mein Geschmack und es war auch nicht nötig, ich hatte kein nahes Gegenüber, nur ein nahes Nebenan.

Wenn ich mich aus einem der beiden Wohnzimmerfenster beugte, konnte ich links in die Wohnungen sehen, die Bewohner dieses Hinterhauses der Sredzkistraße sahen aber meine Fenster nicht. Nur den Anblick der schönen Linde, die musste ich mit denen teilen, obwohl eine Mauer die Grundstücke trennte.

Immer wenn ich rauchte, machte ich einen Blick nach links und blies dabei meinen Zigarettenqualm kraftvoll von meinem Zimmer weg. Am Tage, also an den Wochenenden, konnte ich nichts sehen, aber wenn es dunkel wurde und die Lichter in den Wohnungen den Hof matt erleuchteten, beobachtete ich schon einiges vom Feierabend der Nachbarn.

Ganz oben im Nachbarhaus schien auch ein Grafiker zu wohnen, ich konnte Teile von Plakaten und Grafiken an den Wänden sehen, und in seiner Küche vermutete ich ihn beim Brutzeln oder Kaffee kochen. Eine Frau war in seiner Wohnung nicht zu entdecken.

Im dritten Stock, auf meiner Höhe, da wohnte aber eine junge Frau. Die sah gut aus, hatte lange, leicht gewellte blonde Haare, war groß und schlank. Auf der Straße war sie mir schon öfter begegnet und wir nickten uns – ohne richtig zu grüßen – zu und lächelten, denn wir wussten, dass wir fast Nachbarn waren. Sie sah aus wie das Schneewittchen im Märchen, nur eben nicht mit ebenholzschwarzen Haaren sondern – der Zeit angepasst – in blond.

In ihrem Haushalt gab es nur ganz sporadisch einen Mann, meist an den Wochenenden. Fast jeden Freitagabend stand sein weißer VW-Käfer mit West-Berliner Nummer vor ihrer Haustür. Und immer wenn er kam, war ihr Tisch, den ich aber nur zur Hälfte sehen konnte, voller Päckchen, Dosen und Flaschen. Die üblichen Präsente von West nach Ost im Austausch der erotischen Gefühle.

Und was die blonde Frau am Sonnabend für beide kochte, das konnte ich zwar nicht sehen, aber durch ihren Scheibenventilator riechen. Der zog die wunderbaren Düfte aus dem oberen Fenster ihrer Küche ab und blies sie in den Hof. Wenn ich da noch nichts gegessen hatte, musste meine Pfanne herhalten und auch ich blies meinen Küchenduft mit ebenso einem Ventilator in den Hof.

An einem Sonnabendabend kamen wir von einer Feier nach Hause und mein erster Gang war wie immer zum Fenster. Erst einmal lüften, dann ein oder zwei Gläser mit rotem Gotano füllen und den Rest des Abends genießen!

Mit meinem noch vollen Glas lehnte ich mich auf das Fensterbrett, warf einen Blick auf meine stille und im dunkeln stehende Linde und sah dann nach links zu den Fenstern des Nachbarhauses. Da tat sich in der Wohnung der jungen Frau so einiges: sie und ihr Freund liefen nackt durch die hell erleuchteten Räume, legten hier und da etwas vom Zimmer in die Küche und wieder zurück, tranken anstoßend aus ihren Weingläsern, umarmten sich ab und zu und lagen dann auf der Couch. Ich hörte durch ihr geschlossenes Fenster seine wilden Schreie, aber sie blieb leise beim Akt der Liebe.

Dann drang plötzlich ein fremdes Geräusch in den Hof. Es war das leise Quietschen und Knarren eines klemmenden Fensters, das ruckweise geöffnet wurde. Woher die Laute aber kamen, konnte ich nicht hören und auch nicht sehen. Doch meine schnelle Vermutung, dass es sich hier um ein Fenster mit illegalem Durchblick handeln könnte, bestätigte sich sofort, denn vor dem Licht des Liebeszimmers schwang plötzlich eine dunkle Fläche, wie von der typischen Geisterhand gelenkt.

Ich zog mich ein Stückchen zurück und versuchte zu entdecken, was da vor dem Fenster der beiden nichtsahnenden Liebenden sanft hin und her schaukelte. Das war spannend, und meine Spannung erreichte ihren Höhepunkt zusammen mit dem des Pärchens: Vor dem Fenster hing ein Spiegel! Dann sah ich auch, dass die vier Schnüre, an denen der Spiegel befestigt war, nach oben gingen und im weit offenen Fenster der dunklen Wohnung der junge Mann stand, in dem ich auch einen Künstler vermutete.

Er hatte die vier Fäden an den Ecken des Badezimmerspiegels festgebunden und konnte – wie bei einer Marionette – ziehen oder locker lassen oder seitlich verdrehen, bis die Position stimmte und er die Lust des Pärchens voll im Blick hatte.

«Wie lange beobachtete er die beiden schon?», fragte ich mich. Seit Wochen oder Monaten? Oder ist heute eine

Premiere, weil er die Lustschreie des West-Berliners bis in seine Wohnung hörte?

Plötzlich hatte ich eine Idee. Mir fiel das Märchen von Schneewittchen ein, das mit der bösen Stiefmutter, der weiblichen Schönheit und dem Konkurrenzkampf, den Frauen manchmal so miteinander austragen. War da nicht der Spruch im Märchen: «Spieglein, Spieglein an der Wand, wer ist die Schönste im ganzen Land?...»

Mich kann keiner sehen, dachte ich und wenn ich jetzt etwas laut über den Hof rufen würde, welchen Weg würde der Schall nehmen? Im Hof hin und her tanzen und als Echo wieder zurück zu mir kommen? Oder im Geäst der Linde hängen bleiben? Egal, das kann ein Spaß werden!

Das Paar war fertig und lag ermattet auf der Couch, ich zog mich etwas mehr ins Zimmer zurück, hielt die Hände wie auf dem Bild 'Der Schrei' von Munch an meinen Mund und sang laut aber mit hoher schriller Stimme in den Hof: «Spieglein, Spieglein, an der Wand, wem gehört der Spiegel in der Hand?»

Das Echo brach sich wirklich einige Male schwach im Hof, und da sah ich auch schon wie der Spiegel heftig schwankend und hastig nach oben gezogen wurde, er verschwand geräuschlos eine Etage höher im Fenster des dunklen Zimmers – und ward nie mehr gesehen!

EIN FACH IM SETZKASTEN

Groß in Mode waren in den Siebzigerjahren die jede Wohnung zierenden Setzkästen. Die gehörten zur Einrichtung wie Bilder oder Vasen oder Andenken aus Bulgarien. Viele junge Leute versuchten, in einer Buchdruckerei einen ausrangierten zu ergattern, aber einfach war das nicht.

Diese Setzkästen waren Druckereiinventar. Darin lagen die Bleilettern, um Texte setzen zu können und sie dann auch zu drucken. Ein geübter Schriftsetzer wusste genau, in welchem Fach welcher Buchstabe liegt und griff beim Setzen blind hinein. Eine festgelegte Unterteilung im Kasten, für jeden Buchstaben und für jedes Zeichen ein unterschiedlich großes Fach – je nach zahlenmäßigem Vorkommen im alltäglichen Wortschatz – machte diese Kästen zu einer reizvollen Dekoration. Aber nur, wenn eine kreative Hand sie auch kreativ füllte.

Hatte man einen Setzkasten erstanden, weil in die Druckerei der Fotosatz einzog und Bleilettern bald ganz zu Gutenbergs Vergangenheit gehörten, versuchte der stolze neue Besitzer erst einmal die Fächer von den Bleiresten vieler Jahrzehnte zu befreien. Der Gesundheit wegen. Bleihaltig aber blieben die Kästen ihr Leben lang.

Meinen Setzkasten bekam ich geschenkt, denn in Druckereien ging ich ein und aus und hatte zu den Setzern immer einen guten Draht. Eine Flasche Wein oder Sekt als Dankeschön spendierte ich trotzdem gern, das war auch so üblich in der DDR. Jeder gab gern jedem einen Obolus für die Freude, die ihm angetan wurde! Und wer freute sich nicht über ausgesuchte Kleinigkeiten oder auch über größere Geschenke, die es selten im Handel zu kaufen gab?

Nach gründlichem Aussaugen und einer anschließenden feuchten Reinigung mit alten Lappen, kaufte ich Farbe – roten Reparaturlack in einem kleinen Fläschchen – und bald hing ein knallroter Setzkasten im Flur meiner Wohnung, mit dem Vorderteil nach oben, das so ein kleines Dach bildete, an der Wand.

Jetzt musste nur noch die dekorative Füllung rein! Kästen, Schubladen und Schränke durchsuchte ich nach Kleinkram, der in die unterschiedlich großen Fächer passte. Der musste originell sein, alt oder kitschig, figürlich oder abstrakt, teuer oder Tand. Ein Sammelsurium lustig anzusehender Dinge, die erst ihren Wert bekamen, wenn sie als dekoratives Einzelstück den Blick auf sich lenkten. In kurzer Zeit hatte ich gut die Hälfte der Fächer bunt gefüllt.

Für Gäste war das Vorhandensein eines Setzkastens beim Gastgeber eine gute Gelegenheit, eine ausgesuchte Kleinigkeit als Mitbringsel oder auch als vollwertiges Geburtstagsgeschenk hineinzustellen. Das nahm schnell sportliche Züge an: suchen – finden – schenken!

Ich sammelte in der 70er Jahren Abzeichen aus aller Welt und hatte schon fast 150 Stück, die, aus welchem Anlass auch immer, hergestellt und getragen werden sollten.

Aus dieser, damals wie heute in losen Schachteln verstauten Sammlung, suchte ich drei verschiedene aus, die jeweils ein Fach meines Setzkastens belegen sollten. Das erste, ein kleines rundes Abzeichen, war ein Foto Mao Tse Tungs in einem dünnen goldenen Rahmen, wie er gerade sein Volk anlacht – oder auslacht.

Das andere war etwas ganz besonderes: es zeigte das erste in der DDR gebaute Düsen-Passagierflugzeug, die

152, oder Baade 152 – nach ihrem Dresdner Entwickler Professor Brunolf Baade so genannt.

Als dieses Flugzeug im Dezember 1958 bei einem ersten Probeflug über Dresden kreiste, durften wir Schüler mitten im Unterricht aus dem Klassenzimmer rennen und auf dem Schulhof den Flug beobachten. Es war ein wunderbares Erlebnis für uns, den silbernen Vogel am Himmel fliegen zu sehen und zu wissen, dass das ein DDR-Produkt ist, da oben am blauen Himmel. Da dieser erste Prototyp bei einem weiteren Testflug 1959 abstürzte, die Ursache der sowjetische Geheimdienst KGB, der Westen oder ein Problem mit der Treibstoffleitung war, stellten die Dresdner Flugzeugwerke nach weiteren Testflügen mit dem zweiten Prototypen, auf Weisung des Politbüros 1961 die erfolgversprechende Entwicklung ein. Schade, schade!

Dieses für mich sehr wertvolle Abzeichen, aus goldeloxiertem Aluminium hängt, durch eine Öse verbunden, an einer Nadel zum Anstecken. Ich schlug einen kleinen Stahlstift in ein freies Feld meines Setzkastens und hängte das Flugzeug so auf, wie es an einer Jacke hängen würde. Im knallroten Kästchen meines Setzkastens strahlte es ganz besonders hell! Gold auf rotem Grund!

Das dritte Abzeichen war ein Parteiabzeichen der SED. Es war das von den Genossen am meisten verwendete, mit einer langen Nadel versehen, die in das Revers des Jacketts gesteckt wurde. Eine andere Ausführung des Parteiabzeichens, die ich aber leider nicht besaß, steckte man wie eine kleine Sicherheitsnadel an.

Die Nadel meiner Ausführung drückte ich fest in das Holz des Setzkastens, leicht schräg, etwa so, wie am Kragen eines Genossen. Da stand sie nun, die Partei. Schräg aber mittig in ihren fünf hölzernen knallroten Wänden und sah mich an.

Freunde und Bekannte fanden das SED-Abzeichen im Kasten eine geniale Idee, kommentierten lachend und wollten für ihren Setzkasten unbedingt auch eins haben.

«Kaufen kann man das nicht, da müsst ihr schon in die Partei eintreten oder einen Genossen überfallen und ihm das aus dem Kragen ziehen», meinte ich scherzhaft dazu.

«Jeder Überfallene würde sich da aber freuen, weil er denken würde, der Überfall galt seiner Brieftasche und der dusselige Täter hat sich vergriffen», ergänzte belustigt ein Bekannter.

«Also, wenn du so ein Abzeichen mal irgendwo ergattern kannst, ich nehms dir sofort ab – im Tausch natürlich, gegen eine Flasche Wodka, die ich aber dann mit dir austrinken will», war der fromme Wunsch eines anderen aus meinem Bekanntenkreis. Ich konnte aber kein weiteres Abzeichen ohne einen Überfall in dunkler Nacht ergattern! War auch nicht so wichtig, ich hatte ja eins!

Als fest angestellter Grafiker bei Robotron hatte ich außerdem verschiedene private Kunden, für die ich nebenberuflich, also fast freischaffend, arbeitete. Das hieß für mich, vom Dienst nach Hause gehen und fleißig weiterarbeiten! Stress war das nicht, ich war jung, die Arbeit machte Spaß und das Geld vermehrte sich dabei auch.

Ein besonders guter Kunde war ein Buchverlag, für den ich ständig und viel zu tun hatte. Fast täglich bekam ich Aufträge, und mein Tag erstreckte sich weit in die Nacht hinein. Um trotzdem etwas vom Leben zu haben, stellte ich schräg vor meinen unter dem Arbeitstisch stehenden

43-cm-s/w-Fernseher einen Spiegel und konnte so beim Arbeiten mit einem Blick nach links unten auch noch das Programm verfolgen. Zwar sah ich jetzt alles seitenverkehrt, aber wenn keine Schrift ins Bild kam, war es sowieso egal ob das Pärchen sich links- oder rechtsherum küsst oder der wild um sich schießende Cowboy ein Linkshänder ist. Hauptsache er trifft mit seinem Colt ins Ziel!

Nach einem Arbeitsgespräch im Verlag sprach mich der Kaderleiter dieses Verlages – es schien so, als hätte er mich rein zufällig treffen wollen – betont leise im Flur an: «Ich hab da mal ein Anliegen», sagte er verschämt und setzte fort: «Meine Frau hat nächsten Monat Hochzeitstag, da brauche ich eine Glückwunschkarte. Können Sie mir sowas machen? Etwas Besonderes muss es sein, nicht so wie die aus dem Geschäft. Wird natürlich bezahlt, ist klar.»

Eines aber war mir nicht klar: hat nur seine Frau Hochzeitstag und er nicht oder haben es beide?

«Ist das auch Ihr Hochzeitstag?», hakte ich nach.

«Ja, ja, natürlich, WIR haben Hochzeitstag, schon den 20sten. Da würde ich mal gerne zu Ihnen kommen, wenns geht, und so meine Vorstellungen zeigen. Ich hab da schon etwas skizziert.»

Diese Vorstellungen von meinen damaligen und auch den heutigen Kunden und diese Art Skizzen kannte ich zur Genüge und mir graute davor.

Wir verabredeten einen Termin an einem Sonnabend und der Genosse Kaderleiter stand pünktlich in der Tür bei mir zu Hause. An seinem Sakko leuchtete unübersehbar das Parteiabzeichen – das Bonbon oder auch der Webfehler – wie der Volksmund sich auszudrücken pflegte.

Ich bat ihn durch die fertige Glastür – er war der erste Besucher, der meine neue Tür durchschritt – in mein Wohnzimmer und er trank beim Erzählen seiner Familiengeschichte schnell zwei Tassen Kaffee, schwarz und ohne Zucker, die ich mühsam zubereitet hatte, denn vom Kaffeekochen hatte ich sehr wenig Ahnung. Ich war Teetrinker seit meiner frühen Jugend. Schwarzteetrinker natürlich, keinen Brust- oder Kamillentee!

Dann kamen wir zur Sache. Nachdem ich ihm meine verschiedenen, schon vor ein paar Tagen auf einem Bogen Papier skizzierten Vorschläge für seine Karte zeigte, faltete er seinen Entwurf wieder zusammen, ließ ihn in seiner Sakkotasche verschwinden und überließ die Gestaltung dann doch lieber mir. Richtig so!

Er war überzeugt, von mir eine außergewöhnliche und schöne Hochzeitskarte zu bekommen und der Termin der Fertigstellung des Entwurfs mit seinen gewünschten Textänderungen war schnell abgesprochen.

Wir waren dabei uns zu verabschieden und ich wollte ihn noch zur Tür mit der grünen Kuhwiese begleiten, da blieb er plötzlich stehen und sagte interessiert: «Ich muss mich erst noch mal ein bisschen bei ihnen umsehen, bei Künstlern ist alles ganz anders als ich es kenne.»

Er begutachtete jedes Möbelstück und jedes Bild und fragte erstaunt, warum ich keine Schrankwand habe. Die sind doch so praktisch und man kann auch den Fernseher reinstellen.

«Meine Frau ist immer noch sehr zufrieden mit der Schrankwand», erklärte er mir wenig überzeugend.

«Die ist schwarz und auf Hochglanz, sieht wirklich gut aus, ist mal was anderes», setzte er seine Erklärung eifrig fort. Dann ging er in den Flur und blieb mit offenem Mund vor dem Setzkasten stehen.

«Na, das ist ja was Tolles hier an der Wand, ist das selbstgebaut? Alle Achtung, alle Achtung! Und wofür ist das eigentlich?», fragte er interessiert und sah mich fragend an.

«Ach, da kommt so alles Kuriose und Antike rein, aber auch Trödel oder irgendwelcher schöner Kram findet hier seinen Platz», war meine knappe Antwort, denn er hatte mir schon mehr Zeit meines Sonnabends gestohlen, als ich eingeplant hatte.

Meine Antwort hatte ich noch nicht ganz ausgesprochen, da zuckte in meinem Hirn ein kleiner roter Blitz: das Parteiabzeichen! Kurios und antik, Trödel und Kram!

Obwohl ich nicht sofort erkennen konnte, ob er es im Setzkasten schon bemerkt hatte, kam überraschenderweise von ihm ein überaus diplomatischer Satz: «Na, politisch ist der Kasten jedenfalls auf der Höhe der Zeit, das ist nicht zu übersehen!»

AALBRUT ODER KÄFER 3

Wieder einmal war ich in Dresden zu Besuch bei meinen Eltern, da stellte mein Bruder mir auch gleich seine Neuerwerbung vor: einen VW-Käfer, Baujahr 1951! Neidisch musste ich auf dieses alte Stück Blech nicht sein, denn ich hatte ja schon ein Schmuckstück vor der Tür!

Diesen alten Käfer wollte mein Bruder jetzt Stück für Stück und nach Kräften in ein immer neueres Baujahr umbauen. Dafür brauchte er aber ständig die aktuellen Teile jüngerer Baujahre. Bei einem Käfer war das kein großes Problem, denn fast alle Neu- oder Gebrauchtteile eines aktuellen Baujahres passten sofort oder mit einigem handwerklichen Geschick zum alten Käfer, den man gerade fuhr. Nur bei der Frontscheibe nicht, da gab es plötzlich eine Variante, die auch von einem Karosserieklempner nicht so einfach zu lösen war: Eine größere und leicht gewölbte Frontscheibe aus einem neuen Modell in seinen alten Käfer einzusetzen, das ging jetzt nicht mehr!

Mein Bruder ließ also die gerade Scheibe so wie sie war und kümmerte sich mehr um die anderen Details, die dringend eine Modernisierung brauchten: Zum Beispiel die Motorhaube hinten mit der großen Kennzeichenleuchte, die Kofferhaube vorn, die Bremsen, die Radkappen, die Stoßstangen und besonders – die Rücklichter!

Die Bremsen erwiesen sich als das Dringlichste, denn in seinem Käfer waren noch Seilzugbremsen am Werk. Da mussten die Fahrer kraftvoll – ohne hydraulische Hilfe – aufs Bremspedal treten, um auch rechtzeitig und sicher zum Stehen zu kommen. Nur die Käfer für den Export waren schon mit einer hydraulischen Bremsanlage ausgestattet. Und die Einstellung dieser Seilzugbremsen – damit das Auto beim Bremsen nicht mal nach rechts oder nach links zog – war für einen Autoschlosser ohne ausreichendes Fingerspitzengefühl schwer zu bewerkstelligen. Also, so war der Plan meines Bruders, sollte jetzt die komplette Bremsanlage erneuert werden, von Seilzug auf Hydraulik. Und das kostete mit Sicherheit viel Geld!

«Sag mal, wie teuer ist denn ein Hauptbremszylinder und die vier Radbremszylinder für einen Käfer bei euch drüben?», fragte er bei nächster Gelegenheit einen Bekannten aus Augsburg, der mit seinem neuen Opel Kapitän wieder einmal unsere Eltern besuchte.

«Das kann ich dir nicht sofort sagen, da muss ich erst mal in einer Werkstatt nachfragen, aber ich kümmer mich darum, wenn ich wieder zu Hause bin und schreibe dir gleich nächste Woche, was das kosten kann», antwortete der Gast meiner Eltern etwas uninteressiert, weil Kapitänfahrer, weil etwas Besseres.

Im Stillen hoffte mein Bruder, der halbreiche Westdeutsche würde sein großes Herz für die 'Brüder und Schwestern in der Zone' öffnen und einfach mal einen Hauptbremszylinder und die vier Radbremszylinder kaufen und ihm schicken – so als kleines Dankeschön für die liebevolle Aufnahme und für das gute Essen in Dresden. Denn als Gastgeschenk für die fünf Tage angenehmen Aufenthalt bei meinen Eltern brachte er eine Tube Colgate-Zahnpaste – die mein Vater ängelsächsisch Kollgääät aussprach –, eine Packung Lindt-Pralinen und eine Dose Kaloderma, speziell für die sowieso schon sehr glatte Haut meiner Mutter, aus dem Wirtschaftswunderland mit.

Das war nicht gerade üppig, denn für seine Zeit in Dresden hatten meine Eltern für ihn ein umfangreiches Programm zusammengestellt: einen Theaterbesuch im Großen Haus, einen gemütlichen Nachmittag bei Kaffee und Kuchen und leiser Pianomusik im Café Prag am Altmarkt, eine Dampferfahrt nach Pillnitz mit Schlossbesichtigung und jeweils eine Berg- und Talfahrt mit der Standseilbahn und mit der Schwebebahn, verbunden mit dem wunderbaren Aussichtsblick auf Dresden und einem anschließenden Essen im Luisenhof – dem Balkon von Dresden. Das waren volle und auch kostspielige Tage. Aber auch meine Mutter hatte in der Küche, wie immer wenn Besuch kam, alle Hände voll zu tun.

Der Westbesuch war schon lange wieder zu Hause angekommen und mein Bruder wartete jeden Tag ungeduldig auf ein schriftliches Zeichen, was wohl diese Bremszylinder kosten könnten und ob da so eine kleine deutsch-deutsche Kooperation zum Wohle seines Käfers zustande kommen würde. Außer den Bremszylindern waren alle anderen notwendigen Teile auch in Dresden zu besorgen und wurden – wenn nicht so ganz passend – meist mit einigen kunstvollen Handgriffen passend gemacht.

Dann kam der langersehnte Brief, der in diesem Fall nur eine Ansichtskarte aus dem Allgäu war: «Ich bin hier im Urlaub und habe nach Deinem Ersatzteil gefragt. Das kostet soundsoviel D-Mark. Wenn ich die kaufe, wie willst Du das mit der Bezahlung machen? In zwei Wochen bin ich wieder zu Hause. Liebe Grüße von den weißen Bergen!»

Das war eindeutig formuliert. Der genannte Preis auf der unvorsichtigerweise offen geschickten Postkarte war ziemlich hoch und ein Geschenk würde es wohl auch nicht werden, das wusste mein Bruder jetzt blau auf weiß!

Aber wenn wir gut zuhören, fällt in so manchem Gespräch oft ein Satz, bei dem man aufhorcht und sich fragt, warum darüber nicht schon früher geredet wurde. Das ist öfter mal so im Leben!

«Du, ich habe mir eben eine goldene Nase verdient», sagte ein bekannter Trabant-Autoschlosser ziemlich euphorisch zu meinem Bruder, als die beiden sich zufällig an der alten Tankstelle in der Dresdner Grundstraße trafen.

«Da kommt doch gestern abend, ich wollte gerade die Werkstatt schließen, ein VW-Käfer mit Kölner Nummernschild auf meinen Hof gerollt und der Fahrer fragt mich mit hoffnungsvollem Blick, ob ich ihm helfen kann.»

«Und, was war bei dem kaputt?», fragte mein Bruder neugierig.

«Mein Hauptbremszylinder ist defekt, ich bin völlig verzweifelt, denn ich muss morgen nach Hause, und hier in Dresden habe ich um diese Zeit keine offene Werkstatt für einen VW gefunden», sagte der Kölner hilfesuchend zu mir.

«Ich erklärte ihm, dass das wohl schwierig wird mit einem Hauptbremszylinder für einen Westwagen, aber mal sehen, was sich da machen lässt. Und da ich wusste, dass ein Hauptbremszylinder vom Wartburg fast identisch mit dem vom Käfer ist, konnte ich dem Mann helfen. Nach zwei Stunden rollte er erleichtert mit einer wie neu funktionierenden Bremse und mit endlosen Dankesworten aus meiner Werkstatt. Bezahlt hat der in West, und ich konnte meiner Frau noch am gleichen Abend im Intershop am Hauptbahnhof das teure Parfüm kaufen, das eigentlich erst ein Weihnachtsgeschenk werden sollte. Für mich war da eine Flasche Cognac zur Feier des Tages mit drin und es ist noch viel übrig von der harten D-Mark!», erzählte er meinem Bruder freudestrahlend.

Na, das war doch eine wunderbare Information, zur richtigen Zeit und vor allem: das wäre viel, viel billiger als ein 'West-Import' aber genauso gut!

Schnell war mit dem Autoschlosser ein Termin vereinbart, und kurze Zeit später hatte der alte Käfer meines Bruders eine komplette neue Bremsanlage: Den Hauptbremszylinder vom Wartburg und die Radbremszylinder vom Trabant!

Jetzt fehlte es nur noch an der äußeren Kosmetik: die Motorhaube, die Rücklichter und die Stoßstangen. Die hießen beim neuen Käfer aktuell 'Europastoßstangen', denn die waren jetzt nach europäischem Standard in der gleichen Höhe montiert, wie bei den anderen neuen Automarken auch. Bei einem Auffahrunfall fuhren die alten Käfer mit ihren Stoßstangen meist unter die der anderen Autos. So hatten die also keinen Sinn mehr.

Die Haube und die Rücklichter hatte ein seitlich zerbeulter Käfer zu bieten aber die Stoßstangen, die konnte ihm keiner besorgen, auch nicht mit Vitamin B – den guten und immer notwendigen Beziehungen. Da halfen wieder die segensreiche Portion Glück und der Zufall eines Gesprächs.

«Danke für deine Einladung, aber die kann ich leider für diesen Tag nicht annehmen, da fahr ich wieder nach West-Berlin und liefer meine Aalbrut ab. Ich bin bestimmt vor Mitternacht nicht zurück und am nächsten Tag muss ich ausschlafen», sagte ein alter Schulfreund zu meinem

Bruder, auf die schon ziemlich lange ausstehende Einladung zum Herrengedeck.

«Wie? Was? Du fährst mit deinem LKW nach West-Berlin und am gleichen Tag wieder zurück? Was lieferst du da ab, Aalbrut?»

Mein Bruder konnte es kaum fassen und er sah eine neue, einmalige Chance greifbar nah vor sich schweben.

Im weiteren spannenden Gespräch erfuhr er, dass sein Bekannter schon seit einem Jahr in einem Spezialtank mit seinem großen Transporter Aalbrut nach West-Berlin transportiert und mit vollem Wassertank, aber ohne die vielen kleinen Jungaale wieder zurück nach Dresden fuhr.

«Und du wirst an der Grenze nicht kontrolliert? Hin nicht und zurück nicht...?» purzelten viele Fragen aus meinem Bruder heraus. Das war nicht vorstellbar, so eine Lücke im gut verschlossenen System DDR.

«Das sind Lebendtransporte, die werden nicht kontrolliert, nach West-Berlin schon gar nicht, denn da ist der Tank aus hygienischen - und Sicherheitsgründen versiegelt. Da bin ich auch sehr korrekt, das ist ja meine Arbeit. Aber auf der Rücktour, da ist nichts versiegelt, da ist der Tank nur mit dem großen Deckel verschraubt, damit das stinkende Teichwasser nicht während der Fahrt herausschwappt. Das lasse ich erst ab, wenn ich wieder zu Hause bin. In den Teich zurück darf das alte Wasser nicht mehr, das ist dann hin. Und bevor wieder die wertvolle lebende Fracht reinkommt, wird der Tank gründlich gespült», erzählte er weiter von seiner besonderen Arbeit und freute sich, dass mein Bruder so interessiert zuhörte.

Da ließe sich doch etwas organisieren! Ein großer Tank mit einer undurchsichtigen Teichbrühe, die auch noch sehr nach Fisch riecht, könnte doch auch auf der Rückfahrt einen guten Dienst erweisen!

«Ich muss dich da mal was fragen», tastete sich mein Bruder bei seinem Bekannten zaghaft aber sehr hoffnungsvoll vor.

«Wenn ich in West-Berlin, an die Adresse wo du die Fische ablieferst, von einem Bekannten zwei Stoßstangen hinbringen lasse, kannst du die in deinem trüben Tank versenken und mit nach Dresden bringen?»

Das schien kein besonderes Problem zu sein. Es musste nur perfekt organisiert werden, zeitlich und räumlich und systemübergreifend – von West nach Ost.

Und so besorgte ein alter West-Berliner Bekannter vom Schrottplatz gebrauchte aber unbeschädigte VW-Stoßstangen nach Europa-Art und lieferte diese wie verabredet an die von meinem Bruder angegebene West-Berliner Adresse am Tage der Aallieferung. Sein Dresdner Bekannter legte die Stoßstangen auf die Ladefläche neben den Tank und versenkte sie, nachdem die Aale ihren Wohnsitz gewechselt hatten, die Lieferscheine unterschrieben waren und er wieder den Aal-Hof verlassen hatte, im trüben Wasser. Deckel drauf, fertig!

Schon bald darauf stand der alte Käfer als fast neues Baujahr – in leuchtendem Gelb lackiert – in der Schillerstraße. Sein betagtes Alter war ihm nicht mehr anzusehen. Die gebrauchten Stoßstangen glänzten von der intensiven Behandlung mit Elsterglanz, und der Aaltransporteur wurde zu einer Probefahrt eingeladen mit anschließendem Herrengedeck, das mit dem Öffnen einer Flasche französischem Cognac endete.

«Prost! Und? Zieht beim Fahren noch ein übler Fischgeruch durch deinen gelben Käfer?» fragte er meinen Bruder lachend zwischen zwei Cognacs und schlug ihm dabei kräftig und ein wenig stolz auf seine ‘konspirative’ Mitarbeit zum Wohle eines Einzelnen auf die Schulter.

JUGENDSTIL VS. KUNSTGEWERBE

Mit einigen Mietern hier im Haus hatten wir uns inzwischen angefreundet – ein junges Ehepaar, Monika und Gerhard, wohnte mit ihrem zweijährigen Sohn direkt über uns. Eine junge Frau eine Etage tiefer und ein ruhiger und zurückhaltender Künstler – ein Maler und Grafiker – der wohnte in der ersten Etage. Das war Michael Augustinski. Zu ihm habe ich immer noch Kontakt, das heißt, wir sehen uns auf Ausstellungseröffnungen oder bei irgendwelchen Feiern für kunstinteressiertes Publikum und trinken dann einen Wein zusammen und sinnieren über die Welt.

Doch die beiden über uns sahen wir öfter. Entweder im Treppenhaus oder im Hof oder es gab einen guten Grund, ein Gläschen Likör miteinander zu trinken. Solche Treffen waren sporadisch und zufällig, immer sehr unterhaltsam, lustig und fröhlich. Das Leben meinte es gut mit uns, jeder machte seine Arbeit, die ihm sicher war, und ich als sonniges Gemüt hatte jeden Morgen schon beim Aufwachen große Lust, den Tag zu füllen und etwas sinnvolles zu schaffen!

Dieses Gefühl kennen heute nur wenige Menschen. Das Leben ist ein kalter Existenzkampf geworden: jeder gegen jeden, alle gegen einen und einer gegen alle! Nur gut, dass ich fast fünfzig Jahre meines Lebens bewusst genossen und bis heute auch nicht vergessen habe. Volle Schaufenster helfen nicht bei Seelennot!

Monika und Gerhard waren sehr angenehme Bekannte, zuverlässig und herzlich. Was aber die gestalterischen Dinge des Lebens anging, kamen wir nicht auf einen Nenner. Unsere Wohnungseinrichtungen waren zu unterschiedlich und über Geschmack lässt es sich bekanntlich nicht streiten.

«Was macht ihr heute Abend?", fragte mich Monika eines Tages, als wir uns auf auf dem Treppenabsatz trafen. Ihre Einkaufsnetze waren voll, der kleine Sven quengelte ungeduldig an ihrer Hand, wollte das letzte Stück nicht mehr nach oben laufen und machte es sich auf einer verstaubten Treppenstufe bequem.

Monika wartete meine Antwort nicht ab und sagte: «Also kommt ihr dann rauf, ich mache Abendbrot. Aber erst so gegen acht, ich muss noch Sven ins Bett bringen.»

Das waren die schnellen unkomplizierten Entschlüsse, die einen schönen Abend nach sich zogen und wir vom vielen Lachen noch am nächsten Tage Muskelkater hatten.

Außer schnellen Entschlüssen für prompte Einladungen oder nur 'auf ein Bier' gab es auch unvorhergesehene Überraschungen. Die zählten für mich zu den Besonderheiten, die einen Tag wunderbar beginnen oder einen Abend ebenso schön beenden konnten.

Und so saß ich an einem Sonnabend nach dem Frühstück an meinem kleinen Arbeitstisch über dem Fernseher zwischen den beiden Wohnzimmerfenstern und entwarf eine Anzeige für einen bekannten Berliner Verkehrsverlag, der auch bald mein privater Hauptauftraggeber werden sollte. Diese Anzeige war für eine ganze Seite im 'Straßenverkehr' geplant, und da es für mich ein neuer Kunde meiner nebenberuflichen freischaffenden Arbeit war, musste ich mir auch etwas Außergewöhnliches einfallen lassen. Der Verlag sollte begeistert sein und mich mit Folgeaufträgen überschütten!

Ich skizzierte einige Ideen auf einem weißen Blatt, verwarf diese wieder, blätterte unruhig in verschiedenen älteren Ausgaben dieser Zeitschrift, legte wieder los und hatte nach kurzer Zeit einen fertigen und in meinen Augen auch interessanten Entwurf auf dem Papier.

Gut gelaunt über mein Werk lehnte ich mich in meinem Stuhl zurück, hielt das Blatt mit meinem Entwurf vor mich und sah dabei in meinen rechten Augenwinkeln einen dunklen Gegenstand vor dem Fenster schweben. Eigentlich lohnte es sich nicht, nach draußen zu sehen, es würde sicherlich wieder die zahme und treue Turteltaube sein, die auf dem Fensterbrett um Futter bettelt – wie an jedem Tag.

Aber wie das so ist mit den menschlichen Reflexen, drehte ich meinen Kopf doch nach dem dunklen Etwas, das sich vor meinem Fenster befand. Irrtum ausgeschlossen, da war keine Turteltaube auf dem Fensterbrett – da baumelte ein antikes, rundes Tablett an einem hohen silbernen Bügel mit einer eingesetzten Vierereinteilung aus Glas an einer ordinären Paketschnur!

In den vier tortenförmigen Fächern des Tabletts standen vier Schnapsgläser und die Füllung dieser Gläser schwankte leicht mit den Bewegungen, die das Tablett vor meinem Fenster machte. Ich legte meinen Entwurf auf den Tisch, stand auf und öffnete das Fenster. Mein erster Blick ging senkrecht nach oben und dabei umfasste ich kräftig die Mittelstrebe des Fensterrahmens, um nicht das Gleichgewicht zu verlieren und im Hof zu landen.

Zu sehen war nichts, außer dass die Schnur über dem Zinkblech des Fensterbretts verschwand und sicherlich oben angebunden war. Meine lieben Nachbarn – eine morgendliche Überraschung hatten sie parat!

Ich nahm die zwei mit Cognac und die anderen beiden mit giftgrünem Likör gefüllten Gläser vom Tablett, stellte sie auf meinem Arbeitstisch ab und lief schnell in die Küche. Ich musste mich revanchieren! Sofort und von der besten Seite!

Im Küchenschrank lag eine angerissene Packung After Eight, die mir meine Tante Käthe aus Wuppertal geschickt hatte und daneben lagen die letzten fünf Weinbrandbohnen von Berggold, die ich schon vergessen hatte, denn sonst wären sie nicht mehr da.

Mit meinen edlen Süßigkeiten rannte ich wieder ins Wohnzimmer und hoffte, dass das Tablett noch vor dem Fenster hing. Es war noch da und schaukelte leicht in der müden Brise des sommerlichen Morgens.

Schnell füllte ich die leeren Fächer mit den Weinbrandbohnen und den Mint-Täfelchen, zog mich wieder zurück in mein Zimmer und schloss leise das Fenster. Jetzt musste ich nur noch abwarten, was und wann etwas passieren würde. Lange musste ich nicht auf der Lauer liegen, denn schon nach einer Minute ruckte es am Tablett und es entschwand sanft in die Höhe.

Das war der perfekte Tausch ohne 'Ansehen der Person', denn ich sah meine Tauschpartner dabei nicht! Tja, organisieren, beschaffen, vermitteln, verkaufen und tauschen, das konnten viele in der DDR ausgesprochen gut, immer nach dem Motto: Stadt und Land – Hand in Hand! Das war auch nicht neu, denn die Menschen waren schon seit tausenden von Jahren Händler und tauschten ihre Waren oder Dienstleistungen. Die Tauschpartner machten dabei, wenn sie die Regeln des Tauschens verstanden, fast immer ein gutes Geschäft.

Das hier war ein gutes Geschäft und ein liebevolles, herzliches dazu! Schnell nahm ich eines der vier Gläser vom Tisch und trank in einem Zug erst den klebrigen grünen Likör und dann aus dem zweiten den Cognac, der sicherlich ein Goldbrand-Weinbrand war. Es zischte feurig in meinem Hals beim Schlucken, es tat mir aber sehr gut, denn die gelungene Überraschung meiner Nachbarn über mir ließ den Alkohol am Vormittag besser schmecken als er wirklich war.

Die beiden anderen Gläser waren noch voll, die trank meine Frau schlückchenweise im Minutentakt leer. Der letzte Tropfen verabschiedete sich aus dem letzten Glas und da kam auch schon das silberne Tablett langsam von oben und hielt an der gleichen Stelle – wie beim ersten Mal.

«Wir machen den Abwasch», stand auf dem kleinen Zettelchen, das jetzt auf dem Tablett lag. Aha, ich sollte also die leeren Gläser wieder draufstellen und die werktätige Hausfrau wird sie dann für uns auswaschen. Einverstanden, dachte ich, und stellte die ausgetrunkenen und verklebten Gläser zurück aufs Tablett. Gleich darauf verschwand es wieder in luftiger Höhe.

Dieses Spiel machten wir in unregelmäßigen Abständen. Nur leider konnte ich nie der Anstifter sein, ich musste immer warten, bis sich etwas vor meinem Fenster zeigte. Die Füllungen der vier Glasschälchen wechselten ständig. Der Anlass war entscheidend: entweder es war Faschingszeit, da kamen zwei Pfannkuchen herab, Ostern zwei bunte Eier oder wir waren am Wochenende in Dresden und die Spatzen hatten inzwischen die Kekse von der Verpackung befreit und für mich blieb nichts mehr übrig.

Inzwischen legte ich mir im Wohnzimmer auch einen aktuellen Vorrat an, um mich für jede Aktion nachbarlicher Freundschaft sofort revanchieren zu können.

Aber man kann auch jeden Spaß etwas auf die Spitze treiben, und so dachte ich mir etwas aus. Die Idee dazu kam mir beim Schlendern in der Stargarder Straße: da war gleich neben der Kirche ein großes Glasgeschäft mit ebenso großer Auswahl und ebensovielen Kunden. Die meisten Kunden aber waren in West-Berlin stationierte US-Amerikaner, die mit ihren dunkelgrünen Amischlitten vorfuhren und voller Kitscheslust alles kauften, was ich nicht einmal angefasst hätte.

Ich entdeckte im Schaufenster ein gläsernes Schälchen mit einem gläsernen Bügel und einer mit farbigem Glas wild verzierten Viererеinteilung – alles in einem Stück und purer Kitsch. Das musste ich haben, denn ich hatte einen Plan!

Die 12 Mark für diesen schweren Haufen Glas bezahlte ich gern und musste über mein geplantes Vorhaben innerlich schon lachen, als die Verkäuferin mir das zerbrechliche Ding sorgfältig mit geübten Handgriffen einpackte.

Nach einer längeren Pause war es dann endlich so weit: An einem Sonntagnachmittag senkte sich langsam das antike Tablett vom vierten Stock in den dritten vor mein Fenster. Ich nahm erst die üblichen Schnapsgläschen behutsam herunter, griff dann meine bereitliegende Schere, schnitt das edle Stück knapp über dem Bügel ab und verknotete mein neu gekauftes Glasunikum an der Schur. Dann legte ich meinen schon fertig verfassten Zettel mit dem knappen Text: ‘Getauscht ist getauscht’ darauf, verzog mich schnell in die Mitte des Zimmers und musste über den von mir erwarteten Ausgang dieses Handels schon herzlich lachen. Ich sah die entsetzten Gesichter der beiden über den ungleichen Tausch schon vor mir und da entschwand das Prachtstück auch schon nach oben.

Keine zwei Minuten waren vergangen, da klingelte es an meiner Tür. Ich öffnete lachend und begrüßte Monika und Gerhard mit: «April, April, das ist natürlich nur einer meiner üblichen Scherze.»

«Aaaach, das haben wir uns schon gedacht. Schade, schade. Also, wir wären mit dem Tausch sofort einverstanden gewesen, das ist ja ein außergewöhnlich dekoratives Stück und würde gut in unsere Schrankwand passen", meinte Gerhard etwas enttäuscht und sah dabei seine Frau traurig an.

«Waaas? Ihr wollt das Glasding wirklich haben?», fragte ich entgeistert, «das ist doch gar kein Gegenwert zu eurem alten silbernen Jugendstiltablett. Aber ich schenke euch das – ohne Tausch. Ihr dürft das aber nicht mehr runterlassen, wenn das gegen die Hauswand prallt, ist die Schönheit dahin», sagte ich flapsig und konnte es noch nicht fassen, was ich mit meinem als lustigen Scherz gedachten Plan angerichtet hatte!

Ich gab edelmütig das alte Stück mit von mir gefüllten Gotanogläsern zurück und es wurde wieder für die gegenseitigen guten Gaben benutzt. Ab diesem Tag leuchtete mein buntes Geschenk aus dem bekannten Glasladen in der Stargarder Straße in der Schrankwand meiner Nachbarn!

VERGESSEN IST VERGESSEN

Schon seit einem Jahr arbeitete ich für Robotron Berlin. Der Stammsitz des volkseigenen Betriebes war in Dresden – in der Leningrader Straße, die jetzt Petersburger Straße heißt. In dieser Dresdner Zentrale wurden die großen Symposien veranstaltet, die Absprachen für die Leipziger Messen oder für die Messen im Ausland getroffen und von dort erhielt ich meine Aufträge.

Über jede Dienstfahrt in meine Heimatstadt freute ich mich sehr, denn dabei fiel immer ein Besuch bei meinen Eltern und Geschwistern ab. Nahmen Besprechungen kein Ende und der Abend neigte sich über die barocke Stadt, musste ich in Dresden übernachten und konnte erst am nächsten Tag mit dem Zug zurück nach Berlin fahren. Das war mir auch am liebsten so, denn: Überstunden wurden bezahlt, Spesen gab es auch und meine Mutter machte jedes Mal ein ausuferndes spätes Abendbrot für ihren ältesten Neuberliner Sohn.

Mit dem dunkelblauen Wartburg 311 meines Chefs fuhren wir meist schon sehr früh in Berlin los, denn alle wichtigen Termine begannen in Dresden um 9 oder um 10. Das Geschwindigkeitslimit auf der Autobahn lag bei stressfreien 100 Stundenkilometern und Herr N. plante da schon so zweieinhalb Stunden für die 180 Kilometer ein. Er war ein guter und aufmerksamer Fahrer, bei dem ich mit sicherem Gefühl als Beifahrer mein Nickerchen machen könnte, aber ich wurde nie müde beim mitfahren, ich unterhielt mich lieber mit ihm und rauchte dabei eine oder mehrere Ligeros.

Die Ligeros kamen aus Kuba und wurden mir als Karo-Raucher vor ein paar Monaten von einem Bekannten angeboten. Der wusste, dass ich die Karo, damit sie noch stärker werden, einzeln auf die Heizung legte bis die richtig durchgetrocknet waren. Da spürte ich lustvoll jeden Zug!

«Hier, nimm mal eine von meinen, das sind kubanische und die zieh'n so richtig durch. Da kann ich die offene Schachtel unbeobachtet liegen lassen und auch nach einer Woche fehlt keine einzige Zigarette», sagte der Bekannte verschmitzt lächelnd zu mir.

«Ich glaube nicht, dass du mich mit den kubanischen schocken kannst, stärker als meine ausgedörrten Karo können die nicht sein», antwortete ich in überlegenem Ton, zog eine Zigarette aus seiner fast leeren Schachtel, steckte sie lässig zwischen die Lippen und hielt das brennende Streichholz dran.

Ich nahm einen kräftigen tiefen Zug, da ich fest davon überzeugt war: auch unsere kubanischen Freunde auf der anderen Seite der Welt werden mich mit ihrem Tabak nicht so schnell umwerfen können. Doch der Rauch hatte meine Lunge noch nicht ganz erreicht, da fing ich schon an zu husten, so wie ein 12-jähriger, der zum ersten Mal und heimlich an einer Zigarette zieht! Das konnte nicht wahr sein! Es war aber so.

Diese erste Zigarette aus Kuba rauchte ich nicht zu Ende, das wollte ich mir nicht antun, da blieb ich lieber meiner schwarz-weiß-karierten Schachtel für eine Mark sechzig treu. Aber mein Bekannter meinte es gut mit mir und überließ mir die letzten vier Ligeros samt Schachtel zur weiteren gefälligen Verwendung.

Das Ergebnis war: schon eine Woche später führte mich mein vorsätzlicher Weg in die Straße Unter den Linden, in Berlins Mitte. Dort gab es im Kuba-Laden meine neue Zigarettenmarke: Ligeros. Die starken Stäbchen für harte Männer! Etwas mehr Geld als für die Karo musste ich dafür schon auf den Tisch legen, denn mehr Genuss ist eben geringfügig teurer! Und jetzt erging es mir wie meinem Bekannten: keiner wollte meine Zigaretten rauchen, auch wenn keine anderen griffbereit waren.

«Wie sieht das mit Ihrer Arbeit heute aus, Herr Schwalbe? Ich muss in 15 Minuten nach Dresden und die Besprechung wäre auch für Sie interessant. Wir fahren zusammen», sagte mein Chef an einem Morgen zu mir ohne sich für die Antwort über den Stand meiner Arbeit wirklich zu interessieren.

Also in 15 Minuten. Da musste ich noch schnell meine Frau anrufen und ihr den veränderten Abendablauf erklären, denn wann wir wieder zurück sein würden, das wusste auch der Chef nie genau. War er einmal in Dresden, kam er nicht so schnell wieder los von den vielen Kollegen, die alle einen Schwatz über Berlin, über die allgemeine Versorgung der Bevölkerung und auch über den Stand der elektronischen Dinge machen wollten. Wer aus Berlin kam, der hatte viel zu erzählen im Tal der Ahnungslosen!

Ich packte schnell das Wichtigste in meinen schwarzen, modischen und kunstledernen Aktenkoffer mit den verchromten Schlössern zusammen, zog meinen grünen Parka an und war startbereit. Mir gefiel diese plötzliche und unvorhersehbare Änderung im Tagesablauf – das war spannend und auf Dresden freute ich mich immer, auch wenn ein Besuch bei meinen Eltern mal nicht oder nur auf einen Sprung möglich sein konnte.

Dann hörte ich meinen Chef die Treppe herunterkommen, er redete noch ein paar Sätze mit unserem Telefonisten und ich legte meine Hand schon auf den umklappbaren Griff meines Aktenkoffers. Dann hörte ich die Eingangstür unserer Villa zuschlagen und sah aus dem Fenster, wie mein Chef ins Auto stieg und losfuhr.

Na gut, er musste bestimmt noch Zigaretten kaufen oder ein paar Kekse für die Fahrt, er wird gleich wiederkommen und mir den Startschuss geben.

Es vergingen 10 Minuten, dann 20 und ich wurde unruhig. So lange kaufte er nie ein und außerdem waren die Läden gleich um die Ecke in der Wilhelmsruher Hauptstraße. Mit meiner Unruhe hatte ich Recht – er hatte mich vergessen, denn drei Stunden später klingelte das Telefon auf meinem Tisch: «Das ist fatal, ich habe einfach vergessen, dass Sie mitfahren sollten. In der Nähe von Freienhufen dämmerte mir dann, dass da noch etwas war. Ich machs wieder gut, also bis morgen dann...»

Das ist eine wahre Geschichte, über die wir noch lange lachten, und alle Kollegen lachten mit. Aber sie lachten meinen Chef nicht aus, so etwas konnte jedem passieren, der den Kopf voll mit Verantwortung und Arbeit hat und mit seinen Gedanken schon beim nächsten Thema war, obwohl das alte noch nicht abgeschlossen ist.

DER TOD DES NACHBARN

So kurz wie die Milastraße ist, so begehrt war sie damals! Das hatte zwei gute Gründe: Der erste war die Fahrschule am Ende dieser kurzen Straße, der zweite die Goldbroiler-Gaststätte an der Ecke zur Schönhauser! Beides war Gold wert. Die Fahrschule etwas mehr als der Goldbroiler, denn bei Wartezeiten von mindestens vier Jahren konnte einem schon die Lust aufs Autofahren vergehen. Dass das politisch so gewollt war, das gab die Staatsführung auch offen zu, denn für noch mehr Fahrer und noch mehr Autos auf den Straßen war die verkehrstechnische Infrastruktur anscheinend nicht ausreichend. Und wer viel fährt, der hat auch mehr Reparaturen an Trabant, Wartburg, Lada, Moskwitsch und den anderen fahrbaren Untersätzen. Und dafür müssen auch die notwendigen Ersatzteile und die Werkstätten vorhanden sein!

Die Goldbroilergaststätte war ein “Renner”. Sie war immer voller Gäste. Der Geschmack und der Duft eines Goldbroilers ließen mir schon die Knie weich werden und einen unzügelbaren Heißhunger aufkommen. War kein Sitzplatz zu bekommen, stellten die Bürger sich eben am Tresen an und nahmen die heißen und tropfenden Leckereien mit nach Hause. Jeder einen halben Broiler, dazu ein Bier und eine Scheibe Brot, das konnte schon ein gutes und billiges Abendbrot werden!

Ich stand also an einem späten Sonntagnachmittag wieder einmal in einer Reihe mit den anderen genussfreudigen Schlemmern, ließ nach fünfzehn Minuten Wartezeit meine zwei Broiler – schon halbiert – gut einpacken und lief zügig nach Hause zur Husemannstraße. Mir lief das

Wasser im Mund zusammen und ich musste auch ständig die Hand wechseln, denn die Hitze des Hühnchens drang bald durch das fettundurchlässige Papier nach außen.

Meine dritte Etage hatte ich fast erreicht, da sah ich auf halber Treppe, dass die Tür der Außentoilette nicht ganz geschlossen war, dass aber ein Schlüssel steckte. Meiner war das nicht, also konnte es nur der vom Nachbarn sein. Ich nahm an, der sitzt jetzt auf dem Klo, macht sein Geschäft und hat nur vergessen, die Türe ganz zuzuziehen. Kann ja mal passieren, wenns besonders eilig ist.

In der Küche packte ich gierig die beiden Broiler aus, legte die ersten Hälften auf zwei Teller, verzichtete auf Brot oder andere Zutaten und wir aßen mit den Fingern genussvoll das zarte und gut durchgegrillte Fleisch. Eine Hälfte für jeden reichte nicht, also holte ich auch den Rest aus der Küche und schnell war das Abendbrot da, wo es hingehört! Einen Wodka musste ich noch nachspülen – es war ja fast Sonntagabend – und streckte mich dann wohlig auf den neuen breiten und bequemen Sesseln aus.

Doch schon eine Stunde später musste ich eine halbe Treppe tiefer, ungern zwar, denn immer die Wohnung zu verlassen, wenn ich mal musste, das ärgerte mich schon sehr. Ich durfte auch nie vergessen, den Wohnungstürschlüssel mitzunehmen oder das Aufsatzschloss innen auszufahren, denn wenn die Tür mal zuschlug, stand ich ausgesperrt im Treppenhaus.

Schon auf der Treppe sah ich, dass der Schlüssel immer noch steckte und die Türe den gleichen Spalt offen stand wie vorher.

Na gut, dann hat's mein Nachbar eben vergessen. Kann auch passieren. Aber jetzt musste ich mal und zwar sehr dringend! Mit der linken Hand öffnete ich zaghaft die Türe etwas weiter um meinen Kopf für einen prüfenden Blick reinzustecken. Was ich sah, ließ mich zusammenfahren! Ich erstarrte, so wie man das aus Filmen kennt, und glaubte nicht, was ich da erblickte: Mein Nachbar lag zusammengesunken und eigenartig verrenkt in diesem quadratmetergroßen Raum, halb auf der Toilette, halb an ein Stück Wand gelehnt mit verdrehten Beinen.

Nach meiner Schrecksekunde, die fast eine halbe Minute dauerte, riss ich die Tür weit auf, fasste meinen Nachbarn am Oberkörper und drehte ihn langsam herum, um sein Gesicht sehen zu können. Er sah mit offenen Augen ins Leere und ich wusste auch sofort: er war tot.

Um nichts weiter zu verändern, ließ ich ihn so liegen, rannte in meine Wohnung, erzählte was los war, und rannte ebenso schnell ins Vorderhaus, da hatte ein Mieter ein Telefon. Polizei und Krankenwagen kamen sofort, die Männer legten meinen Nachbarn auf dem Treppenpodest lang hin und der Arzt stellte seinen Tod fest.

Was war da passiert? Mein Nachbar war doch nicht älter als 25 Jahre, war er krank? Ist er gestürzt? Wie lange lag er schon in der Toilette? Ich bekam plötzlich ein schlechtes Gewissen, denn ich hatte die offenstehende Türe zwar bemerkt, bin aber in die Wohnung gegangen ohne nachzuschauen, warum die offen steht. Das nagte jetzt in meinem Kopf!

Laut sagte ich mir vor, was ich über diesen jungen Mann wusste, und ob ich ihm hätte helfen können, bevor es zu spät ist.

Wir sahen uns höchstens einmal in der Woche, meistens im Treppenhaus. Er hatte keine Freundin, nie war

Musik aus seiner Wohnung zu hören und nie hatte er ein Fenster geöffnet. Aber einmal in der Nacht, so fiel es mir wieder ein, klingelte es mehrmals an meiner Tür. Ich schlief schon einige Stunden, wusste beim Aufwachen nicht genau, ob die Klingeltöne zu meinem Traum gehörten oder ob da jemand im Treppenhaus stand.

Der Wecker stand auf ein Uhr fünfzehn, ich lief verschlafen den Flur entlang und öffnete die Türe. Da stand mein Nachbar taumelnd mit einer gewaltigen Alkoholfahne vor mir, sagte nichts und machte keine Gesten, die mir weiterhelfen konnten, ihn zu verstehen.

"Du musst da rein, das ist deine Wohnung", sagte ich zu ihm und zeigte nebenan auf seine Türe, denn er hatte bestimmt vergessen, wo er wohnt, jetzt, wo die Hausgemeinschaft alle Türen im gleichen Rot gestrichen hatte.

Er reagierte nicht auf meine Worte, sah starr durch mich durch und taumelte immer noch sanft.

«Gib mir mal deinen Schlüssel, ich mach dir auf», sagte ich wieder und hatte keinen Erfolg mit meinem Vorschlag, er reagierte nicht auf meine Worte.

«Also, ich geh wieder ins Bett und du musst da rein, da ist dein Bett», sagte ich wieder mit einem entsprechenden Fingerzeig, schloss langsam die Türe und wartete noch, um zu hören, was er machen wird. Er machte nichts, kein Geräusch, kein Schritt, kein Schlüsselbund waren zu hören. Es schien, als würde er wie festgenagelt für immer vor meiner Wohnung stehen bleiben.

Irgendwann ging ich wieder ins Bett und schlief ein. Am nächsten Morgen sah ich vorsichtig ins Treppenhaus, er war nicht mehr da, aber sein Schlüssel steckte draußen im Schloss seiner Tür. Mit Schlüsseln hatte er also so sein

Problem, schien es mir. Und er war damit bestimmt nicht der Einzige, an dieser Vergesslichkeit haben viele zu leiden.

Eine Woche später klingelte eine ältere Frau bei mir. Es war seine Tante.

«Entschuldigung. Ich muss die Wohnung meines Neffen ausräumen. Das ist traurig, das ist traurig. Er war ein so lieber und ruhiger Mensch, mein Neffe. Aber er war schwer krank, er hatte Zucker. Wir haben ihm immer gesagt, du musst nach den Regeln leben, so wie die Ärzte dir das geraten haben. Und keinen Alkohol, keinen Alkohol. Schon nach einem Glas hat er nichts mehr gewusst und nichts mehr verstanden. Aber er hat's nicht gelassen, der Arme», erzählte mir seine Tante tief betroffen und ich hätte sie am liebsten tröstend umarmt, so schwach und enttäuscht wie sie vor mir stand.

«Auf der Toilette ist er dann zusammengebrochen. Vier Stunden bevor Sie den Arzt angerufen haben, ist er gestorben. Danke, danke, dass Sie sich da so engagiert haben», mit diesem Satz verschwand sie in seiner Wohnung.

Ich war sehr erleichtert, als sie mir das sagte. Mein Gewissen beruhigte sich, ich hätte also auch beim Nachhausekommen nicht mehr helfen können, wenn ich in die Toilette gesehen hätte. Aber für die Zukunft nahm ich mir vor, hinter jede Unregelmäßigkeit lieber einmal mehr zu schauen, als einmal zu wenig!

DIE ANZEIGE

«Brauchst du eine Schwalbe? Neuwertig, gebraucht, reparaturbedürftig, blau, grün oder weiß? Ich kann dir alles anbieten, du musst nur sagen, was für eine du suchst.»

Mit diesen Worten empfing mich mein Bruder in Dresden und kicherte dabei verschmitzt. Meine Schwester stand laut lachend etwas abseits, sie schien zu wissen, was sich da so zugetragen hatte.

«Na, wenn du mir die so freundlich anbietest, nehme ich von jeder Farbe eine», antwortete ich auf seine Frage, ohne zu wissen, was er eigentlich meint.

«Komm, ich zeig dir mal was», sagte mein Bruder weiter, «hier habe ich einen Stapel Briefe und Karten. Die kamen in der letzten Woche ins Haus geflogen, und alle wollen mir ihre Schwalbe verkaufen. Das Moped. Den Zweisitzer. Du, ich habe erst heute morgen verstanden, warum die Leute aus der ganzen DDR mir plötzlich diese Dinger andrehen wollen. Erst habe ich gestaunt, woher die meine Adresse haben, dann habe ich gegrübelt, was ich mit den Mopeds soll und warum gerade ich die suche. Und wenn ich dich raten lasse, du wirst auch nach einem Jahr nicht dahinter kommen, was da passiert ist.»

«Und, was ist da passiert?», fragte ich interessiert, «Los, erzähl schon.»

«Also, du wirst es nicht glauben. Nur durch einen nicht ganz korrekten Satz kann alles im Sinn etwas daneben gehen oder sich ins Gegenteil verkehren, so wie bei mir», lies mein Bruder mich zappeln.

Dann setzte er fort: «Du weißt doch, dass ich so einiges an Antiquitäten und auch Meissener Porzellan sammle.

Und seit einiger Zeit haben es mir die Dochtscheren angetan. Da gibt es sehr viel verschiedene Arten aus unterschiedlichen Materialien, du hast ja eine aus Eisen, stimmts? Ich habe vier aus Messing und zwei versilberte in verschiedenen Größen, damit hat schon Goethe seine Dochte geschnitten, wenn die Kerzen anfingen zu blaken. Das Gute ist dabei, wenn du den Docht einer brennenden Kerze kürzt, also abschneidest, wird er in dem kleinen Käfig gleich zerdrückt. Es stinkt nicht und qualmt nicht. Eine schöne Erfindung...»

«...und, komm mal auf den Punkt, das weiß ich alles selbst», fiel ich ihm ins Wort. Ich wollte sofort wissen, was das alles mit Schwalbenmopeds zu tun haben kann.

«Also, hör zu», fasste mein Bruder sich jetzt kurz und erzählte mir die schöne Geschichte.

«Ich wollte mir meine kleine Sammlung von Dochtscheren erweitern. Die sollten dann in einem Glaskasten, wie im Museum, an der Wand hängen. Es gibt noch viele Varianten, auch aus Zinn und simplem Eisen, so wie deine, die mir noch fehlen. Also setzte ich in die Sächsische Zeitung eine Anzeige, kurz und knapp, damit die nicht viel kostet, und ich überlegte noch, ob das besser über Chiffre oder über meine Adresse in der Zeitung stehen soll. Ich machte es über Chiffre und formulierte den Text so:

Dochtschere sucht Schwalbe

dazu dann die Chiffre-Nummer, so, wie ich schon manche Anzeige aufgegeben hatte. Und jetzt sieh dir mal die Post an, die ich dann beim Verlag der Sächsischen Zeitung bekommen habe: Auf fast jedem Brief steht: *Werter Herr Dochtschere, ich habe eine Schwalbe anzubieten, Baujahr...* und ... und ... und. Ist das nicht zum Totlachen? Man kann das wirklich drehen, wie man das verstehen will. Entweder ich heiße Dochtschere und suche ein Moped oder ich heiße Schwalbe und suche eine Dochtschere. Würde ich Müller heißen, wäre das kein Problem, dann bin ich Herr Müller der eine Dochtschere sucht. Ist das nicht genial? Auf sowas kann man nicht kommen, das ist was für den Eulenspiegel. Darüber lachen sich dann die Leser kaputt», beendete mein Bruder seine Berichterstattung zum Thema Anzeige.

Nur zwei Leser hatten ihn richtig verstanden und boten ihre alten Dochtscheren an. Beide fast 150 Jahre alt und aus Messing, so wie die, die er schon vier mal in seiner Sammlung hatte.

Das war wieder eine Geschichte, bei der es sich lohnt, sie bei jeder Party zu erzählen, wenn die Stimmung nicht so richtig in Gang kommen will.

Bis heute macht sie ihre Runde.

LANGE HAARE, JA, ABER...

In meinem Betrieb hatte ich viel zu tun und genauso viel Vergnügen hatte ich an jedem einzelnen Tag! Die Mitarbeiter waren – einer wie die andere – an Kollegialität nicht zu übertreffen und ich hatte das gute Gefühl, wir alle passen bestens zusammen. Fast jeder hatte Sinn für Kunst, das war schön für mich, denn ich redete viel über *mein* Thema und traf immer auf offene Ohren.

Ein Kollege, Gerd, fing fast gleichzeitig mit mir an, bei Robotron zu arbeiten. Er war noch sehr jung und hatte auch seinen zukünftigen Lebensweg schon gut geplant. Hier arbeitete er im Versand als Lagerist, erledigte so manchen Weg und konnte auch die Abendschule besuchen, was mit seinem eigentlichen Beruf als Bäcker nicht vereinbar war. Da waren Tag und Nacht die Konkurrenten, die das Leben schwer oder unlebbar machten. Sein eigentliches Berufsziel war der Lebensmittelingenieur.

Dann aber, als er mich hier arbeiten sah und meine Arbeit näher kennenlernte, war der Lebensmittelingenieur nicht mehr das wahre Ziel, jetzt war es der Grafiker. Aber der war dann doch nicht der Beruf fürs Leben, denn als Gerd von der Verwaltung gefragt wurde ob er Lust hätte, in den sommerlichen Robotron-Ferienlagern in Gräbendorf als gutbezahlter Helfer zu arbeiten, sagte er zu und damit änderte sich sein Berufswunsch noch einmal: er wollte doch lieber Pädagoge werden. Dabei ist es auch geblieben, Gerd ist immer noch Pädagoge und übt diesen Beruf mit viel Freude aus.

Damals, Anfang der siebziger Jahre hatte Gerd lange Haare, sehr lange Haare. Das war die große Mode, die

Beatles hatten das so angestiftet. Auch meine Haare wurden immer länger, und es gab auch schon spöttische Blicke der älteren Generation – meistens waren es Männer – über das Aussehen der jungen Generation. In Ost und in West. So war das schon immer, auch bei den alten Griechen hatten die älteren Griechen über ihren Nachwuchs zu klagen. Das kann man heute noch nachlesen, vielleicht bei Sokrates oder einem anderen klugen Kopf.

Die verbalen Kommentare dazu konnten alle Langhaarigen schon im Schlaf aufsagen: «Ich habe nichts gegen lange Haare, aber gewaschen müssen sie sein.»

Mich traf das auch, obwohl ich mit meinen über 30 Jahren nicht mehr im Kreuzverhör der Alten stehen wollte und sollte, als mich im Doppelstockbus der Linie 58, an der Pankower Endstation ein Ehepaar aufregte. Der ältere biedere Ehemann in Joppe und Schiffchenmütze erklärte seiner ebenso biederen Frau sehr laut, damit ich auch hören sollte, dass es um mich ging, wie eklig er lange Haare findet: «Ich bin ja nicht von gestern und habe nichts gegen lange Haare, aber gewaschen müssen sie sein», dabei machte er zu seiner Frau eine Kopfbewegung, damit sie zu mir sieht und sich auch über mich ekelt, so wie er.

Meine Haare waren gewaschen, aber die seiner Frau anscheinend nicht, die fielen in unansehnlichen Strähnen auf ihre Schultern und dazu kam das Grau des Alters. Darüber hätte ich mich nicht aufgeregt, ich achtete das Alter, erwartete aber auch von meinen Mitmenschen, dass man mich ebenso achtete. Meine Anwort kam prompt und ein wenig zynisch: “Wenn ich die ungewaschenen Haare ihrer Frau sehe, kommt mir das Kotzen. Dazu der fettige Kragen des Mantels und die Schuppen, einfach zum Kotzen!»

Die bis dahin am Geschwafel ihres Mannes uninteressiert dasitzende Frau verstand erst einen Moment später, dass es um sie geht, drehte ihren fettigen Kopf empört zu ihrem Mann und sagte: «Walter, was soll das, nun sag doch mal was zu dieser Unverschämtheit.»

Walter sagte nichts Genaues, brabbelte irgendetwas, dass es sich sowieso nicht lohne, mit so einem wie mir über Anstand zu reden, und so weiter. Der Bus fuhr los und er hatte sowieso Recht!

Gerd war ein sehr fröhlicher und wissensdurstiger junger Mann. Und er war auch für jeden Spaß zu haben. Ich dagegen war bei aktiven Späßen meist zurückhaltender, ließ mich aber gern anregen und leistete auch meinen Beitrag zum fröhlichen Miteinander auf Kosten anderer.

Bald gab es einen guten Grund für einen guten Schabernack, denn wir hatten auch einen Kollegen, der nicht ganz so unserem Verständnis vom lockeren Umgang miteinander teilte. Das war Herr E. Immer sauber gekleidet in grauem Anzug mit Weste, dazu passender Krawatte und einem passenden Tuch in der oberen Jackentasche. Das war überhaupt nicht mein Stil, aber er war ja auch einiges älter als ich und das rechtfertigte sein Äußeres und seine damit verbundene Art des täglichen Auftritts.

Als ich diesen Kollegen bei meiner Bewerbung zum ersten Mal sah, vermutete ich sofort, einen hochgestellten Chef vor mir zu haben, mindestens eine Stufe über Herrn N., bei dem ich einen Termin hatte. Seine Stimme und sein vor mir aufgebauter schwerer Körper machten mich im ersten Moment etwas unsicher, aber gleich danach ging ich zum Gegenangriff über: Ich erzählte mit knappen aber lustig gemeinten Worten über meine bisherigen Leistungen und dass ich hier bei Robotron mal sehen werde, wo die alten Besen stehen, weil ich die schnellstens gegen neue austaschen werde. Diese Komik verstand Herr E. nicht und er ermahnte mich, nichts ohne seine Zustimmung zu tun.

Als ich ihn näher und persönlicher kennen lernte, fiel so einiges seiner strengen und aufgesetzten Autorität ab und ich erfuhr auch von meinen Kollegen, dass er einige berufliche Defizite aufzuweisen hatte, die er durch seine Erscheinung zu kompensieren versuchte.

Schon kurze Zeit später wurde Herr E. von uns allen in den Stand eines englischen Adligen erhoben. Aus dem einfachen Herrn E. wurde Lord Helfrich!

Und das kam so:

Herr E. hatte in seinem Arbeitszimmer einen Schrank mit zwei gläsernen Türen. In diesem Schrank hatte er sein Heiligtum – für alle sichtbar – aufbewahrt. Dieses Heiligtum bestand aus einer Flasche, die nur für besondere Gelegenheiten und da wieder nur für ausgewählte Persönlichkeiten gedacht war. Die Flasche trug ein edles Etikett mit dem edlen Schriftzug 'Helfrich's Bouquet'. Dieser Bouquet war ein Cognac.

«Was meinst du, wie schmeckt so ein Helfrich?», fragte mich Gerd an einem Freitagnachmittag, als wir durch die große Flügeltüre in das Zimmer von Herrn E. sahen. Herr E. war mit seinem Skoda auf Dienstreise, wie so oft entweder in Sömmerda oder in Dresden.

«Wie der schmeckt, kann ich dir nicht sagen, er hätte uns aber mal einen Schluck anbieten können, da fehlen doch schon mindestens drei Gläser», antwortete ich und dachte, da hat Gerd doch bestimmt schon einen Plan.

«Wir können's doch mal probieren», tastete Gerd sich vor und als er merkte, dass meine Reaktion zustimmend war, gingen wir ins Zimmer von Herrn E., stellten uns vor den Schrank und sahen, dass in keiner der beiden gläsernen Türen ein Schlüssel steckte. Aus der Traum von der illegalen Verkostung!

«Weiß irgendeiner von euch, wo E. seinen Schrankschlüssel versteckt hat? Oder hat der den am Schlüsselbund?», fragte Gerd unsere beiden Kolleginnen in den Nebenräumen.

«Na, ihr wollt doch nicht etwa seinen Schatz plündern», sagte eine der Frauen zu uns und meinte weiter: «Also, wir sind dabei, los gehts.»

Zu viert standen wir vor dem verschlossenen Schrank und überlegten, wie eine dieser Türen so zu öffnen wäre, dass E. den Einbruch nicht entdecken kann.

«Also, diese Flasche und unser Herr E. in seiner Weste, seiner Krawatte und seinen blank geputzten schwarzen Schuhen, das passt genial zusammen. Mit der Flasche im Arm, würde er wie ein englischer Lord aussehen. Ein Lord Helfrich eben», sagte Gerd belustigt.

Unser Kollege hatte einen neuen absolut zutreffenden Namen bekommen! Er wurde von seinen Kollegen ohne jede Leistung in einen hohen gesellschaftlichen Stand versetzt. Mitten im Sozialismus, wo doch alle Menschen gleich sein sollten – und diesen Titel behielt er für immer, jedenfalls bei Robotron.

Durch den neuen aristokratischen Namen des Besitzers dieser Flasche hatten wir aber immer noch keine Ahnung, ob der Inhalt auch magenfreundlich ist oder ob er mit seinen 38% zum Flammenwerfer werden kann.

«Wenn die Türen nicht zu öffnen sind, dann habe ich eine Idee», meinte Gerd und schlug vor: «Wir drehen den Schrank ganz vorsichtig von der Wand, damit die Flasche nicht umfällt und dann mach ich die Rückwand ab, die ist doch nur mit ein paar kleinen Nägeln befestigt. Los, alle mal mit anfassen, aber langsam», kam sein Befehl und wir rückten Stück für Stück den schweren Schrank schräg in die Mitte des Raumes.

Mit einem Schraubenzieher drückte Gerd die Hartfaserplatte am oberen Rand aus der Vertiefung im Schrank, fasste mit seinem Arm durch und ließ sich von uns dirigieren bis er die Flasche am Hals packen konnte. Vorsichtig zurück mit der kostbaren Fracht – und da stand er, der Helfrich – unschuldig auf meinem Arbeitstisch.

Gläser wurden klappernd aufgereiht und Gerd schenkte ein. Für jeden nur einen kleinen Schluck, es sollte ja nicht auffallen, dass wir probiert hatten.

«Aaaach, Scheiße, hier ist ein Strich gezogen, auf dem Etikett», rief eine Kollegin laut, «das ist ein von Lord Helfrich gezogener Pegelstand! Jetzt haben wir ein Problem, zwei Striche, das geht nicht, Also, was machen? Wer hat eine Idee?» Gerd hatte wieder eine Idee.

«Na, dann setzt doch mal einer von euch Teewasser auf, aber erst wird angestoßen, Prooost!», rief Gerd in den Raum, «Prooost», antworteten wir im Chor und Helfrich's Bouquet lief durch unsere Kehlen.

Noch einmal gossen wir nach, für mehr fehlte uns der Mut. Und dann, als der Tee gekocht und auch abgekühlt war, hatte die Flasche ihren alten Pegelstand wieder erreicht. Exakt bis zur klitzekleinen blauen, mit einem Kugelschreiber gezogenen Linie.

Helfrich's Bouquet verschwand an seinem alten ehrwürdigen Platz, wir hatte einen in der Krone, der Schrank wurde von hinten säuberlich verschlossen und wieder sehr, sehr vorsichtig an die Wand gerückt.

Das war ein aufregendes Erlebnis der besonderen Art. Wir mussten nur noch warten, bis Lord Helfrich einem seiner Gäste etwas Gutes antun wollte, der aber dann entweder den ungewöhnlichen Mix nicht erkennt oder aus falsch verstandener Höflichkeit oder alkoholischer Inkompetenz nicht zugibt, dass er keine Ahnung hat.

Es dauerte fast ein viertel Jahr, wir hatten schon vergessen, warum Herr E. Lord Helfrich hieß, da hörte ich in seinem Zimmer den Klang von aneinanderstoßenden Gläsern und ahnte kommendes Unheil. Sein Gast war ein Abteilungsleiter aus Dresden und der Grund des Treffens waren gut abgeschlossene Exportgeschäfte mit Westdeutschland und mit der Sowjetunion, an deren Zustandekommen unser Lord Helfrich aktiv beteiligt war. Da waren Devisen zu erwarten und mit den Devisen kam Freude auf bei Robotron.

Der Gast fuhr am späten Nachmittag zurück nach Dresden und und wider Erwarten blieb alles verdächtig ruhig, bis eine Woche später unser Chef Herr N. uns in sein Büro holte und im Namen von Lord Helfrich um Aufklärung einer eigenartigen 'Straftat' bat.

Wir vier Täter hatten uns versprochen, nichts preiszugeben und uns wie indianische Blutsbrüder zu verhalten. Doch während der ersten fünf Minuten der Befragung zum Einbruch und Diebstahl von Alkoholika und die Verschleierung der Tat durch unsachgemäßes Strecken des Flascheninhalts, knickten unsere beiden weiblichen Blutsbrüderinnen ein und verrieten das Geheimnis unserer Tat. Da aber alles schon einige Tage zurück lag und der Schaden mehr lustiger als räuberischer oder finanzieller Natur war, bekamen wir nur eine Verwarnung im sozialistischen Kollektiv mit der Maßgabe, dem Geschädigten Ersatz zu liefern. Das war auszuhalten und hatte auch keine abschreckende Wirkung auf unsere Persönlichkeit.

Gerd trägt auch heute noch lange Haare, das passt zu seinem Typ. Ich könnte ihn mir mit einem anderen Haarschnitt gar nicht vorstellen, gewaschen oder nicht gewaschen! Gerd ist immer noch der fröhliche, sprühende und witzige Charakter, der er schon vor über vierzig Jahren war! Denn: Hinter jeder Frisur steckt ein kluger Kopf, das hatte so ähnlich schon die Frankfurter Allgemeine Zeitung Anfang der siebziger Jahre für sich entdeckt!

CANASTA

Das waren noch Zeiten! Da machte es mir nichts aus, früh um vier nach Hause zu kommen, zwei Stunden zu schlafen und einen vollen Arbeitstag vor mir zu haben. Heute sieht das schon etwas anders aus, ist aber auch schön, vor Mitternacht im Bett zu liegen und etwas länger schlafen zu können. Die Erinnerungen an die frühere Zeit, die selbstverständlich immer besser war als die heutige, machen ein Leben lebenswert. Wer keine guten oder weniger guten Erinnerungen hat, hat nicht gelebt!

Und da erinnere ich mich auch gern an die vielen schönen Abende und Nächte, die ich mit Canastaspielen verbracht habe.

Die erste endlos lange Nacht des Kartenspiels hatte ich meiner Schwester zu verdanken. Die spielte schon als Kind sehr gern Quartett oder Schwarzer Peter. Das waren die gängigsten Kinder-Kartenspiele – spannend, aufregend – und es gab dabei auch immer einen jämmerlichen Verlierer. Hatte ich ein Spiel verloren, bestand ich darauf, sofort ein neues Spiel zu beginnen, um meinem Ego wieder auf die Beine zu helfen!

So wurden mit den Jahren aus den Kinderkartenspielen bald ebenso spannende für Erwachsene. Meine Eltern spielten oft ein Spiel, das sich ganz einfach nur '100' nannte. Das war die Augenzahl, die man unbedingt brauchte, um in die Nähe des Sieges zu kommen. Aufregend war das nicht und für meine Eltern zu zweit nicht gerade optimal, sodass sie mich schon als Vierzehnjährigen in der fernsehlosen Zeit in die Geheimnisse dieses Spiels einweihten, weil sie einen dritten Mann brauchten!

Hier in Berlin aber, da war Canasta angesagt! Das zog sich hin von Stunde zu Stunde, konnte die abendliche Zeit bis tief in die Nacht füllen und es gab immer was zu lachen dabei. Warum und worüber wir lachten, weiß ich nicht mehr, vielleicht war es einfach nur meine lustige und gesellige Art, die andere ansteckte oder ich ließ mich anstecken. Ohne Lachen verging kein Tag in meinem Leben. Fast keiner.

Außer unseren Spielpartnern aus dem Haus kam nun auch meine Schwester dazu. Die studierte von 1972 bis 1975 in Apolda Baustofftechnologie und hatte sich für ein anschließendes Praktikum in Berlin entschieden. Das war naheliegend und nicht ganz selbstlos. Sie wollte auch in der Hauptstadt der Deutschen Demokratischen Republik das wilde Leben kennenlernen, bevor sie wieder im Dresdner Tal der Ahnungslosen zu Hause ist.

«Sag mal, hast du Canastakarten?», fragte mich meine Schwester am Abend, als sie ihren ersten spannenden Praktikumstag in Berlin verbrachte.

«Na klar, ich habe alles, was man zum Kartenspielen braucht. Ich habe auch ein Musikerquartett mit Beethoven an der Spitze», antwortete ich schmunzelnd und ging zum Schrank mit den Spielen.

Mit diesem Abend waren die zukünftigen Abende verplant, wir wussten schon am Morgen, was bis in die Nacht passieren wird: gutes Essen und Trinken, viel, viel Lachen und spannende Spiele!

«Also, dann sehen wir uns morgen, so gegen Sieben», sagte meine Schwester, und ich fuhr sie mit meinem grünen Käfer in ihr Quartier zwischen Karl-Marx-Allee und

Ostbahnhof, das die Fachschule für die Zeit ihres Praktikums zur Verfügung gestellt hatte.

Für die kommenden Abende kaufte ich außer den üblichen Getränken wieder in der Kaufhalle an der Schönhauser einen Kasten Pepsi-Cola in den schmalen kleinen Flaschen. Die Pepsi ließ sich gut mixen mit Wodka oder Cognac und dazu gab ich noch einen kleinen Schuss – aber wirklich nur einen kleinen – würzigen Timm's Sauren. Strohhalme nach Bedarf, ich trank den Mix ohne diese Röhrchen.

Der erste Spielabend begann mit einem üppigen Gelage: Der Tisch war gut gedeckt, das Meissener Geschirr dominierte und dazu stellte ich die großen hohen 'Siegelgläser' für Wermut – Miramaro oder Gotano – und die kleinen schmalen für die hochprozentigen Flüssigkeiten auf den neuen Couchtisch.

Diese 'Siegelgläser' kaufte ich in dem exquisiten Pavillon in der Karl-Marx-Allee, gleich neben dem Kino International. Der Laden hieß 'Kunst im Heim' und war ein besonderer Anlaufpunkt für alle, die gutes Design bevorzugten und die auch immer etwas fanden, das sich zu kaufen lohnte. Außer schönen Gläsern gab es dort auch alles Textile – also Tischdecken, Servietten, verschiedene Küchentücher – und auch Kleinmöbel. Da waren echtes Holz angesagt und außergewöhnliche Bezüge.

In drei Ausführungen besaß ich die begehrten 'Siegelgläser': Wie schon gesagt, als kurze breite Whisky- oder Wermutgläser, die gut in der Hand liegen, als schmale kleine für Schnäpse und Liköre und als hohe für Drinks oder Bier oder Wasser. Alle diese Gläser hatten einen dicken Boden, und den Namen gab ihnen ein gläsernes pralles Siegel im unteren Bereich, das auch gut für den Daumenhalt beim Trinken war. In dieses Siegel war der Berliner Bär gedrückt – Glas in Glas.

Von allen Gläsern, die ich im Laufe meines Leben kaufte, kaufte ich immer, wenn es sich machen ließ, sieben Stück oder dreizehn, nie sechs oder zwölf, denn die Erfahrung lehrte mich: schon beim allerersten Gebrauch geht das erste kaputt. Da waren es nur noch fünf oder elf. Und eigenartigerweise, wenn ich ein Glas mehr kaufte, ging keines zu Bruch. Das ist bis heute eine eigentümliche aber feste Regel im Leben meiner Gläser! Diese Regel ist von philosophischer Natur, es ist eben so, warum auch immer.

Nach dem Essen holte ich die Karten, räumte den Tisch von allem ab, was nicht mehr benötigt wurde, aber Essbares blieb noch stehen, denn nichts ist schöner, als so zwischendurch mit den Fingern zuzulangen und den fress'schen Appetit zu stillen! Besonders, wenn das eigene Spiel zu scheitern droht und der Sieger ein anderer zu werden scheint.

Wir spielten intensiv und fröhlich, bis meine Schwester plötzlich sagte: "Was war denn das da draußen? Das klang doch wie eine Meise, habt ihr das gehört?»

Sie hatte es kaum ausgesprochen und ich lauschte noch, ob ich vielleicht auch etwas hören könnte, da bekam die Meise auch schon eine Antwort. Es waren viele Meisen, die ihr antworteten, es war das Morgenkonzert der kleinen Pieper, für die der neue Tag fröhlich begann. Ebenso fröhlich, wie wir am Abend begonnen hatten zu essen, zu trinken und Karten zu spielen!

«Schau doch mal auf die Uhr», ergänzte meine Schwester, «es ist vier Uhr zweiundzwanzig. Für uns Zeit noch etwas zu schlafen, also los, Zähneputzen und ab. Ich habe sowieso fast alle Spiele gewonnen, mir geht es sehr gut, dir auch, mein liebes Brüderchen?»

Solche Tage waren ein fester Bestandteil des Praktikums meiner Schwester, das sie hier in der Großstadt Ost-Berlin zu absolvieren hatte. Weniger beruflich zwar, aber dafür mehr fürs Leben. Dresden – da kommt was auf dich zu, wenn meine Schwester wieder zurück ist und ihre Erfahrungen präsentiert!

«Liebe Gabi, denk immer daran: nur wenn man das Leben in all seinen Facetten gelebt hat, weiß man auch, wie schön es sein kann und worauf wir achten müssen.»

Diesen überaus guten Rat, der randvoller Lebensweisheit steckte, gab ich ihr – noch vollkommen verschlafen – mit auf ihren kurzen Weg zur U-Bahn-Station Dimitroffstraße, an diesem schon quirligen Berliner Morgen.

DIE NEUE ZEIT

"Ein Mann geht auf seinen Balkon um eine Zigarette zu rauchen. Da sieht er auf dem Geländer eine Schnecke laufen. Er schnippst mit dem Zeigefinger die nichts Arges ahnende Schnecke vom Geländer, raucht seine Zigarette zu Ende und geht wieder ins Zimmer. Zwei Jahre später klingelt es an seiner Wohnungstüre. Er öffnet und sieht eine Schnecke vor sich, die ihn erbost anschnauzt: Sag mal, was war denn das jetzt eben!"

Das ist Zeit. Für jeden eine andere. Eine schnelle, vergängliche, eine langsame, ebenfalls vergängliche oder eine hektische sich überstürzende. Und diese Zeit wird uns auch exakt präsentiert, überall: am Kirchturm, am Arm, auf dem Bahnhof, auf dem Arbeitsamt, in der Küche beim Eier kochen, beim Arbeiten am Computer oder im Auto, wenn wir im Stau stehen und vor Wut über verlorene Zeit kochen.

Die Zeit hat aber auch etwas Modisches im Gefolge, nicht die Zeit selbst, aber ihre optische Darstellung. Und diese Darstellung machte eben eine Revolution durch. Die üblichen Zeiger wurden altmodisch und meine wunderbare und teure Taucheruhr von Seiko – aus Titan mit Tauchtiefenmesser bis neun Meter Tiefe und Automatik – hatte fast ausgedient. Das war traurig, denn ich besaß sie erst ein knappes Jahr. Und jetzt – 1974 – kam der Sprung in eine neue Zeitanzeige. Für mich jedenfalls.

«Sag mal, du kannst doch nach West-Berlin fahren?», fragte ich einen Dresdner Bekannten, von dem ich wusste, dass er öfter irgendwelche eigenartigen Termine im Westteil der Stadt hatte, mit seinem Wartburg "rüberfahren" konnte, aber eigentlich ein Student aus dem Irak war.

«Was brauchst du denn?», fragte er mich emotionslos und ich erklärte ihm meinen Wunsch: «Es gibt doch jetzt die Digitaluhren, die ein dunkelrotes oder grünes Kunststoffglas haben und wo man die Zeit erst sehen kann, wenn man auf einen Knopf an der Seite drückt. Da leuchtet dann die Anzeige rot oder grün. Meistens ist da noch ein Knopf für das Datum oder den Wetterbericht», sagte ich ausgelassen, weil ich wusste, bald würde ich so eine Uhr haben.

«Und was soll die kosten? Da gibt es eine Unmenge Uhren in allen Preisklassen. Rund, eckig, oval? Mit Leder- oder Metallarmband, flach oder dick...», präzisierte er die unendlichen Möglichkeiten und ich bekam ein Problem. Aber nach kurzem Nachdenken formulierte ich meine klare Bestellung: «Also, bis hundert Westmark, nicht ganz rund, mehr quadratisch, mit Lederarmband und so flach wie's eben geht.»

Ich gab ihm die 100 Mark in West und er versprach mir, auf seiner nächsten Rückfahrt von West-Berlin nach Dresden in der Husemannstraße Halt zu machen und mir meinen heißen Wunsch zu überreichen.

Und so stand er schon eine Woche später in meiner Wohnung und übergab mir die Uhr, die in einer schönen Verpackung mit einem klaren Kunststoffdeckel steckte. Dazu bekam ich das Restgeld, denn diese Uhr kostete nur 65.- Mark und so hatte ich noch einiges übrig vom West-Hunderter. Das war mir auch ganz recht.

Aufgeregt klappte ich den Deckel nach oben und da klappte mir auch gleich der Unterkiefer nach unten: die Uhr war nach meinem Geschmack, nur war sie nicht silbern oder verchromt, sondern hatte ein goldenes Gehäuse!

Das war absolut nicht mein Geschmack! Gold für einen Mann! Das war schlimm!

«Ich habe dir eine goldene gekauft, die gab's auch silbern aber Gold ist doch für einen Mann ein Zeichen für Reichtum, und – gefällt sie dir?»

Ich hatte in diesem Moment nicht den Mut, ihm die Wahrheit zu sagen, er freute sich zu sehr mit mir über den günstigen Kauf und seinen – wie er annahm – sicheren männlichen Geschmack. Um mich abzureagieren, drückte ich schnell auf einen der Knöpfe am Rand und atmete auf, denn die digitale Anzeige zeigte sich so, wie ich sie mir wünschte: in grellem Rot. Der zweite Knopf war für das Datum, und dann gab es auf der anderen Seite des Gehäuses noch einen dritten, mit dem ich die Zeitzonen der Erde einstellen und mir anzeigen lassen konnte.

Meine Zeitzone war aber begrenzt, die anderen Enden der Welt interessierten mich weniger, weil sie unerreichbar waren, aber um meinen Kollegen oder Freunden zu erklären, wie spät es in diesem Moment auf den Seychellen ist, das war der linke Knopf schon wert.

Unpraktisch war das Ablesen der Zeit schon – hatte ich in beiden Händen den Einkauf zu tragen, brauchte ich einen zweiten Mann oder eine zweite Frau, die auf meinen Knopf drückte. Egal, das war die neueste Technik, und wenn ich mich im Bus mit ausgerecktem Arm an der Haltestange festhielt, gafften die Fahrgäste auf meine Uhr.

«Wie sieht man denn bei Ihnen, wie spät es ist, oder ist das ein Radio?», fragte mich ein Mann um die 50 einige Tage später in der U-Bahn.

«Dann drücken Sie doch mal hier drauf», antwortete ich und hielt ihm meinen Arm hin. Er drückte, staunte, verglich die Zeit mit seiner Uhr und sagte: «Die sieht gut aus in Gold, meine ist nur aus Blech.»

Wie er das meinte, lobend oder sarkastisch, das konnte ich nicht erkennen, war mir auch egal, diese Uhr musste ich jetzt tragen! Außerdem waren 65 Westmark eine stolze Summe und, so tröstete ich mich – je teurer die Uhr, desto besser die Zeit!

Was ich in den nächsten Tagen aber sofort austauschte, war das braune Lederarmband. Ich hatte noch ein Nylonarmband von einer meiner früheren Uhren, das bürstete ich unter fließendem Wasser sauber, es sah wieder aus wie neu, war modern und passte zu den digitalen Ziffern. Auf das Nylonarmband steckte ich einen kleinen Kalender vom laufenden Jahr – zwei Zentimeter breit und zweieinhalb Zentimeter lang. Diese Minikalender gab es 'bei uns drüben' für das ganze Jahr. Sie waren auf eine dünne Aluplatte gedruckt und fast vollständig ausgestanzt. Die einzelnen Monate ließen sich aus einer Alutafel herausdrücken, auf das Band legen und mit den vier kleinen Nasen die ich um das Band knickte befestigen. So trug ich übers Jahr immer einen aktuellen Kalender des aktuellen Monats an meinem Arm. Heute würde er mir nichts nützen, denn ohne Brille oder Lupe könnte ich diese kleine Schrift nicht mehr lesen.

Dann ging alles schneller als ich dachte.

Schon ein Jahr später war ich nicht mehr verheiratet und meine liebe Tante aus Wuppertal, die es nicht fassen konnte, dass ihr lieber Neffe jetzt allein ist, selbst kochen, eigenhändig die Wäsche waschen und das Bett beziehen muss, kündigte an, mich in Berlin zu besuchen.

Ich erklärte ihr am Telefon, dass ich auch meinen heißgeliebten Käfer verkaufen werde – wegen der Teilerei bei einer Scheidung. Dazu meinte meine Tante energisch, dass es ohne Auto doch nicht geht, jedenfalls bei ihr im Westen nicht und das wird bei mir im Osten bestimmt nicht anders sein. Recht hatte sie! Ich konnte mir ein Leben ohne Auto nicht mehr vorstellen, einen Trabant wollte ich nicht, aber einen Wartburg würde ich schon fahren. Oder einen Polski Fiat oder doch lieber einen Dacia. Das war französische Eleganz mit guter Innenausstattung und er hob sich in seiner modernen Form und Technik sehr eigensinnig von den üblichen in der DDR fahrenden Autos ab. Doch das Problem bei diesem Auto war: die rumänische Lizenz-Qualität war nicht nur unter aller Sau, die war eine einmalige Katastrophe! Aber das erlebte ich erst später.

Dass meine Tante ein so rasantes Tempo vorlegte, um mich zu besuchen, hatte ich nicht gedacht! Schon bei meinem nächsten Anruf in Wuppertal erfuhr ich ihren Besuchstermin bei mir in der Husemannstraße, und sie deutete an, dass sie in ihrem gedanklichen Gepäck schon eine besondere Überraschung hätte – und eine handfeste dazu. Ich war gespannt.

Geizig war meine Tante nie, aber wirtschaftlich. Alles, was sie sich kaufte, musste von hoher Qualität sein, das war ihre Art zu leben. Ich kannte sie nur großzügig, und da sie kinderlos und Witwe war, mich von uns drei Geschwistern als ihren Liebling ansah, vermutete ich, dass sie mit einigen großen blauen Scheinen in der Handtasche mein Herz erfreuen wollte. Ich hätte nichts dagegen.

Schon eine Stunde vor ihrem geplanten Übertritt von West-Berlin in die Hauptstadt der Deutschen Demokratischen Republik im Bahnhof Friedrichstraße war ich am Treffpunkt. Nach kurzer Wartezeit öffnete sich die trennende Blechtüre zwischen den politischen Systemen und hinter einem älteren Ehepaar kam meine Tante, erkannte mich sofort und wir umarmten uns herzlich! So eine Wiedersehensfreude nach fast zehn Jahren war schon sehr emotional!

In meiner Wohnung machte ich einen Kaffee – eigentlich machte den meine Tante, denn mit Kaffeekochen hatte ich als Teetrinker noch nie was im Sinn und auch keine Ahnung, wieviel da für eine Kanne gebrüht wird. Kuchen kaufte ich schon vorher bei der verliebten Bäckerin, die mir vor einiger Zeit einen Zettel mit ihrer Telefonnummer ins Papier gewickelt hatte und dann kam der gemütliche Teil unseres Treffens. Der war aber nicht nur gemütlich, er war für mich aufregend, denn was meine Tante da mit mir vorhatte, hätte ich nie geahnt.

«So, Michael, als Mann brauchst du erst einmal eine richtige Uhr. Du hast zwar schon eine, wie ich sehe, aber die hier ist etwas Besonderes. Das ist eine Schweizer Uhr von Lanco mit allem, was es zur Zeit gibt», sagte sie, öffnete ihre Handtasche und holte eine luxuriöse Verpackung heraus. Es war wie eine feierliche Übergabe.

Ich öffnete den mit einem samtähnlichen Bezug versehenen Deckel und da lag sie, genau so wie ich mir eine Uhr vorstellte: Edelstahl, groß und massiv, dazu ein wunderbares Armband – ebenfalls aus dem gleichen Metall und eine dunkelrote aber schwarz wirkende Kunststoffscheibe, unter der sich die digitale Technik verbarg. Jetzt hatte ich auch eine 24-Stunden-Zeitanzeige auf Knopfdruck und außer der Zeitzonenanzeige eine Stoppuhr und natürlich das Datum. Alles in grellroter Anzeige. Ich war begeistert, nahm schnell meine goldene Uhr ab, öffnete das metallene Armband, schob meine Hand durch, drückte zu und zeigte meiner Tante am ausgesteckten Arm ihr neues Geschenk.

«Es ist schon unglaublich, liebe Tante, dass du in deinem Alter so ein Gespür für die aktuellen Dinge des Lebens hast, besonders für diese neue Technik», musste ich anerkennend sagen und setzte fort: «Dein Bruder, also mein Vater, ist da vollkommen anders. Er ist so richtig altmodisch. Aber so unterschiedlich sind Geschwister eben.»

«Ja, Michael, das ist das Eine», antwortete sie lachend und setzte fort: «Und da du ja bald kein Auto mehr hast, habe ich mir überlegt, dir eins zu schenken. Du musst mir nur sagen, was du haben willst. Im neuen Genex-Katalog gibt es verschiedene Marken. Würdest Du lieber einen Trabant oder einen Wartburg haben? Oder einen anderen?»

Jetzt blieb mir der Mund offen stehen! Ich hatte meinen Käfer noch nicht verkauft, da stand schon ein neues Auto fast vor der Tür! Überglücklich sprang ich auf, umarmte meine Tante von ganzem Herzen und sagte: «Also, ich würde lieber einen Wartburg nehmen, der hat einen sehr großen Kofferaum.»

«Ja, dann schreib mir auf, in welcher Ausstattung du den willst und in welcher Farbe. Weißt du, wir machen das so, ich schneide aus dem Katalog die Seite mit den Wartburgs raus und schick sie dir. Du schreibst mir alles auf und ich glaube, schon ein paar Wochen später kannst du den abholen. Das bezahle ich ja in Westmark und da wirst du bestimmt nicht zwölf Jahre warten müssen.»

Sie hatte Recht, warten musste ich nur knapp zwei Wochen, aber ich musste ihn im Eisenacher Werk selbst abholen. So hatte ich gleich eine lange Rücktour zum Genießen und Gewöhnen vor mir und nach drei Stunden Fahrt einen nagelneuen Wartburg W 353 vor meinem Haus in der Husemannstraße zu stehen.

Aber vorher machte ich für meine Tante die Liste mit meinen Wünschen, und die war lang: Die Farbe sollte ein knalliges Gelb sein, innen wollte ich Schalensitze aus braunem Kunstleder, in die auch gleich die Kopfstütze integriert war und – das war mir sehr wichtig – eine Knüppelschaltung musste es sein. Das hatte ich im Käfer und so sollte es auch bleiben!

Als mein neues Auto vor der Türe stand, machte ich für meine Tante sofort viele Fotos. Von allen Seiten und auch vom Innenraum – in Farbe natürlich. Bis ich aber die Farbbilder in den Händen hielt, verging ebensoviel Zeit, wie für die Auslieferung des Autos. Die schickte ich nach Wuppertal mit einem herzlichen Dankesbrief.

Hätte meine Tante nicht Käthe sondern Lisa geheißen, hätte ich ihr auch vor Freude diesen Vierzeiler schicken können:

Liebe Tante Lisa,
ich fahre jetzt nach Pisa,
in Pisa steht ein Turm,
der kippt bald urm!

Tante Käthe liebte meine kurzen, eigentlich unsinnigen Verse, die ich ihr am Telefon schon manchmal aus dem Stegreif aufsagte, sehr. Und ab und zu, wenn ihr auch etwas dazu einfiel, hatte sie schon mal eine Zeile dazugedichtet. Wenn es sich auch noch gut reimte, konnte meine Tante ausgelassen lachen. Diese Dialoge verlängerten und verteuerten unsere Telefonate beträchtlich!

Mein Käfer verkaufte sich von selbst, den riss mir der bekannte Leipziger Conférencier K. aus der Hand. Wir trafen uns bei schönstem Reisewetter zufällig auf dem Weg nach Usedom. Er fuhr auf der Landstraße in seinem weißen Käfer vor mir her, bis wir an einer Eisenbahnschranke halten mussten.

«Ich habe Sie schon die ganze Zeit im Rückspiegel gesehen und gehofft, dass wir mal einen zwingenden Grund haben, zusammen anzuhalten. Der Käfer gefällt mir sehr gut! Hier ist meine Visitenkarte. Wenn Sie ihr Auto verkaufen sollten, ich nehm's sofort!», sagte er.

Ich nahm seine Visitenkarte, und als sich die Schranke wieder öffnete, verabschiedeten wir uns auf baldiges Wiedersehen und mit freundlichem Winken ging es weiter an die schöne Ostsee.

Der Käfer wechselte den Besitzer, der Wartburg kam und so wurde aus Grasgrün ein sattes Butterblumengelb in meiner ziemlich grauen Straße!

Es konnte viel passieren in einem Jahr oder auch wenig oder nichts. Doch in diesem besonderen Jahr 1975 passierte viel, viel Gutes und auch ein klein wenig Schlechtes. Doch wenn das Gute überwiegt, gehört es zum Leben und das Schlechte wird untergebuttert! So dachte ich mir das und so war das auch!

IN 17 MINUTEN SIND DIE RUSSEN DA!

In meinen Briefkasten sah ich nicht gern. Immer begleitete mich ein eigenartiges Gefühl, dass ich eines Tages eine unangenehme Post bekommen würde. Dafür gab es zwei Möglichkeiten. Eine war, dass mich die Nationale Volksarmee nicht vergessen hatte und jetzt doch noch einen starken Mann zur Landesverteidigung brauchen könnte. Zwar für ein halbes Jahr nur, denn ich zählte in meinem Alter schon als Reservist, aber auch ein halbes Jahr in Uniform ist ein halbes zuviel – egal in welcher Armee, das war und ist auch heute noch meine Meinung. Die Chance, mich noch einmal vor der Einberufung drücken zu können wie acht Jahre zuvor, lag bei Null.

Die zweite der schlechten Nachrichten könnte mit irgendeiner Behörde zu tun haben: Wohnungsamt, Polizei, Zoll oder was es auch noch an geheimen Institutionen so gibt im Lande. Meine Bedenken waren berechtigt, denn nicht alles was ich tat oder was in meinem Bekanntenkreis getan wurde, war ganz legal und schon gar nicht im Sinne der Regierenden.

Wie das so ist mit Gefühlen oder Vorahnungen – meist bestätigen sie sich. Vielleicht liegt es auch nur daran, dass man ständig daran denkt und sie somit herbeiruft.

Ich öffnete widerwillig am Abend eines schönen Sommertages meinen Briefkasten, und da war sie, die schriftliche Vorahnung! Ein Blitz durchfuhr mich, als ich den Absender las, riss den Umschlag auf und da stand es schwarz auf weiß: Ab dem 1. November bin ich herzlich eingeladen, für ein halbes Jahr in Uniform meinem Staat zu dienen. Gott sei Dank nicht sehr weit weg vom Wohnort, fast um die Berliner Ecke, in Lehnitz bei Oranienburg. Das war der gute Teil der schlechten Nachricht!

Ich rückte ein, wie es in der Sprache der Militärs genannt wird, und gleich der erste Tag war eine Katastrophe! Das sinnlose stundenlange Herumsitzen, nicht zu wissen, was wann passiert, einige sinnlos vergeudete Stunden, bis ich meine passende Uniform hatte und dann auch erfuhr, bei welcher Waffengattung ich eigentlich war. Nur einen Tag im Leben so zu verplempern war meinem Charakter völlig zuwider. Am Abend erfuhr ich es: ich war bei der Artillerie gelandet. Eine Kanone könnte für sechs Monate meine innige Freundin werden, ich nahm es hin.

Mein Bett, mein Spind, meine Stiefel und meine neuen Mitmenschen hießen jetzt alle Genossen, Soldaten, Gefreite oder Unteroffiziere und ich war der Genosse Soldat. Aber ich war Reservist und bekam schon schnell mit, dass die jungen, frisch eingezogenen achtzehn- oder zwanzigjährigen eine gewisse Achtung vor einem alten Dreiunddreißigjährigen hatten, auch wenn ich außer einem älteren Gesicht noch nichts auf meinen Schulterstücken hatte.

«Was machen Sie als Zivilist, Genosse Soldat», fragte mich der Unteroffizier – der seit kurzem ein stolzer Fähnrich war – als er nach fast zehn Tagen meiner Einberufung jeden Neuen einzeln zu sich rief.

«Ich bin Grafiker, und wenn es hier etwas zu tun gibt für mich, vielleicht einen Raum auszugestalten oder etwas zu Malen, oder eine Urkunde zu gestalten, dann mach ich das», gab ich ihm zur Antwort.

«Das ist gut, ich will unsere Politwand neu machen lassen. Unsere 6. Kompanie steht hier mit den einzelnen Etagen im Wettbewerb, die beste wird beim Appell belobigt, und dieses Lob will ich haben! Sie fangen morgen an», so lautete sein Befehl an mich.

«Ich brauch dafür aber Farbe, Lineal, Pinsel, Stifte und noch so einiges, damit wir den Wettbewerb auch gewinnen. Hier habe ich nichts, alles ist zu Hause oder in meinem Betrieb. Das kann ich aber schnell holen», antwortete ich schneidig und hatte da auch schon die Ahnung, bald wieder zu Hause zu sein.

Meine Ahnung bestätigte sich: ein erster Urlaubsschein wurde ausgestellt, ich bekam den Auftrag, alles Nötige zu holen und machte ihm auch klar, dass ich aber am gleichen Tag nicht zurückkommen könne, denn in meinem Betrieb würde das nicht so schnell gehen, ich müsste mir da vom Chef erst die Genehmigung geben lassen und dann zum Lager fahren, das koste Zeit und auch das war geschwindelt, denn alles was ich brauchte, hatte ich zu Hause und in fünf Minuten zusammengesucht und eingepackt.

«Sag mal, was machst du hier auf dem Bahnhof, du bist noch gar nicht vereidigt und vor der Vereidigung darf keiner die Kaserne verlassen», sagte ein Gefreiter aus dem Nebenzimmer – der Stube, wie es in der Kaserne heißt – zu mir, als ich den S-Bahnsteig in Lehnitz betrat und er gleich auf mich zukam.

«Davon weiß ich nichts, aber ich habe einen Auftrag, etwas zu erledigen, damit wir den Wettbewerb gewinnen», antwortete ich bewusst naiv und dabei blieb es.

Die ersten zwei Tage vom halben Jahr hatte ich schon zu Hause verbracht, der Wettbewerb wurde gewonnen und der Fähnrich verkündete stolz beim morgendlichen Antreten auf dem Flur, dass sich mal alle ein Beispiel am Soldaten Schwalbe nehmen sollten, der eben erst eingezogen wurde, nur ungedienter Reservist ist und schon so gute Arbeit leistet. Das klang gut in meinen Ohren und ich ahnte, dass ich mit etwas Trickserei und mit Ideen so einige Tage oder sogar Wochen in meinem eigenen Bett zu Hause dem Frieden dienen könnte.

Aber erst einmal kam die eigentliche Ausbildung. Die Kanone lag noch in weiter Ferne, ich musste jetzt Schießen lernen mit der berühmten Kalaschnikow.

Einer aus meiner Stube kam aus dem Erzgebirge. Mit dem verstand ich mich ausgesprochen gut, er hatte immer selbstgemachte Wurst in Gläsern vom Bauernhof seiner Eltern im Spind und er absolvierte von den eineinhalb Jahren Wehrdienst eben sein letztes halbes. Freundschaftlich klärte er mich auf, worauf zu achten ist, wenn man sich beim Schießen nachträglich viel Arbeit ersparen will.

«Ihr werdet morgen erst mit Platzpatronen schießen, das gibt eine schöne Sauerei für den Lauf, den du dann reinigen musst. Das Rußzeug hält sich innen gut und du hast zu tun, die Teilchen wieder raus zu bekommen. Schieß nur mit einer Patrone, die restlichen kannst du einem anderen geben, das fällt bei dem Geknalle nicht auf, mach einfach so, als würdest du auch schießen.

Diesen Rat nahm ich gern an, drückte von den zehn Patronen, die jeder bekommen hatte nur eine ins Magazin und fragte meinen Nachbarn, der neben mir auf dem Waldboden lag, ob er noch welche haben möchte. Er lud sie gern in sein Magazin und bedankte sich noch dafür. Manche schießen eben gern und andere weniger.

Es kam so, wie vorhergesagt: nach dem Schießen kam die Reinigung der Maschinenpistole – also zerlegen, reinigen, zur Kontrolle vorzeigen, reinigen, wieder zur Kontrolle vorzeigen..., einfetten, zusammenbauen.

In meinem Lauf hatten nur ein paar Rußstückchen ein neues zu Hause erhalten und die waren nach kurzem Schrubben mit dem langen Bürstchen verschwunden. Das ging ja schnell, sagte ich mir und lief, während alle anderen noch verzweifelt reinigten, zum diensthabenden Offizier, präsentierte meinen blanken Lauf und bekam nach seinem kurzen flüchtigen Blick ins Rohr eine entsprechende Antwort: «Das soll sauber sein? Sie sind wohl blind. Kommen Sie wieder, wenn Sie einen sauberen Lauf haben. Wegtreten!»

Das war eindeutig und für mich zwar nicht nachvollziehbar aber ich hatte jetzt das System einer Armee in Friedenszeiten verstanden, und das war sicherlich in einer sozialistischen Armee auch nicht anders als in der Armee eines kapitalistischen Staates: viele sinnlose Tätigkeiten erledigen um den Tag zu füllen, um an den folgenden Tagen das Gleiche zu wiederholen. Dazu hatte ich aber keine Lust, auch nicht nur ein halbes Jahr lang. Also sah ich mir noch einmal meinen Lauf innen an, hielt ihn gegen das Licht, drehte und wendete ihn und konnte kein Krümelchen entdecken. Er war sauber, er war rein! Das musste ich jetzt einfach nur aussitzen!

Nach zwanzig Minuten stand ich wieder auf, ging mit meinem Stück Eisen zur Kontrolle und da fiel die Antwort schon etwas erfreulicher aus: «Besser. Ist zwar noch nicht alles sauber, aber schon besser. Wegtreten!»

Meine Kampfesbrüder kamen auch immer wieder zurück von der Kontrolle und reinigten emsig weiter. Ich ließ noch einmal zwanzig Minuten untätig vergehen, präsentierte zum dritten Mal und bekam die Antwort, die ich wollte: «Na bitte, man muss sich nur Mühe geben, so muss ein Lauf aussehen. Zusammenbauen, wegtreten.»

«Prinzip erkannt», bestätigte ich mir selbst, bastelte meine Kalaschnikow zusammen und bedankte mich noch einmal bei meinem Mitsoldaten für den guten Rat.

Doch schon ein paar Tage später wurde richtig geschossen, da konnte ich meine Patronen nicht verschenken, da wurde genau Buch geführt. Diesmal mussten wir auf Scheiben schießen. Und diese Scheiben standen sehr weit entfernt, ich glaube es waren einhundert Meter. Befohlen wurde Einzelfeuer und das anzustrebende Ziel war die Mitte der mannshohen Scheibe.

Drei Schuss gab ich fürs erste ab, dann musste ich mit dem Unteroffizier im Galopp zur Scheibe laufen, die getroffenen Einschüsse notieren, mit rundem selbstklebendem Papier abkleben damit der Nächste eine lochfreie Scheibe vor sich hat und im Galopp zurücklaufen.

Ich stand außer Atem mit dem Unteroffizier vor der Scheibe und wir beide suchten meine Einschusslöcher. Nur eins war zu sehen, die beiden anderen waren noch hundert Meter weiter geflogen und mit Sicherheit in der wilden Natur des Waldes verschwunden. An der Scheibe vorbei.

«So eine Scheiße», wetterte der Unteroffizier, «warum trefft ihr alle die Scheibe nicht. Der Soldat vor Ihnen hat die Scheibe gar nicht getroffen, so verlieren wir den Wettbewerb, so eine Scheiße, so eine Scheiße», wiederholte er seine Worte.

Da hatte ich einen Vorschlag.

«Das weiß doch keiner, ein Schuss von mir steckt in der Zehn und bei den vielen abgeklebten Löchern steckt zum

Beispiel einer auch in der Zehn und einer sogar richtig in der Mitte. Die beiden Überkleber reiß ich wieder ab, dann gewinnen wir den Wettbewerb. Soviel Punkte schafft keiner, außer mir, dem Reservisten», sagte ich lachend und bevor er es sich überlegt hatte, riss ich beide Überkleber ab und wir rannten zurück. Dann schoss der nächste.

Am nächsten Tag war die Auswertung der Schießübungen meiner 6. Kompanie. Vor uns angetretenen Soldaten stand ein freundlich lächelnder Leutnant, das hatte bestimmt etwas Gutes zu bedeuten, und so war es auch.

Das Lächeln verflog aber schnell, seine Stimme wurde militärisch und er sprach über die mangelnden Ergebnisse unserer Schießerei, kam aber dann zum dem Schluss, dass der Wettbewerb trotzdem – allerdings nur knapp – gewonnen wurde, und das lag an mir.

«Genosse Soldat Schwalbe, vortreten», kam sein schneidiger Befehl, und ich trat verdutzt einen Schritt nach vorn.

«Durch Ihre hohe Punktanzahl beim Schießen, die höchste in der Kompanie, überreiche ich ihnen hiermit die Schützenschnur. Herzlichen Glückwunsch! Und alle anderen Soldaten nehmen sich ein Beispiel», sagte er in schärferem Ton und setzte fort: «Da muss euch erst ein Reservist zeigen, wie geschossen und getroffen wird. Das nächste Mal will ich Leistung sehen, sonst gibt es keinen Urlaub mehr – für niemanden!»

Der Unteroffizier, der meine gute Tat für die Kompanie im eigenen Interesse gedeckt hatte, fühlte sich geschmeichelt und sah mich vielsagend von der Seite an. Er hatte in mir nun einen echten Verbündeten.

Später, beim Mittagessen, setzte er sich neben mich an den Tisch und sagte lapidar: «Im Frühjahr habe ich meine drei Jahre rum, dann arbeite ich wieder als Dachdecker und mir ist das völlig egal, ob ihr alle schießen und treffen könnt oder nicht. Wenn uns die Westdeutschen angreifen, dann sind in siebzehn Minuten die Russen da. Wir sind nur der Puffer für die paar Minuten. So hat man uns das jedenfalls gesagt. Kann stimmen oder auch nicht, ist mir auch bald egal. Die Amerikaner wissen so schon alles, was wir hier machen. Jeden Tag kreist über unserer Kaserne ein kleines Flugzeug von denen und fotografiert jeden Krümel unter unseren Füßen. Behalts für dich. Aber deine Idee, die Überkleber abzureißen war schon gut und weil das in meinem Dienst war, habe ich drei Tage Sonderurlaub bekommen. Lass dir's schmecken!»

Ich hatte eben eine neue Variante über die aktuelle politische Situation im Kriegsfall erfahren und dachte noch lange darüber nach, wie hier am Rande Berlins, aus luftiger Höhe spioniert wird. Anscheinend machen die Russen das ebenso. So ein kalter Krieg war mir aber immer noch lieber als ein heißer Krieg! Aber jetzt ließ ich es mir erst einmal schmecken, denn auf meinem Teller lagen Kartoffeln mit dicker Dillsoße und ein Schnitzel.

Bald entdeckte ich, dass die Soldaten so eine Art Sport ausübten, der aber mit körperlicher Leistung nichts zu tun hatte. Es ging um Alkohol. Den in die Kaserne zu schmuggeln, das war der Sport und es bedurfte wirklich einer schlauen Leistung, eine Flasche an der Eingangskontrolle vorbei auf die Stube zu bringen. Wer das schaffte, war ein Held, musste aber auch den Alkohol mit allen teilen.

«Jetzt bist du auch mal dran», meinte mein Bettnachbar zu mir, als ich ihm sagte, dass ich fürs Wochenende einen

Urlaubsschein hatte und wieder mal so allerlei an grafischem Material besorgen müsste, und setzte lachend fort: «Du hast als einziger noch keinen Alk mitgebracht, obwohl du schon mehr Urlaub hattest als wir alle zusammen. Ich werde auch dafür sorgen, dass du einen hochprozentigen Orden mit rotem Stern bekommst.»

«Ich lass mir was einfallen, ihr Suffköppe, am Sonntagabend habt ihr eure Flasche», antwortete ich und hatte da auch schon eine Idee! Aber vorher musste ich meinen unterschriebenen Urlaubsschein vom Spieß abholen, und bis ich den Schein wirklich in der Hand hatte, war es immer noch unsicher, ob ich den Urlaub auch bekam.

«Genosse Soldat, hier ist ihr Urlaubsschein und wir sehen uns pünktlich am Montag 6 Uhr zum Dienst wieder», schnarrte er nach meiner Eintrittsmeldung und übergab mir das Stückchen Papier. Dann setzte er seine tägliche Beschäftigung fort: er machte sich ständig mit seinem Taschenmesser die Fingernägel sauber, um dann mit der gleichen Klinge einen Apfel zu zerteilen. Bei diesem Anblick hätte ich kotzen können, meldete schnell meinen Abgang und verließ angeekelt sein Dienstzimmer.

In Berlin ging ich in eine Kaufhalle und kaufte zwei Flaschen Miramaro Rot und eine kleine Flasche Korn. In jeder Flasche dieses Wermuts war ein Liter drin, und den Korn brauchte ich, um die Flaschen bis zum Rand aufzufüllen. Das machten alle so, das hatte seinen Sinn.

Und so sah mein Plan aus: Ich nahm einen leeren Karton, in dem einmal eine Rolle Fotoleinwand – die man ebenso belichten konnte, wie normales Fotopapier – eingerollt gelegen hatte. Auf diese Fotoleinwand machte ich vor einem Jahr in meiner Dunkelkammer eine Vergrößerung der Wolkenkratzer New Yorks, kaufte ein einfaches Schnapprollo für Fenster, nahm das textile Rollo von der Stange ab und nagelte meine belichtete Leinwand darauf. Wenn ich jetzt an meinem Schlafzimmerfenster das Rollo herunterzog, sah ich auf New York, schwarz-weiß zwar nur, aber es war ein wunderbarer Blick! Diesen leeren Karton hatte ich noch aufbewahrt, denn der war stabil und wer weiß, wofür ich den mal brauchen konnte. Jetzt war sein zweites Leben gekommen!

Zuerst stopfte ich ein Handtuch rein, darauf kam die bis zum Verschluss gefüllte erste Flasche, darauf wieder ein Handtuch und die zweite Flasche. Den dann noch freien Raum füllte ich mit zwei Armeeunterhemden, die ich zum Waschen mit nach Hause genommen hatte. Mit gelbem festen Klebeband verschloss ich umlaufend den Deckel, ließ die Zettel mit der Warnung “Achtung Fotomaterial! Nur in der Dunkelkammer öffnen” unversehrt und schüttelte zur Probe den gut gefüllten und zum Alkoholtransport umfunktionierten Karton. Kein Glucksen war zu hören, alles still im Karton!

Die Urlaubstage vergingen wieder viel zu schnell und ich machte mich mit der S-Bahn auf den Weg zur Kaserne. Ohne Herzklopfen ging ich auf das Kontrollhäuschen zu, zeigte meinen Dienstausweis und meinen Urlaubsschein und da kam auch schon die Frage vom OvD, dem Offizier vom Dienst: «Und was ist da in dem Karton?».

«Das ist Fotopapier», gab ich knapp zurück und das schlaue Kerlchen sagte zu mir: «Aufmachen!»

«Ich sagte schon, das ist Fotopapier für die Kartografie und da darf kein Licht rankommen. Dann ist die Rolle hin.

Die kostet 120 Mark, kann ich gerne aufmachen, aber Sie müssen das verantworten», erklärte ich ihm die Situation. Das hatte er verstanden, musste aber unbedingt den Karton schütteln, vielleicht war doch ein leises Glucksen zu vernehmen, und dabei entdeckte er auch die Warnhinweise, dass der Inhalt lichtempfindlich ist.

Auf meiner Stube präsentierte ich mein geschmuggeltes Gut und wurde mit Schulterklopfen geehrt, denn zwei Literflaschen auf einmal mitzubringen, das war in den Augen meiner Zimmergenossen schon ein besonders gelungener Akt. Kurze Zeit später waren beide Flaschen leer, wir hatten alle einen in der Soldatenkrone und der Genosse Soldat Schwalbe sollte so schnell wie möglich wieder einen Urlaubsschein bekommen! Das hoffte ich auch, nur wollte ich diesen Trick nicht noch einmal versuchen, es gab bestimmt auch andere Ideen, ich musste mir nur wieder etwas einfallen lassen.

Im Frühjahr, als die Sonne wieder wärmte, hatte ich meine Reservistenzeit beendet. Von den sechs Monaten war ich – die einzelnen Tage zusammengezählt – fast drei Monate zu Hause. Das war schon zu ertragen. Entlassen wurde ich aber nicht als Gefreiter, wie das so üblich wäre, die Genossen hatten einfach vergessen mich zu befördern. Darüber war ich nicht böse, meine Beförderung wollte ich lieber im zivilen Leben bekommen.

In meinen Briefkasten schaute ich nur noch entspannt, jetzt wusste ich auch, was mir vorher die Laune verdorben hatte, wenn ich an unangenehme Post dachte und wer der Absender sein könnte.

Eine neue aufregende Zeit konnte beginnen!

Fotos zu den Geschichten

Dunckerstraße 17, 1968

Dunckerstraße 17, Toiletten-, Küchen-, Wohnzimmerfenster und Gärtchen

Dunckerstraße 17, Blick aus dem Wohnzimmer auf Hof mit Gärtchen

Dunckerstraße 17, Wohnzimmer, 1968

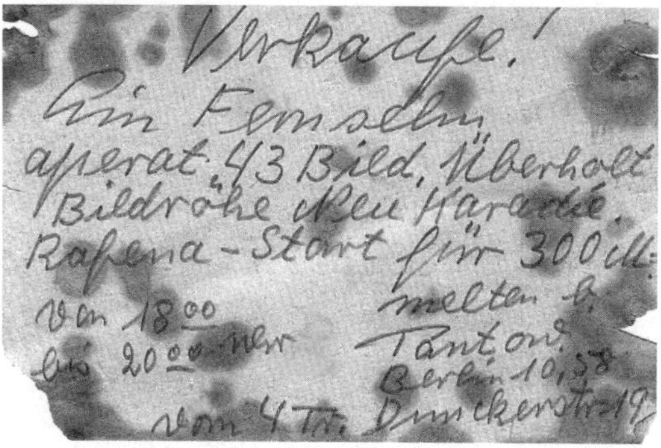

Verkaufe!
Ein Fernsehn
aperat 43 Bild, Überhalt
Bildröhe Neu Garantie.
Rafena-Start für 300 M.
Von 18.00 melten b.
bis 20.00 Uhr Tanton
Berlin 10,58
vom 4 Tr. Dunckerstr 19

Zettel am Baum Dunckerstraße/Helmholtzplatz, 1969

Meine Oma, Tante Käthe, mein Vater, mein Opa und sein Schnauzer, um 1912

Grafik Traktor, 1969

Einige meiner Kommilitonen und ich (Mitte, sitzend), Fachschule,1969

Praktikum in Peetz, im Vordergrund Heinz Möhrdel, 1969

Bei Robotron in Wilhelmsruh (Pankow), 1970 *Foto: K. Hoffmeister*

Bei Robotron in Niederschönhausen (Pankow) 1973 *Foto: G. Damrow*

Mein grasgrüner Käfer, 1973

Husemannstraße 12, Käfer meines Bruders, 1971

Husemannstraße 12, Freitagabend nach 'Mannix', 1972

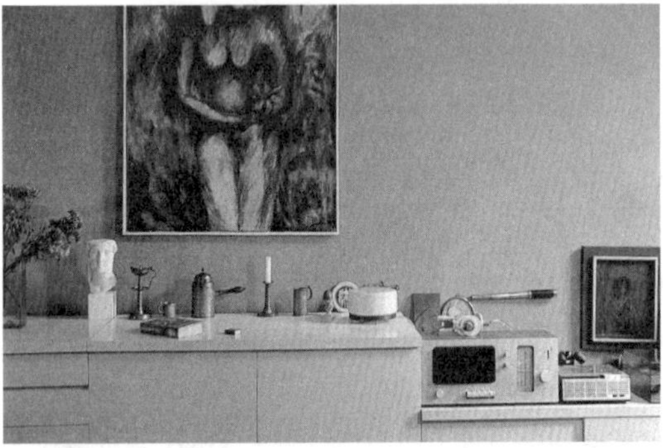

Husemannstraße 12, Wohnzimmer, 1974

Am Bahnhof Schöneweide zum Feierabend, 1968

Mondlandung, vom Fernseher fotografiert, 1969

ARD-Ansagerin, vom Fernseher fotografiert, ca. 1973